LEADING FROM THE EMERGING FUTURE

FROM EGO-SYSTEM TO ECO-SYSTEM ECONOMIES

出現する未来から導く

U理論で自己と組織、社会のシステムを変革する

C・オットー・シャーマー　カトリン・カウファー
C. OTTO SCHARMER & KATRIN KAUFER

プレゼンシングインスティチュートコミュニティジャパン
由佐 美加子　中土井 僚［訳］

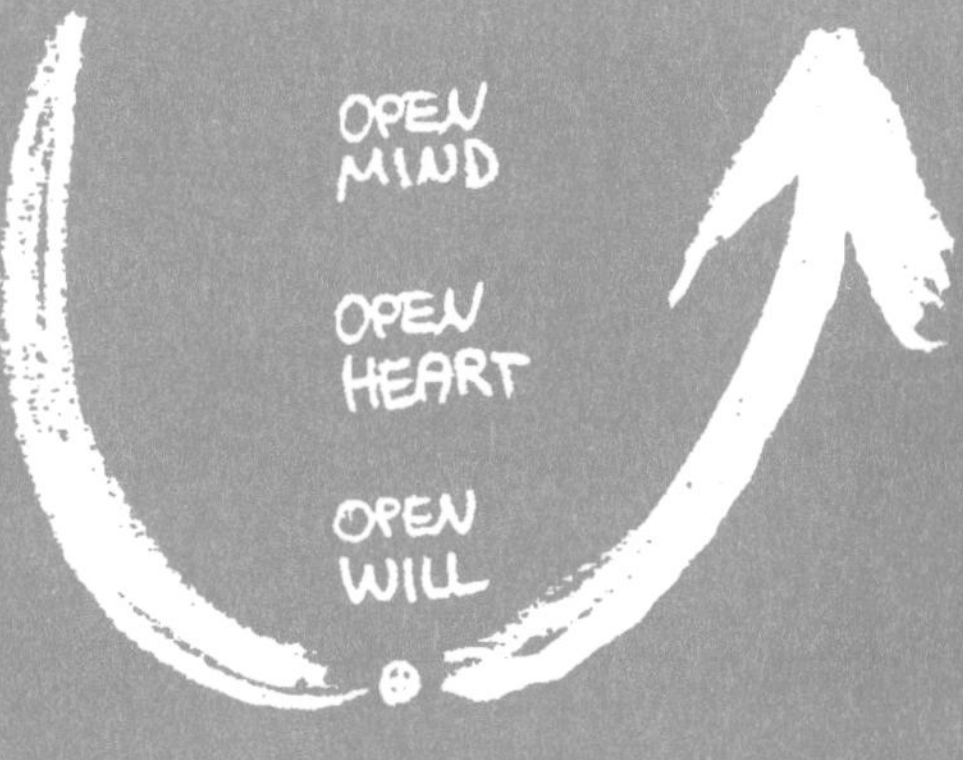

英治出版

出現する未来から導く
——U理論で自己と組織、社会のシステムを変革する

LEADING FROM THE EMERGING FUTURE
From Ego-System to Eco-System Economies
by
Otto Scharmer and Katrin Kaufer

ＨＭＳとＪＣＳに捧げる

日本語版　訳者まえがき

オットー・シャーマー博士の著書 *Theory U: Leading from the Future as It Emerges* が米国で出版されたのは二〇〇七年。経営学に科学、哲学、心理学など多様な分野の知見が織り交ぜられたこの独創的な変革理論は、多くのビジネスリーダーや思想リーダーに支持され、ベストセラーとなりました。変化が激しく、不確実性の高まった世界において、過去のパターンにとらわれない変化を生み出すためのU字型のプロセスは、まさに求められている考え方だったのだと思います。

日本にもこの理論を伝えたいという想いと多くの方々の共感に支えられて筆者らが邦訳した『U理論――過去や偏見にとらわれず、本当に必要な「変化」を生み出す技術』が書店に並んだのが二〇一〇年一一月。そして、それから四カ月後の二〇一一年三月一一日に東日本大震災が起こりました。

この時から日本は、自然災害による破壊からの復興だけでなく、原発事故と放射能汚染という、誰も確たる解をもたず責任も取りきれない未曾有の負債を抱える国になりました。そして震災後の日本では、過去を取り戻す「復旧」ではなく、新しい社会の在り方の「創造」を模索する動きが次々に生まれてきたように思います。

過去に成功したやり方を、もっと早く、もっと多く遂行すれば、なんとかなるはずだ。

専門家とその専門知識があれば打ち手が見つかるはずだ。——このような従来の問題に対する思考や解決法は、今日私たちが直面している、経験したことがなく、複雑で、正解のない問題には、まったく通用しなくなっている。震災は、このことをはっきりと認識せずにはいられない、大きなターニングポイントだったのではないでしょうか。

多くの課題や問題に満ちた今日の現実に対して、解決する方法（ＨＯＷ）をどんなに考えて実行しても、適切な道筋は見出せない。なぜならば、その現実（形）は「意識」が行動を通して創り出しており、意識に働きかけない限り、本当の解決には至らないからだ。——これがＵ理論の核であり、内面の「意識」に焦点を当てたことが、従来のさまざまな経営理論・変革理論に対してＵ理論がとりわけ画期的であったポイントだと言えるでしょう。シャーマー博士は、私たちの意識が過去のパターンにとらわれているために、誰も本当に望んではいない現実を、私たちが自ら創り出しているということを『Ｕ理論』で示しました。

では、望む現実を創り出すための意識は、どのように醸成されるのでしょうか。そのためには、自己や自分の組織、自分の属するコミュニティだけの利益と部分最適を求める自我《エゴ》を越えて、システム内のすべての生命の充足を目的とした「全体性」から「自分は何者なのか」を問い直すこと、そして真の自己や社会のあるべき姿を深いレベルまで掘り下げることが必要だ。——『Ｕ理論』から六年ぶりに記された新著である本書『出現する未来から導く』（*Leading from the Emerging Future: From Ego-System to Eco-System Economies*）で、シャーマー博士はこのように述べています。

このプロセスで起こる「意識の変化」によって、私たちの「内面の場の転換」がもたらされる。その「源《ソース》につながった」内面の場から、未来の可能性が立ち現われてくる。それに対する意識から起こす行動こそが、私たちの新しい現実を創り出す。本書のタイトルになっている「出現する未来から導く」とは、このように自らの内側を変えることから出発し、あるべき未来に導かれるようにして現実を変容させていくプロセスを意味します。そして著者は、このプロセスを私たちは集合的に実践することができると述べています。過去のパターンにとらわれることで誰も望まない現実を創り出してしまうのとは対照的に、真に望む変化を生み出すことができるのだと。

振り返ってみると、震災という出来事を通して、日本で生きる私たちの多くが、改めて自分の内面と向き合い、生きる意味や目的を問い直したのではないでしょうか。自分は何のために生きるのか。自分にとって幸せとは何なのか。仕事を通じて自分は世の中で何を成したいのか。そのような「全体性への覚醒」ともいえる内省を、多くの人が経験したのではないでしょうか。これはU理論で捉えると、行動を創り出していた「内面の意識」が転換する、集合的な意識変容プロセスといえます。私たちは個人としても、国としても、また企業や地域コミュニティとしても、大きなUプロセスを体験する機会を、過酷な自然災害を通して与えられたのかもしれません。この体験が何を意味しているのか、私たちはこの体験を経てどこに向かっているのか、向かいたいのか。それを探究し続ける必要があると感じています。

本書では、この自我から全体性への意識の転換は「エゴ・システムからエコ・システムへ」という言葉で表現され、現実に各国や企業で起こっている事例を用いてUプロセスの具体的な内容がひも解かれています。前著『U理論』では概念的な議論が多くを占めていましたが、本書では、世界中の実存する様々なシステムや事例を通して、U理論がどのように実践されているのか、より現実的に理解することができる内容になっています。加えて、ビジネス・経済のあり方からテクノロジー、自然との関係、リーダーシップのあり方など、世界のさまざまな側面において読者を取り巻く状況が今、どのような段階にあり、次にどんな展開を迎えられればよいのかを見出すためのヒントが四段階の枠組みの中で示されています。

U理論は、人間は存在の「源」につながり、全体性への意識から集合的に「現実を創造する」ことができるのだという、人間存在そのものに対する大きな希望を示しています。私たちは機能不全のシステムの犠牲者ではなく、あらゆる存在の幸せに資するシステムの創造者として生きられる。今こそ、この能力と可能性を開く時なのかもしれません。

シャーマー博士の前著の出版から五年を経て、当初の想像をはるかに超えた数多くの方々が、望む変化を起こす新しいアプローチとしてU理論に興味関心を持ち、筆者らが主催するU理論を学ぶ場に足を運んでくださいました。そしてUプロセスを使った対話の場や組織での導入事例も数多く蓄積されてきています。

本書『出現する未来から導く』は、U理論を自身の直面する現実に役立てたいと望む多くの方々にとって、きわめて有用な実践の指針と見取り図を提供するでしょう。

組織や事業の変革を成し遂げたいビジネスリーダーやマネジャー、イノベーションへの新たなアプローチを求めている方々、未来の社会のあり方を構想する行政や非営利組織、地域コミュニティに携わる方々など、未来志向で現実を変えていきたい多くの方にぜひお読みいただければと思います。

まったく予想のつかないこれからの未来に何があったとしても、人間性に立って望む未来を創ろうとする、希望と意志から行動する人々とそのつながりが社会の原動力になっていくと筆者らは信じています。この本がその触媒の一つとなっていくことを願ってやみません。

最後に、五年前、完全に未知の可能性だったU理論を世に出すことに共感していただき、前作に続き本書でも翻訳作業を辛抱強く待ち続けてくださった英治出版の原田英治社長と高野達成さんに心より感謝申し上げます。

二〇一五年六月

由佐美加子　中土井僚

出現する未来から導く——目次

目次

はじめに

死に瀕したシステムに命を吹き込む

財政。食糧。燃料。水不足。枯渇する資源。気候変動。膨大な規模の貧困。大量の人口移動。原理主義。テロリズム。富の寡占。我々は「破壊の時代」に突入した。だが、今日ほど個人が、社会が、そして全世界が、深いところから生まれ変わる可能性が現実味を帯びてきたことはない。**今こそ我々の時代である。**

我々が直面する「破壊の瞬間《とき》」は、死と再生のときだ。死に絶えようとしているのは、古い文明と「私」の最大化を求めるマインドセットである。物質的消費の極大化、大きい方が望ましいという考え方、特殊な利益団体が導く政策決定。これらが我々を組織的無責任の状態にさせ、**誰も望まない結果を集合的に作り出している。**

生まれ出ようとしているものはまだはっきりとしていないが、重要ではないということではまったくない。地球上のあちこちで**感じる**ことができるものだ。この未来は、構造的な変化の表層を取り繕ったりいじり回したりして生まれるものではない。もう役に立たなくなった一つのマインドセットを、別のものに取り替えるだけで生まれるものでもない。この未来を創るには、我々の人間性や真の自己、希求する社会をより深いレベルまで掘り下げることが求められる。我々の行動の起点となっている**内面の場**を転換することで、感じ取り、実感し、現実にすることができるのだ。「破壊の瞬間《とき》」にこそ、この未来は我々を通して存在を顕現《プレゼンス》しはじめるのである。

古いものと戦うことから、出現する未来の可能性を感じ取り、顕現させる（プレゼンシングする）ことへの内面の転換は、今日のすべての深いリーダーシップの取り組みの核心にある。これは、頭から心へ思考を広げることが求められる転換である。自分の幸せを大切にする**エゴ**‐システムの意識から、自分を含めたすべての人の幸せを大切にする**エコ**‐システムの意識への転換である。エゴ‐システムの意識で行動しているときは、自分の**小さな自我《エゴ》**の自己の関心と意図に突き動かされている。エコ‐システムの意識で行動しているとき、我々を動かすのは出現する自己または**本質的な**自己の関心と意図、つまり全体の幸福という観点からの関心である。エコという接頭辞の語源はギリシャ語の **oikos** で、「家全体」にかかわることを意味する。**economy** も同源だ。今日のエゴ‐システム経済を、出現しつつあるエコ‐システム経済に変化させるということは、経済的思考をその本当の起源、つまり金儲けや家の中の一握りの人々に限定された幸せではなく、家全体の幸福とのつながりを回復させるということだ。しかし、家全体とはギリシャ人にとってはきわめて地域に根ざしたものだったが、今日では全世界に広がるグローバルコミュニティと地球全体のエコ‐システムまでも含むようになった。

我々はグループや組織としてだけでなく、一つのグローバルコミュニティとして、このエゴ‐システムからエコ‐システムへの意識の転換を進み、体験しつつある。この転換を成し遂げる助けとなる原理や個人でできる実践法を開発することは、我々の時代の最重要課題の一つだろう。

崩れ落ちる壁

今日の世界的危機についてはすでに数多くの本が書かれている。それなのにもう一冊書く理由は何なのか。我々の狙いは、リーダーや変革者が、今起きていることを理解し、コミュニティをエゴ・システムからエコ・システム経済へとうまく移行させる助けになるいくつかの枠組みや方法、ツールを提供することだ。

世界は変わった。壁は崩れ落ちている。独裁者は次々に倒れている。南北両極の氷と氷河は溶け出している。これらは今に始まったことではない。だが、固く凍りついて何も変わらないように見えるものが二つある。我々の**集合的な慣習的思考**と、それが生み出し再生産しつづける**行動**である。なぜなのだろう。なぜ我々は、集団として誰も望まない結果を作り出してしまうのだろう。何が我々を古い行動様式に閉じ込めているのだろう。我々を過去の呪縛から逃れられなくしているそのパターンを変えるにはどうすればいいのだろう。

盲点——出現する未来から導くには

この本は、企業、政府、市民社会、メディア、学界、地域コミュニティなどを含むあらゆるセクター、文化、システムの中にいる変革者たちのために書かれた。今日の世界における言説で**盲点**になっていると思われることを取り上げている。我々人間は過去のパターンに反応しがちであり、そのためにそのパターンを長引かせてしまうことが多いが、そうではなく、出現する未来に我々をつなげる内面の深い所から、現在の破壊的な変化の波に対応するにはどうすればよいのか、という問題だ。

本書では、出現する未来から応えるには、我々の行動を起こす起点となっている内面の場を転換する必要があると主張する。判断を**保留し**、意識の**方向を変え**、過去を**手放し**、我々を通して出現することを望んでいる**未来に身を乗り出し**、それを**迎え入れる**必要があるのだ。

過去に対して反応するところから、出現する未来に身を乗り出し、その未来をプレゼンシングすることへ移行する能力は、おそらく今日のリーダーシップ能力の中で最も重要なものだろう。破壊的な変化が進む状況においては、組織機構やシステムだけでなく、チームや個人にとっても決定的に欠かせない能力である。かつては、一つの仕事を学んだら現役を引退するまでその仕事を続けた。今日、我々が直面している急速に変化する環境では、自己変革を迫られることがますます増えている。環境の変化が劇的であるほど、過去のパターンには頼れず、出現する未来の機会に意識を向け**波長を合わせる**ことを身につける必要が増す。

この本は、三つの互いに関連し合う問いの答えを探る試みである。

1 破壊に直面する今、**出現する未来**から導くにはどうすればよいのか。
2 前進するための旅を導いてくれるのは、どのような**進化的な経済の枠組み**か。
3 我々が全体を移行させる媒体として機能するのを助けてくれる**戦略**は何か。

まず、我々が現行システムの氷山モデルと呼ぶものをざっと見てみよう。なぜ氷山なのか。目に見えるレベルの事象や危機の下に、その土台である構造や、メンタルモデル、それらを創り出す源が広がっているからだ。無視すればそれらは、我々をいつもの古いパターンの中に閉じ込め、性懲りもなく同じパターンを再現しつづけることになる。

氷山の表面から深い部分へと下りていくことで、いくつかの盲点を照らし出すことができる。それらに意識を向けることが、今日の経済と社会を、より意図的で、多くの人を巻き込んだ、触発的なものに作りなおす助けになるはずだ。

症状——病理の風景

氷山の水面上に見えている部分は、全体の一〇パーセントだ。同じように、今日起きている状況の諸症状は、現実の表面に現れた目に見える部分である。これは、**環境的分断**、**社会的分断**、**精神的・文化的分断**と著者らが呼ぶ三つの分断を構成する、問題点と病理の全体的な風景である。

環境的分断

我々は天然資源を途方もない規模で劣化させ、枯渇させている。再生不可能な貴重な資源の消費は年々増えるばかりだ。地球は一つしかないのに、我々は地球一・五個分のエコロジカル・フットプリントを残している。今の消費需要を満たすために、我々は地球の再生能力を五〇パーセントも超える資源を消費しているということだ。その結果、過去四〇年間に、耕作可能な土地の三分の一が消失した。地下水位は急速に低下し、我々を食糧暴動への道へ導いている。食糧価格は二〇三〇年には現在の二倍に上昇すると予想される。

社会的分断

地球上の二五億人が一日二USドル以下で生活している。人々を貧困から救い出す試みの成功例は多いが、この数字は過去数十年間、あまり変わっていない。そのうえ、社会の二極化は進むばかりだ。アメリカの場合、上位一パーセントの人々が下位九〇パーセントの人々の富の合計より多くの富を所有している。[1]

精神的 - 文化的分断

環境的分断は、自己と自然の断絶、社会的分断は自己と他者の断絶によるが、精神的 - 文化的分断は、現在の「小さな自己（self）」と、自己の最大の可能性を表す、出現する未来からの「大きな自己（Self）」の断絶を反映している。この分断は、燃え尽き症候群やうつ病の急増によく表れている。これは我々の行動と本来の自己とのずれが大きくなっていることを意味している。世界保健機関（WHO）によれば、二〇〇〇年には自殺による死者数が、戦争での死者数を上回っている。[2]

我々は社会として、過去一〇〇年の間にこれらの問題から果たして何を学んだのだろう。二〇世紀には、こうした分断に個別に対応する省庁や国連機関が設立された。さらに、単一の問題に取り組む専門の非政府組織（NGO）が作られた。学問の世界では、各症状と戦うための大学の学部や、学界誌、専門職が作り出された。今日、我々は、一度に**一種類の症状**のみを扱うこのような縦割りのアプローチは機能していないことに気づいている。むしろ、それ自体が問題の一部であるように見える。

氷山の水面下にある深いシステム的な構造を見るのを妨げている盲点があるようなのだ。

構造――症状を引き起こす構造的断絶

今日のシステムは、設計通りに正確に作動している。だが、そこには、いくつもの重大な構造的な断絶がある。そのいくつかを次に挙げる。

1 **金融経済と実体経済の断絶。**二〇一〇年に全世界で行われた外国為替の取引総額は、一五〇〇兆USドルにのぼった。一方、国際貿易の取引総額はわずか二〇兆USドルで、外国為替取引総額の一・四パーセントにも達しない。スタンフォード大学の経済開発学名誉教授でCICインターナショナル（香港）会長を務めるローレンス・ラウは言う。「外国為替取引において圧倒的多数はこのように純粋に投機的であり、実質的にはただのギャンブルであり、社会的に何の役にも立たない[3]」。金融経済と実体経済のこの分断は金融バブルを生み、世界経済を悩ませつづけている。中南米の債務危機（一九八〇年代）、アジア金融危機（一九九七年）、ドットコム・バブル（二〇〇〇年）、アメリカの住宅危機（二〇〇六～〇七年）、それに続く世界金融危機（二〇〇七～〇九年）とユーロ危機（二〇一〇年～）。こうした金融バブルは、実体経済に貢献するどころか、不安定にさせている。

2 **無限の成長という至上命令と、地球の有限な資源との断絶。**現在の経済論理が要求する無限の成長と、惑星地球の限りある資源との断絶は、巨大なバブルを作り出してきた。水や土壌などの希少な資源の過剰使用によって、ほぼ一世代の間に全世界の耕作可能な土地の三分の一が失われた。

3 **持てる者と持たざる者との断絶。**世界の最も豊かな一パーセント（五〇万USドル以上の資産を持つ成人）が、世界の富の四〇パーセントを所有する一方で、世界人口の貧しい方の五〇パーセントが所有する世帯資産の総額は世界の富のわずか一パーセントである[4]。厳しさを増すばかりの富と所得の二極化は、機会に対する平等なアクセスを妨げ、今日の社会における基本的人権をむしばんでいる。

4 **組織のリーダーシップと人々との断絶**。多くの人が、我々は誰も望まない結果を集団として作り出していると感じているように、この断絶はリーダーシップの空洞を生んでいる。集団としての無力感と虚しさをみなが感じている状況は、今日のシステム全体に広がるリーダーシップの空洞（またはバブル）の特徴である。

5 **国内総生産（ＧＤＰ）と幸福感の断絶**。この断絶は、現実に幸福を増進させない物質的消費バブルに表れている。先進国についての研究では、一般に信じられていることとは反対に、ＧＤＰと物質的消費が増えても幸福感が増すとは限らないことが示されている。これについては、後で詳しく論じる。

6 **我々のシステムにおける統治と声なき人々との断絶**。十分な社会福祉のサービスを受けられない人々の声が現

図１　氷山モデル：表面に現れる症状とその下にある構造的断絶（バブル）

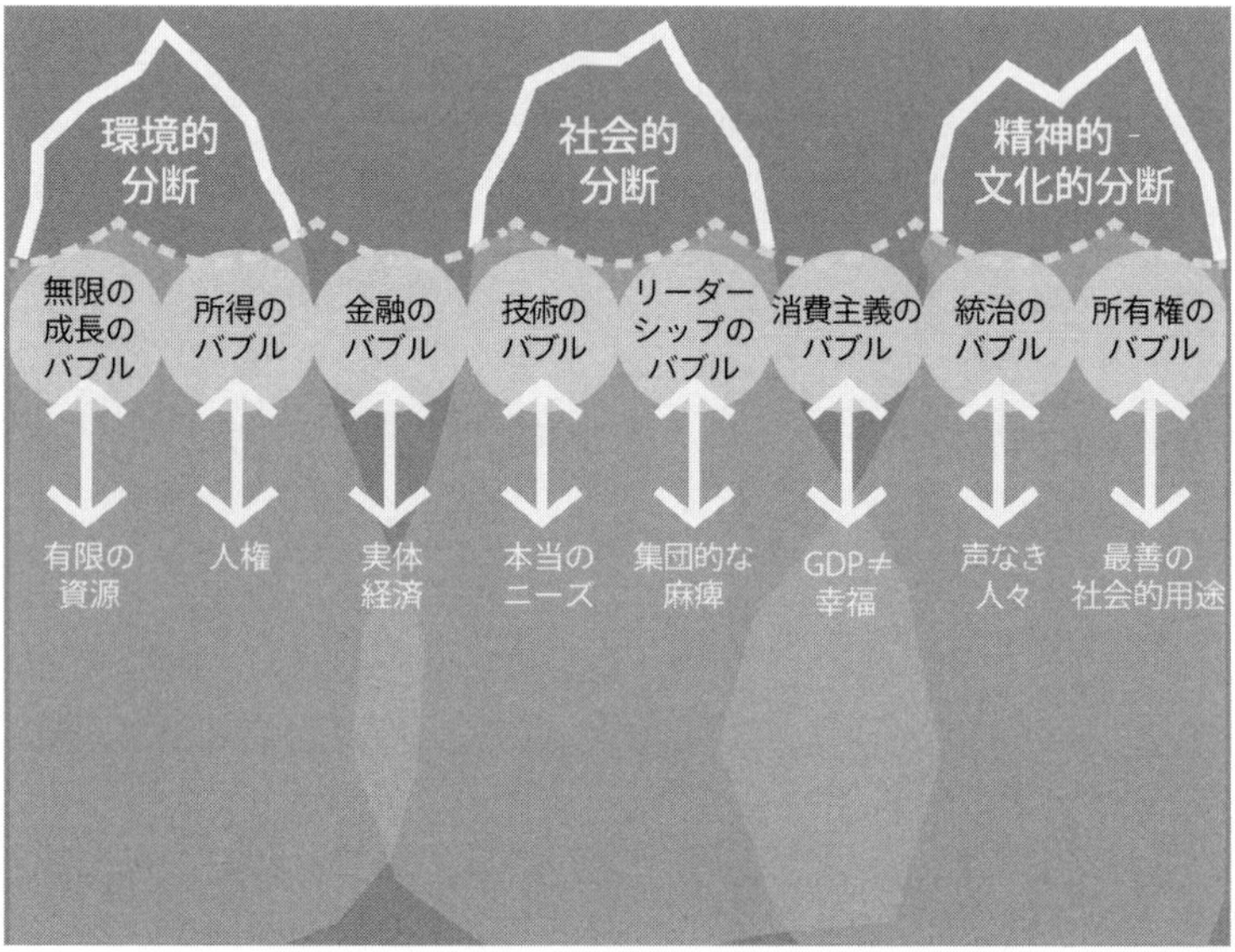

行の統治のメカニズムから遮断されていることは、統治の失敗である。その人々は、自分たちが影響力を及ぼしたり変えたりすることがまったくできない体制の影響下にある。たとえば、インドでは多くの農民が、自分たちが育てた作物の種を保有する権利を巨大企業モンサントに奪われている。

7 **資産の所有形式の実態と社会的に最善な活用の断絶**。資産の実際の所有形態が、その資産から得られる最善の社会的利益から乖離しており、バブルをもたらしている。国有および私有の資産が、使い方によっては利点があるにもかかわらず、環境的・社会的コモンズ（共有財産）の途方もない規模の過剰利用と不適切な管理を引き起こしてしまっている。

8 **技術と社会的ニーズの断絶**。この断絶は、すでにサービス過剰になっている市場の少数の人々の幸福のための技術バブルを生み出す。たとえば、製薬業界の研究開発費は、大部分が最富裕層向け市場のために使われているが、社会経済ピラミッドの底辺の人々のニーズはほとんど無視されている。

これらのバブルと構造的断絶から生まれるのは、学習**しない**ように設計されたシステムである。システムのフィードバック・ループは、**遅い**か**壊れている**ため、意思決定者は自分たちの決定の影響を経験したり、直接感じたりすることができない。今日の複雑な地球規模のシステムでは、意思決定者が膨大な数の人々に影響を及ぼしても、自らの行動の結果を見たり、感じたり、意識したりすることがない。フィードバックがなければ、または遅すぎれば、学びはない。結局、組織機構はほとんど変わらないままか、変化の時機を逸しがちになる。(5)

ポジティブな外部性は最上層に流れ、ネガティブな外部性は貧困層に流れる

このようなバブルに共通する二番目の特徴は、外部性に関するものだ。**外部性**とは経済学用語で、意図しない第三者への副次的影響や、価格に含まれないコストを意味する。外部性には、ポジティブなもの（利益）もあればネガティブなもの（コスト）もある。たとえば、私がドライブを楽しんでいるとしよう。うしろを自転車で走っている人と違って、私は自分が引き起こしているネガティブな外部性である空気の汚染に気づくことはめったにない。

今日の社会では、ポジティブな外部性は社会経済ピラミッドの頂点へ、ネガティブな外部性は底辺へ流れる傾向がある。これは組織にも社会にも見られる。世界的には、何世紀にもわたって、原材料は「南」の国々から「北」の国々へ、開発途上国から先進国へと流れ、有害な廃棄物や製品は逆方向に流れてきた。これらの流れはすべて、比較生産費説などの経済理論によって正当化される。だが、そういう理論は外部性の影響を考慮に入れていない。

生態系を脅かす問題や環境災害に見舞われたとき、最も大きな犠牲を払うのは貧しい人々だ（たとえば、アメリカのハリケーン・カトリーナ、二〇〇四年のインドネシアおよび二〇一一年の日本の津波）。人間が引き起こした環境問題の結果、食糧価格が高騰すれば、最も苦しむのは貧困ライン以下の二五億人である。

アメリカの二〇〇八年の経済破綻で最も打撃を受けたのは中低所得世帯だ。今では有害なサブプライム住宅ローンは、金融業界が貧困層に狙いを定めたものであったことがわかっている。ウォール街の利益は回復したが、恵まれていない人々は失いつづけた。まず職を失った。続いて、教師や学校行事、給食、図書館などのための資金を失った。そして暖房費補助や医療サービスを失った。だが、ウォール街の銀行家たちは、危機を作り出したにもかかわらず、ほとんどが再びボーナ

スを享受するまでになっている。それどころか、将来政府からより多くの補助金を引き出す力は、二〇〇八年以後増大している。一九九五年のアメリカの銀行持ち株会社上位六社の資産合計額がアメリカのＧＤＰに占める割合は一七・一パーセント以下だった。[6] 一三年後、二〇〇八年の金融危機前夜、これらの組織の資産はＧＤＰの五五パーセントだった。事態はひどくなるばかりで、二〇一〇年にはＧＤＰの六四パーセントにも達していた。つまり、利益は銀行のものとなるが損失は税金で賄われる救済措置により社会化されるため、ウォール街の銀行上位六行が過剰なリスクを取る能力は、減少するどころか増大していたのだ。[7]

マネーが間違った方向に流れる

三つ目の特徴は、お金の流れに関するものだ。銀行などの金融機関は、規模の経済性を達成し貸し出しリスクを最小化するために、十分な保証があり知名度のある顧客企業がなじみのある市場で既存のビジネスモデルや既知の技術を用いて行う大規模プロジェクトに融資をすることを柱にビジネスを組み立てている。

実績や保証のない新しい起業家による小規模なプロジェクトに対して、銀行は個別に融資を決定しなければならないが、それはリスクが大きくコストもかかる。たとえば、再生可能エネルギー分野のイノベーションに融資するかどうかを決定するには専門知識が必要だが、従来の融資担当者はそれを持ち合わせていないのがふつうだ。その結果、新しい起業家や小規模な会社、新しいセクターや従来は利益が少なかったセクターに参入しようとする起業家や会社は、資本へのアクセスがきわめて限られ、高い代価を払わなければならない。

したがって、今日のような外部性に無関心な金融システムでは、資金は間違った方向に流れる。

革新的な人や新しいアイデアを試そうとする人はもちろん、社会的な利益を創造するために意図的に収益の低い事業に取り組む人までもが最も高い代価を払わされ、もう十分すぎるほど持っているかもしれない人々が最も低い代価を払っている。

これらの例はすべて、同じ根本的な問題から発している。つまり、経済活動の競技場は、利益を私物化し、損失を社会化する規模の大きなプレーヤーに有利になっている。ここから次の問いが生まれる。なぜ我々の経済活動の競技場はこのように傾いているのか。そこで、四番目の共通の特徴、特別利益団体の役割にたどり着く。

統治を動かす特別利益団体

銀行、農業、原子力、石油、製薬業界などの多くの利益団体は、そもそも自分たちを監督することを目的として設立された規制機関そのものに過度に影響を及ぼしている。問題なのは、これらの団体が駆使する膨大な資金やロビー力だけではない。ワシントンや各国の首都に横行する回転ドアの慣行もそうである。

一例を挙げれば、バラク・オバマが大統領に選出された直後の二〇〇八年一一月八日、選挙戦中の有力な資金調達者であったシティグループのマイケル・フロマンが、オバマ政権の経済チームの人選責任者に任命された。フロマンはこの任に就いても、二カ月間、シティグループに雇用されたままだった。その後の自分の会社の将来を決定づける人々の人選を補佐しながらである。[8] その結果は誰もが知る通りだ。

同様に、クリントン政権で金融業界の規制緩和を推進した同じ人々がオバマ政権で重要なポストに返り咲き、倒産させるには大きすぎる銀行に勤める元の同僚たちのために巨額の救済措置を立案した。

このパターンは食品業界でも繰り返されている。農業ビジネスの巨大企業モンサントと彼らを規制する立場の二つの政府機関、食品医薬品局（ＦＤＡ）と環境保護庁（ＥＰＡ）の間の回転ドアは監督の実効性を骨抜きにしている。この癒着は金融セクターにおける癒着に勝るとも劣らない破壊的な損害を引き起こす恐れがある。

これらのケースではいずれも、競争の場が不公平で透明性に欠けるために政治的プロセスに偏りが生じた場合に問題が起きている。経済学者マンサー・オルソンの集合行為に関する著作で明らかにされているように、少数の成員からなる集団はまとまりやすく、共通の声で語ることができる。[9]わかりやすい例は、金融、食品、医療、エネルギー業界の寡占化した巨大プレーヤーだ。逆に集団の成員が多く多様であるほど、まとまりにくく、結果としてメンバーの利益を主張することが難しくなる。救済資金を賄う一般の納税者や将来の世代が良い例である。

これらの構造的な問題は非常に重要で、是正する必要がある。しかしこのような問題も前述の病理の風景の根本原因ではないかもしれない。これらのバブルと断絶を前提として、きわめて不毛な構造を我々に繰り返し再現させつづける**力**は何なのだろう。

構造的バブルと断絶を引き起こすメンタルモデル

その力とは**思考**である。アルバート・アインシュタインが見事に言い表したように、「問題はそれを引き起こしたのと同じ種類の思考で解決することはできない」[10]。思考が世界を創造する。昨日の経済思想の構造が、今日の組織機構の構造や行為に表れている。グローバル経済を機能させている仕組み《機能システム》の性能を上げたいなら、まずその根底にある思考を更新することから**始める**必要がある。**経済的な論理と思想**の本質を最新のものに変えていく必要があるのだ。

本書では、探求の旅の案内役として氷山モデルを使い、水面下の深い層を「思考」「メンタルモデル」または経済思想のパラダイムと呼ぶ(11)。時代遅れのメンタルモデルが**知的破綻**を生んできた。主流となっている経済思考の破綻である。

エゴ‐システムの意識VSエコ‐システムの現実

今日の思考が、明日の現実をどう具現化していくかを形づくる。思考と社会的現実の創造とのこの結びつきが最もはっきりと表れるのが、経済である。

先に挙げた八つの断絶は、二つの世界の乖離を表している。**社会的現実**の構造の、**経済思想**の構造からの乖離である。エコ‐システムの現実の構造の、エゴ‐システムの意識の構造からの乖離とも言える。今日の経済的現実は、環境的、社会的、政治的、文化的状況が複雑に絡み合い、不確かで複雑で予測不可能な形で変化していくグローバルなエコ‐システムに組み込まれている。このような状況で意思決定者に求められるのは、起こりつつある変化を敏感に察知し、受け入れ、意識を向け、適応できる開かれたマインドセットである。

ところが、今日、実際によく目にするのは、現実と意識の断絶、つまり、エコ‐システム志向のグローバル経済と、組織の意思決定者のエゴ‐システム志向の意識との間の断絶である。その結果、部分が全体に対して戦いを起こす。この断絶の影響は、たとえば、希少な資源の劇的な過剰利用に見られる。しばしば「共有地の悲劇」と呼ばれる現象である(12)。

エコ‐システムの現実とエゴ‐システムの意識のギャップを埋めることは、今日のリーダーシップの最も重要な課題だ。システムのあらゆる組織機構の意思決定者は、自分たちの見解だけを見つめること（エゴ意識）から離れ、ほかのプレーヤー、特に最も周縁部に追いやられている人たちの視点で当のシステムを経験するための**つながる旅**に出なければならない。少数ではなく全体の幸福に価値を置くシステムにするために、出現する未来を共に感じとり、共に発想し、共に創造することを目標にしなければならない。

これは倫理的な責務にとどまらない。**経済的**責務でもある。例として、二〇〇八年の世界金融危機に続いて起きたユーロ危機で考えてみよう。ユーロ危機は、ドイツをはじめとする数カ国が国民国家中心の現実の捉え方に後戻りしたことに大きく起因する。第二次世界大戦後、EUに予想外の成功をもたらしたものは何か。過去とは異なる未来を創造する意図をすべての国が共有した、独仏と他のEU主要国との合意である。戦争の記憶がいまだ残る中、西ドイツは一国の狭い利害のために必要であるよりも少し多くの代価を払う覚悟があった。EUの統合に向けたプロセスはおおむね成功してきた。今日のEUは、アメリカのそれまでの常識とは異なり、GDP一七兆六〇〇〇億USドルを誇る世界最大の経済圏であり（二〇一一年の値。二位はアメリカの一五兆一〇〇〇億USドル、三位は中国の七兆三〇〇〇億USドル）、加盟する二七カ国の五億人のほとんどがその恩恵を享受している。

EUの成功が示唆するのは、良い経済と良い政治には、自己利益を狭く（エゴ志向的に）定義するのではなく、他者や全体の幸福と矛盾しないよう、広く（エコ志向的に）定義する必要があるということだ。残念ながら、近年明らかになってきたEUの失敗も同じことを証明している。自己利益を狭く定義しすぎた結果、悪い経済と悪い政治が現れているのだ。ユーロ危機には、狭く定義された自己利益がどのように質の悪い経済的・政治的意思決定を引き起こすかが、端的に表れている。リーマン・ブラザーズ破綻後の二〇〇八年九月、ドイツの財務大臣は議会で、これはアメリカの問題であり、ヨーロッパやドイツの問題ではないと断言した[13]。二つ目の、さらに大きな判断ミスは二〇〇八年一〇月一二日に起きた。ドイツ首相と財務相は、パリでの最初の危機サミットでほかのEU諸国の首相・財務相と会い、全加盟国に適用される共同メカニズムを作るのではなく、各国が独自の救済メカニズムを構築することを決定したのだ[14]。

この物語の展開に欠けていたのは、**立ち止まって内省すること**だった。すべてのプレーヤーが集まり、鏡を覗き込み、自分たちにどんなことをしているかに気づくことだった。首脳たちは、自国本位のエゴ的視点を捨て、直面している複雑なグローバルなエコ‐システムの現実に対応できるマインドセットに転換することができたはずだ。この後者の見方が、我々の言うエコ‐システムの意識である。なぜなら、他者の幸福や全体の幸福を尊重し、考慮に入れるからである。

エゴ‐システムの意識からエコ‐システムの意識への旅

表面の風景として表れた症状とその下に横たわる八つの構造的断絶は、深層にある同じ源から生じている。それは、過去から抜け出せない固まった経済思想の枠組みである。今日我々が使っている枠組みは、以前は適切だったかもしれないが、この時代の複雑な課題と要求にはもはや役に立たない。

なぜこんな状況になったのだろう。経済思想は時代とともにどう進化してきたのか。今利用できる経済思想の枠組みにはどのようなものがあり、次はどのようなものになるのだろう。

図2は経済思想の四つの段階、論理、パラダイムを示している。現代の経済が直面する主要な問題、すなわち分業を特徴とする協働プロセスをどのように調整するかについて、それぞれの思想は以下四つの異なる解決策を生み出している。

1・0　国家中心モデル。単一セクター社会における階層制と支配を通した調整を特徴とする。

2・0　自由市場モデル。第二のセクター（民間）の台頭と、市場と競争のメカニズムを通した調整を特徴とする。

3・0　社会的市場モデル。第三のセクター（NGO）の台頭と、組織された利益団体間の交渉による調整を特徴とする。

4・0　共創造のエコ - システム・モデル。すべてのセクターの利害関係者の参加によるセクター横断的イノベーションのためのプラットフォームを創造し、場をホールド（保持）する第四のセクターの台頭を特徴とする。

生物進化の段階と同様に、段階が進んでも以前の段階は存在しつづける。つまり、四つの調整メカニズムはすべて補完的であり、どれかがどれかに取って代わるものではない。

だが今日、我々は間違った議論をしている。経済と政治の言説は、民営化推進・規制緩和・福祉の切り捨てと、大きな政府・規制強化・景気刺激のための財政支出のどちらかの選択という構図になっていることが多い。この議論は、二一世紀ではなく二〇世紀の世界を反映している。

先に引用したアインシュタインが言ったとされる言葉を言い換えると、現在の4・0型のエコ - システムの問題を、それを発生させた2・0や3・0のエゴ - システム思考で解決することはできない、ということだ。必要なのは、あらゆる重要な経済の概念を、意識に基づいた観点から考え直し、進化させるのに役立つ新しい経済の枠組みを共に創造することだ。また、この枠組みを、今日の現実的な課題に取り組むための実践的な方法とツールにつなげていくことも必要だ。

　経済思想についてのこの議論が少し退屈になってきたと感じているだろうか。まさに**その**考え方のパターンこそが、我々が盲点の向こう側を見ることを妨げている元凶なのだ。**現代の盲点は、主流の経済思想を、まるで自然の法則であるかのように鵜呑みにしていることだ。**だが現実には、いわゆる経済法則はどれも、最も重要な変数、すなわちそのシステムの参加者の**意識の質**を変えようとすると、たちまち溶解しはじめ、別のものに形を変える。では、これらの参加者とは誰なのだろう。企業、政府、市民社会のリーダーや変革者はもとより、消費者、投資家、さまざまなコミュニティも含まれる。あなたもその一人なのだ。

　本書では第3章で、経済の進化の根底にある深い文法として、経済論理と思想の進化を再現する。そして、この発展の道筋の本質は人間の**意識**の進化としてたどることができることを示す。

図2　氷山モデル：症状、構造、思想、源

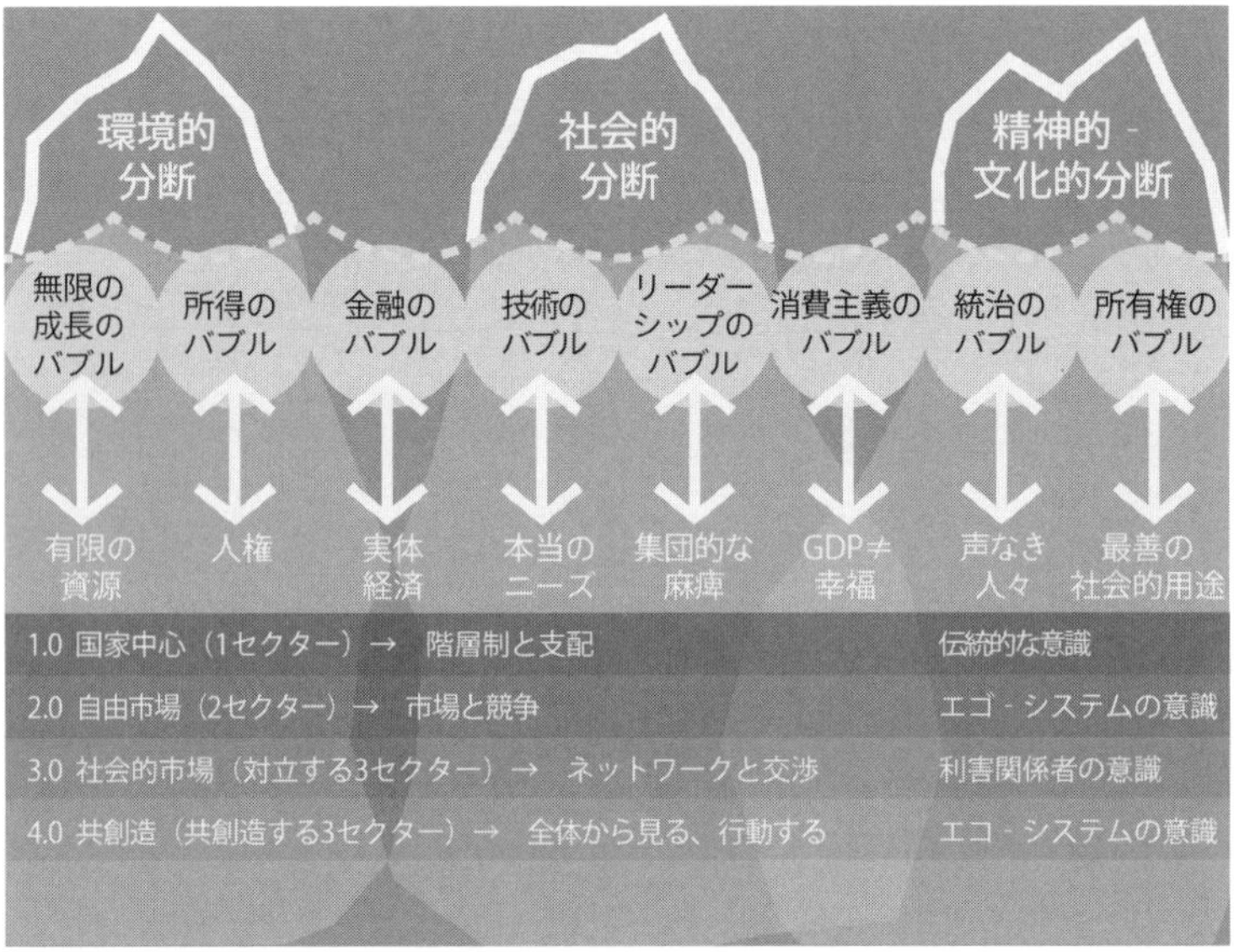

経済思想の枠組みでは、経済を機能させるシステムを生み出している四種類の経済論理あるいはパラダイムを区別する。1・0の経済システムは、伝統的な意識と階層的思考に基づいている。2・0の経済システムは、エゴ - システムの意識と私本位の思考（新古典派経済学では、この「私」は **homo oeconomicus**（経済人）と呼ばれ、自己利益の最大化のみを動機に行動する人間を意味する）に基づいている。3・0の経済システムは、組織機構レベルの利害関係者の意識と、主要な利害関係者の関心を内面化した交渉による同盟に基づいている。たとえば、企業が労働組合と交渉し、連携するような場合である。4・0の経済システムは、エコ - システムの意識、つまり、すべての他者の幸福を尊重し、全体の幸福に奉仕する意識に基づいている。

経済の**法則**が、そのシステムの中の人々が行動する起点となっている**意識**のレベルに合わせて、マトリックス（1・0から4・0まで）の一つの列あるいは一つのパラダイムに探求を限定するのではなく、マトリックス全体を説明できる新しい経済学を創出することが必要だ（第3章で詳しく論じる）。今日我々に必要なのは、心理学者、エレノア・ロッシュの言葉を言い換えれば、叡智からの思考によって実行される経済学である。[15] 個人やチーム、組織機構やシステムのすべてのレベルで1・0から4・0への旅の道筋を解明し、その道筋をたどることのできる経済学が必要なのだ。

メンタルモデル、構造、症状を生み出す源

エゴ - システム意識からエコ - システム意識へ、または「私」から「私たち」への旅には三つの次元がある。（1）**他者**とより良くかかわる、（2）システム**全体**とより良くかかわる、（3）**自分自身**とより良くかかわる、である。この三つの次元は、旅の参加者にシステムと自己の周縁部の探究

を迫る。

システムの周縁部を探求するとは、最も可能性が大きい場所へ行くことを意味する。たとえば、アフリカ奥地の村人や先進国に住む移民などの最も隅に追いやられている人々の身になって考えることだ（第7章を参照）。我々の経験ではどんなシステムでも、新しいことは最初に周縁部に現れる。そこでは、拡大鏡で見るように問題と機会が見える。多様な利害関係者グループは、共通の経験を通して、実際に起きていることに気づき、理解することができる。

自己の周縁部を探求するとは、自分の行動の起点となっている内面の場を変えることだ。頭と心と意志を開くこと、習慣化した判断を保留すること、共感することだ。そして自分の中で死ぬことを望んでいるものを手放し、生まれたがっているものを迎え入れることだ。

この一八年、我々は、組織、システム、セクター、文化を横断して外側と内側に向かうこのような旅をするための環境作りに取り組んできた。システムの周縁部へ向かう旅が確実に良い結果をもたらすことには、実に驚かされる。簡単にできることではない。努力を要する。それに、管理的な古いやり方ではうまくいかない。だが、より深い化学反応を促す状況を作ることはできる。システムのリーダーたちが自分たちのシステムを見る視点をエゴからエコへ、「私」から「私たち」へと広げ、深めるのを助ける状態をつくりだすことである。

意識に基づく新しい種類の集合的な行動が、こうした実験や実践から生まれている。そこでは、おなじみのトップダウンのピラミッド構造、共通のＤＮＡが上から押し付けられる古い集団化モデルは使われない。より水平化したこのモデルでは、ネットワークの個々の節点は他者の幸福に配慮する。今日大規模な社会的組織機構で使われているほかのどんな組織モデルよりはるかにその適応力と共創造性において優れ、迅速、柔軟で流動的な調整と意思決定を可能にするのが、この共通意識である。

Uへの旅

我々が一九九五年にアメリカに来たのは、一九九〇年代初頭にピーター・センゲがグローバル企業数社とともに設立したMITの組織学習センターで研究をするためだった。到着直後に、センゲとこのセンターが、かつて我々の思考を形づくり、一九七〇年代に世界的な環境保護運動の高まりに火をつけた著作『成長の限界』★1を生んだMITシステムダイナミクスのグループの一部であることを知った(16)。

センゲは研究を進める中で、システムダイナミクスの博士課程の学生が今日の壊れたシステムを分析するスキルにおいては卓越していることに気づいていた。だが、彼らにそういうシステムを変える実践的な影響力があるかといえば、ほとんどゼロだった。これを不思議に思ったセンゲは、変化における行動的側面に関心を持つようになった。

センゲの『学習する組織』★2は、(1)システムダイナミクス、(2)組織変革、(3)創造的プロセスの融合を基盤としている。この融合から生まれたのが、MIT組織学習センターのコンセプトと、MITのアクション・リサーチの研究者グループが最初に開発した一連の手法とツールである。

数年後、センゲと同僚たちは、これらのツールはある実践者が用いると非常にうまくいくが、同じツールを使ってもほとんど意味のある変化が起こらない場合があることに気づいた。同じツールが使う人によって効果的であったりなかったりするのはなぜか。我々はこの問題を研究で取り上げた。一五〇〇人のリーダー、起業家、イノベーターにインタビューを行う(多くはオットーと、同僚の

★1 『成長の限界――ローマ・クラブ「人類の危機」レポート』(ドネラ・H・メドウズ、D・L・メドウズ、J・ランダース、W・W・ベアランズ三世著、大来佐武郎監訳、ダイヤモンド社、1972年)
★2 『学習する組織――システム思考で未来を創造する』(ピーター・M・センゲ著、枝廣淳子、小田理一郎、中小路佳代子訳、英治出版、2011年)

ジョセフ・ジャウォースキーが担当した）とともに、企業、政府やコミュニティの変化の取り組みに積極的に参画した。(17) 一八年に及ぶこの研究の結果が、学習、リーダーシップ、イノベーション、抜本的なシステム刷新のための2・0の枠組みである。この枠組みを説明する図の形から、これをU理論と呼ぶ。この理論については、オットーの著書『U理論』★1と、オットー、センゲ、ジャウォースキー、ベティー・スー・フラワーズ共著の『出現する未来』★2で、詳しく論じられている。(18)

この理論の枠組みの要点はシンプルだ。**どんなシステムでも、そこから生み出される結果の質は、そのシステムの中の人々の行動の起点になっている意識の質に依存する。**成功する変化のプロセスの方程式は「形は機能から生まれる」ではなく、「形は意識から生まれる」である。意識と注意を向ける構造が、状況が展開していく道筋を決定する。

我々の行動の起点となっている内面の場を変える

我々がリーダーシップ研究のこの深い領域に巡り合ったのは、今は亡き元ハノーバー保険CEO、ビル・オブライエンにインタビューをしたときだった。彼は、自分の会社の変革を推進してきた経験から得た最も重要な洞察を、端的にこう表現した。「組織に対する介入が成功するかどうかは、介入者の**内面の状態**にかかっている」(19)。別の言い方をすると、変革者としての我々の行動が成功するか否かは、**何**をするか、**どのように**するかではなく、どのような**内面の場**から行動するかにかかっている（図3を参照）。

私（オットー）はオブライエンのこの言葉を初めて聞いたとき、こう思った。「この内面の場について、実際に僕は何を知っているんだ？　何もわかっていないじゃないか。その場は一つなのか、

★1　『U理論――過去や偏見にとらわれず、本当に必要な「変化」を生み出す技術』（C・オットー・シャーマー著、中土井僚、由佐美加子訳、英治出版、2010年）
★2　『出現する未来』（ピーター・センゲ、C・オットー・シャーマー、ジョセフ・ジャウォースキー、ベティー・スー・フラワーズ著、野中郁次郎監訳、高遠裕子訳、講談社、2006年）

いくつかあるのか、それとも無限にあるのか？」私にはわからなかった。その場は、日常の経験の盲点の中にあるからだ。**何を**しているか、**どのように**しているかは観察できる。だが、「今」の行動を生じさせている源（つまり内面の場）の質には、通常の観察や意識が及ばないことが多い。

社会的現実を作り出している深層の**源**のレベルへのこの不可解な洞察から、我々は、リーダーシップ、マネジメント、経済学、神経科学、瞑想法、複雑性研究の最新の研究成果を学び統合する興味深い旅へと出発した。我々の見方の核心は、意識を向けることが持つ力である。システム内部の人が個人としても、集団としても、自分たちの行動に向ける意識の質を変えない限り、そのシステムの振る舞いを変化させることはできない。

出現する未来から導く

この領域をさらに深く探求していく中で、我々は気がついた。既存の学習方法の大半は過去からの学びに依存しているが、組織での本当のリーダーシップの挑戦の大半はまったく別の何かを必要としている、と。それは、出現する未来の可能性につながり、そこから学ぶために過去を手放すことだ。

この二つ目のタイプの学習――つまり出現する未来から学ぶことには、方法論がないだけでなく、それを表現する名称もないことに気づいた。ところが、変革者や起業家、豊かな創造性を発揮している人たちはみな、この知の深い源

図3　リーダーシップの盲点

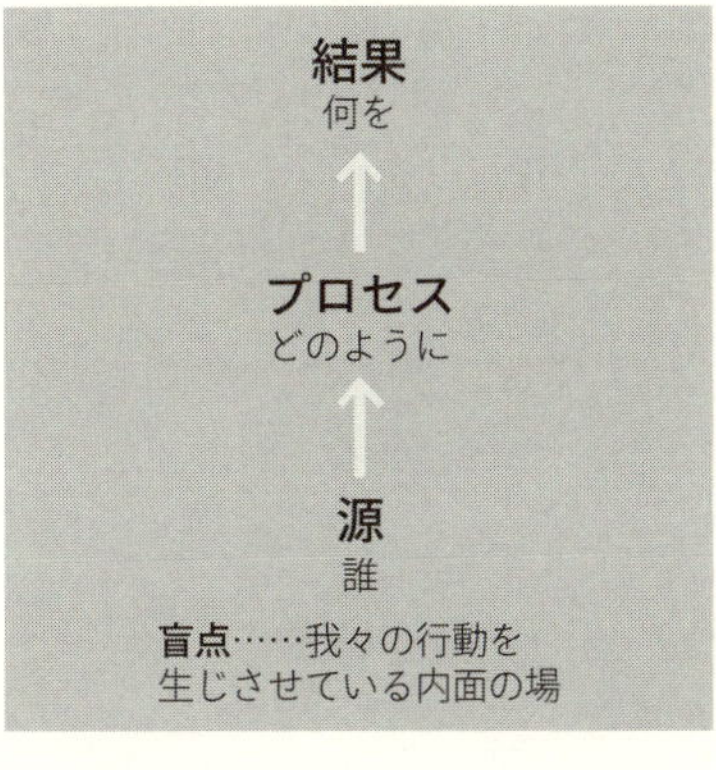

との親密な関係を語るのだ。オットーはこれをU理論とプレゼンシングと呼びはじめた。**プレゼンシング**とは、**センシング**（sensing 未来の可能性を感じ取る）と**プレゼンス**（presence 今この瞬間の在り方）を組み合わせた造語である。自分の最高の未来の可能性を感じ取り、具現化すること――出現したがっているものの存在から行動することである。

U理論においては、どんな種類の社会経済的システムであれ、そこから生まれる結果の質は、そのシステム内の人々の行動の起点となっている意識の関数である、と考える。この考えに基づき、意識の四つのレベルが区別される。この四つのレベルは、システムの境界線に対して、その行動がどこを起点に起こるかに影響を与える。

聞くことを例にとって考えてみよう。最初のレベルの聞き方を、我々は**ダウンローディング**と呼ぶ。習慣的な行動や思考の描写であり、「いつものお決まりの」行動や結果をもたらす。この種の聞き方は、過去の経験からすでに知っている、習慣の中心から生じる。例を挙げよう。9・11の前にジョージ・W・ブッシュ大統領とディック・チェイニー副大統領がCIAからアメリカへの攻撃が間近に迫っているとの報告を受けたとき、彼らはサダム・フセインに戦争を仕掛けることしか眼中になかったため、情報部門から発せられる数多くの強い警告が聞こえず、認識することができなかった。自分たちがもう既に知っていると思っていることに合致しないことには一切耳を傾けなかった。そのために意思決定者たちは自分たちの既成概念や先入観にがんじがらめになっていった。[20]

一方、**プレゼンシング**と呼ばれる四つ目のレベルの聴き方とは、意識を向ける範囲が広がり、新しい現実が視野に入ってきて、顕現する社会的な場の状態を表している。この状態では、聞くことは既成概念の世界の外側から起こる。自分を取り囲む領域が広がり、そこにつながってそこから行動しているような感覚を覚える。この意識が鋭くなった状態のプレゼンスが深まるにつれ、時間の流れが緩やかになり、空間が開くように感じ、自分自身を一つの点（エゴ）として経験していたのが、より高次に引き上げられた存在として周囲の世界とのより強い結びつき（エコ）を経験するように変容する。この変化の例は、スポーツのチームが**ゾーンといわれる状態**にまでプレーのレベルを高めるときや、ジャズアンサンブルの演奏が**ノリにのる**（find its groove）というようなときに見られる。

この二つの間にレベル２（事実を聞く）とレベル３（共感的に聴く）がある。四つの聞き方すべてについて、第４章で社会進化のマトリックスを紹介するときに、詳しく論じる。

個人やチーム、組織、あるいはもっと大きなシステムが、意識の論理や行動のモードをダウンローディングからプレゼンシングに変えるには何が必要なのだろう。

プレゼンシングの原則

この本全体を通して、この問いに詳しく答えていくつもりだが、ここではこの数年我々が学んできたことを反映したいくつかの重要な原則を紹介しておこう。自分にも思い当たる経験があるのではないだろうか。

1　**エネルギーは意識に従う**。どこかに意識を向けると、そこにシステムのエネルギーが流れていく。「エネルギーは意識に従う」のなら、我々は避けようとしているものから、現実にしたいと思うものへと、意識の方向を変える必要がある。

2　**Uの三つの動きに従う**。この旅がU字形をとることから、我々はこれをUプロセスと呼んでいる。

変容の最も深い点（Uの底）に達するには、まず思考と心と意志を開くことによってUの左側を下り、底にある「針の穴」をくぐり抜ける。そしてUの右側を上がって新しい現実を創り出す（図4を参照）。同僚の経済学者、ブライアン・アーサーの言葉を借りると、Uプロセスの三つの主な動きは次の通りである。

a　Uを下る――ひたすら**観察する**。ダウンローディングをやめ、最も可能性が大きい場所、取り組んでいる状況にとって最も重要な意味を持つ場所に完全に自分自身を没入する。

b　Uの底で――**一歩下がって、内省する。内なる知（*knowing*）を出現させる。**知が表面に浮かびあがってくるような静寂の場所へ行く。深く聴く場から学んだことのすべてを共有し、問いかける。「ここで出現しようとしているものは何か」「それはこれからの旅にどうかかわってくるか」「過去の物語にしがみつくのではなく、未来の物語の一部になるにはどうすればよいか」と問う。

c　Uを上る――**直ちに行動する**。**行動する**ことによって未来を探る。プロトタイプを作る。小さくすば

図4　共感知と共創造のプロセス：プレゼンシング

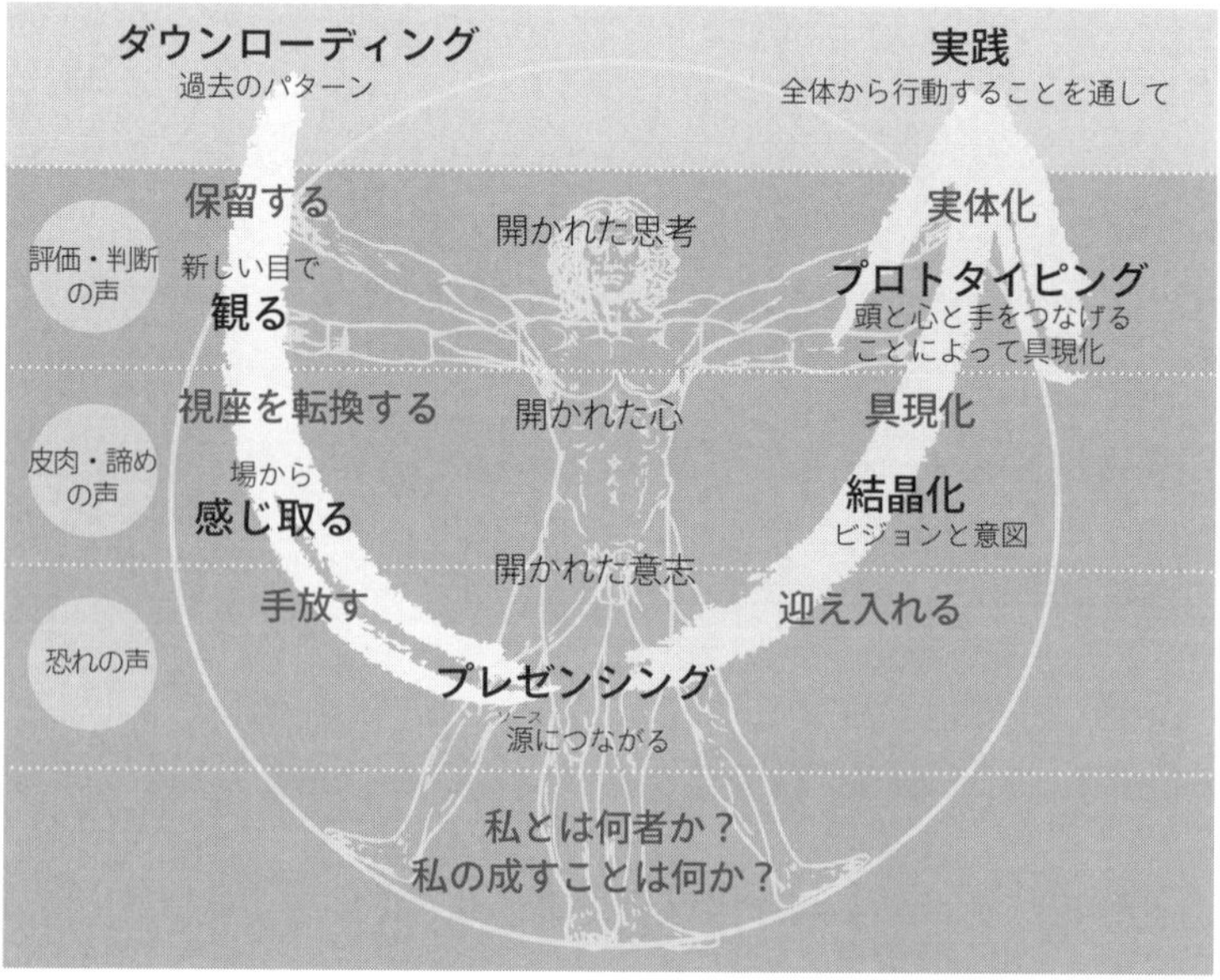

やくタイムリーにプロトタイプで未来を探る。そうすれば、すべての重要な利害関係者から迅速にフィードバックが得られ、アイデアを進化させて繰り返すことが可能になる。

3 **自己の端（エッジ）へ行く**。組織の中でこのプロセスを用いるには、新しいリーダーシップのテクノロジーで強化する必要がある。このテクノロジーの核心は、開かれた思考、開かれた心、開かれた意志という三つの道具を整えることにある。思考が開かれていれば考え方の古い習慣を**保留**することができる。心が開かれていれば**共感**する、つまりほかの人の目を通して状況を見ることができる。意志が開かれていれば、**手放す**こと、**新しいものを迎え入れる**ことができる。

4 **針の穴をくぐり抜ける**。Uをたどる旅をするたびに、最も深い点に関門が現れる。その関門を通る、または針の穴をくぐり抜けるのは、いったん死んでもう一度生まれるような感じがする。聖書にはこうある。「金持ちが神の国に入るよりも、らくだが針の穴を通る方がまだ易しい[21]」。「針の穴」という句は、古代エルサレムにあったという門を指している。らくだにエルサレムの門を通り抜けさせるには、らくだの背の荷物をすべて下ろさなければならなかった。同じように、我々がUの底の針の穴をくぐり抜けようとすれば、すべてを手放し、本質的ではない荷物はすべて下ろさなければならない。門を通るということは、我々の旅の二つの根源的な問いに出会うことだ。「私の真の自己（Self）とは何者なのか」と「私の成すこと（Work）は何か」である。大文字Sの自己は、自分の最高の未来の可能性である。大文字Wの成すこととは、人生の目的意識、または使命である。それを行うために我々がこの地球に存在していることである。

5 **三つの敵を変容させる**。Uの旅をする人が少ないのはなぜか。この深い知のプロセスに気づいている人は多いのに、より大きなシステムの中ではめったにこれが起こらないのはなぜか。それは、この旅に出ようと決意すると、たちまち三つの大きな敵に出会うからだ。**評価・判断の声**（VoJ：開かれた思考を塞ごうとする）、**諦め・皮肉の声**（VoC：開かれた心を閉ざそうとする）、**恐れの声**（開かれた意志を閉ざそうとする）である。

6　**つねに「ひびが入り始めたところに注意を向ける」ことから始める。**最初に未来に出会うのはどこでだろう。「手で探せ。考えるな。感じるんだ」。ロバート・レッドフォード監督の映画『バガー・ヴァンスの伝説』で、バガー・ヴァンスがゴルファー、ジュナに授けた本質的な教えだ。未来は最初に我々の感覚に、手を通して現れる。抽象的な分析に現れるのではない。「ひびが入り始めたところに注意を向ける」とは、過去が終わり、未来が始まろうとしていることを**感じ取る**ことができる隙間や課題、混乱に注意を向けることだ。

7　**会話の場を討論から対話へ、そして集合的創造性へと変容させる空間をホールドする。**どの社会的な場にも器が必要だ。対話や集合的創造性などの高度なレベルの会話には、質の高い器とホールドされている空間が必要である。システムの中で「会話の質を変える」とは、関係性と思考の質を変容させること、つまり明日の結果の質を変えることだ。

8　**不在化《アブセンシング》の破壊的な動きを避けるために、プレゼンシングの源を強化する。**今日の社会は二つの強力な社会的な場であるプレゼンシングと不在化の相互作用から生まれている。プレゼンシングの場は、思考、心、意志を開くことを通して機能する。地球上にはこのプロセスの感動的な例が多数あることがわかっている。しかし、組織やシステムで働く誰もが、もう一つの場があることを知っている。その場を特徴づけるのは、開かれた思考で行動するのではなく、真実は一つしかないという考えに凝り固まっていること、開かれた心で行動するのではなく、

「我々」対「奴ら」の構図にとらわれていること、開かれた意志で行動するのではなく、一つの硬直したアイデンティティの中に凍りついていることだ。これら三つの特徴を持つ社会システムを何と呼ぶか。原理主義である。原理主義は、思考と心と意志を閉ざし、凍りつかせた結果だ。開き、温め、光を当てるのと対極にある。

我々はこの二つの領域の緊張関係の中で生きている。我々は一つではなく、たいてい二つに引き裂かれている。あるときは、自分たちの最高の未来の可能性から行動している（プレゼンシング）。しかし、時としてそれができなくなり、古いダウンローディングのパターンにはまり込んでしまう（不在化）。この現状のもろさを経験するのは、個人的な関係性の中だけではない。グローバルな流れや変化の中でも経験する。この二つの領域の間で引き裂かれている我々は、プレゼンシングの領域により強く根を張るにはどうすればよいかを学ぶ必要がある。

社会的現実は、これら二つの領域の相互作用から絶え間なく出現する。二つの領域とは、人間性と意図のより深いレベルからの共創造を可能にするプレゼンシングの領域と、気づいていない盲点によって我々を破壊と自己破壊のパターンに閉じ込める不在化の領域である（図5を参照）。

この本の旅

この本は、組織、社会、関係性、自己を変容させる新しい枠組みをたどっていく。最初の四章は、氷山の四つのレベル、すなわち水面上の目に見える頂点からは見えにくいその下のレベルまで、Uの左側を下りてゆく旅に読者をいざなう。

1　症状——混乱、死、再生（第1章）

2　構造——構造的断絶（第2章）

3　思考——経済進化のマトリックス（第3章）

4　源——針の穴をくぐり抜ける（第4章）

次の四章では、Uの右側に沿って、新しいビジョンの創造、具現化、実体化へと至る旅をする。

5　個人の変容を導く（第5章）

6　関係性の変容を導く（第6章）

7　組織の変容を導く（第7章）

8　出現する未来から導く（第8章）

第5章と第6章では、この本で光を当てようとする個人と関係性の革命を概説する。第7章は、重要な組織機構と社会システムを1・0から4・0へと導く進化の道筋を示すロードマップに焦点を当てる。これを組織機構の変容のマトリックスと呼ぶ。このマップからうかがえるのは、教育、医療、金融、ビ

図5　集合的創造（プレゼンシング）と破壊（不在化）の社会的空間

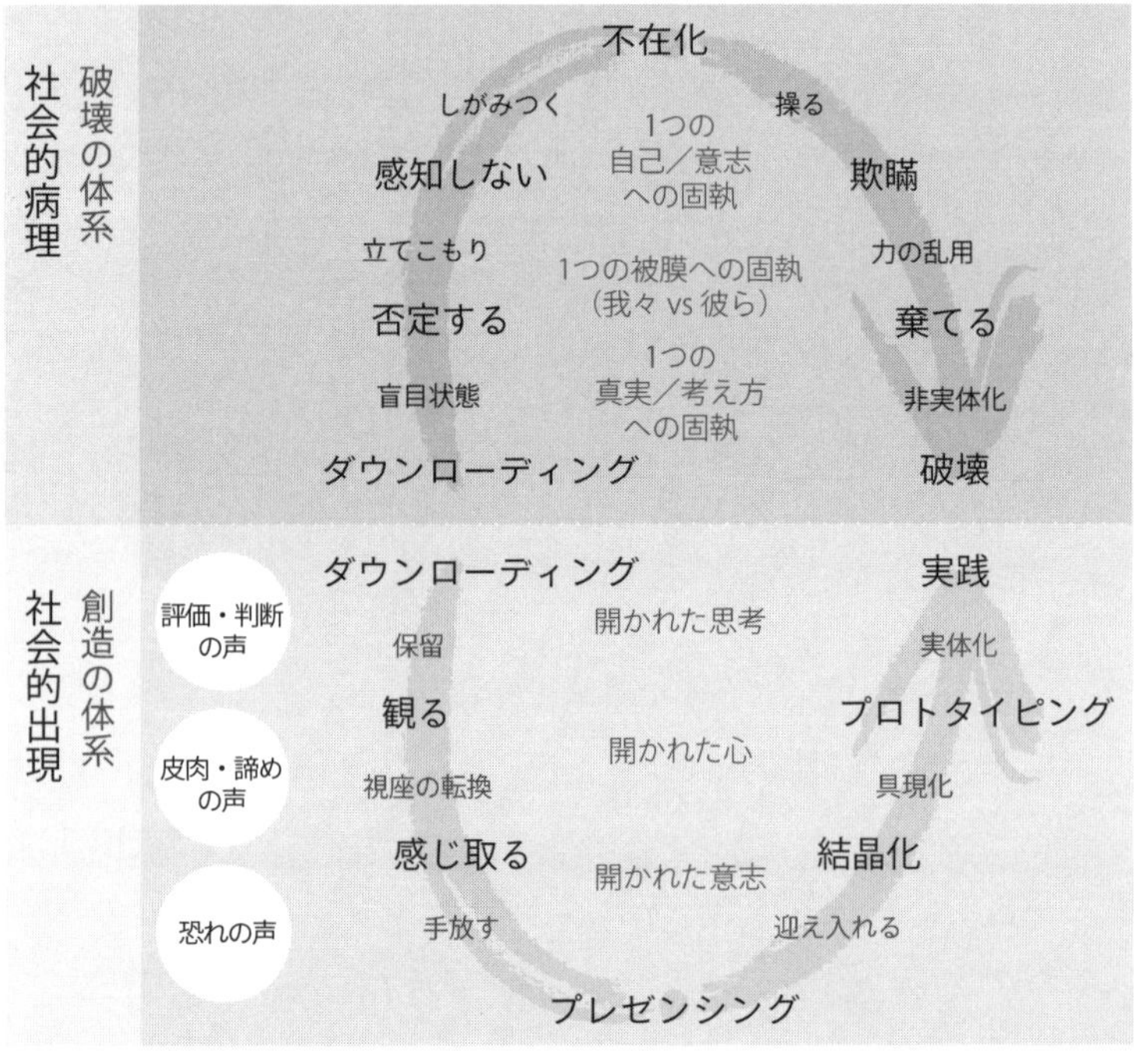

ジネス、政府、そして市民社会で必要な変容の経験には、どれもそれほど差異はないことだ。すべて、縦割りのピラミッドのシステムをひっくり返し、組織の境界を越えて、共有される意図、意識、行動の共創造の場の土壌を耕すという同じ道筋をたどる。第8章では結論として、この地球上に生きる現世代の変革者として、我々にこれからの一〇〜二〇年の間に何をすることが使命として求められているのかを、具体的に示す。

各章の末尾には、その章の結論としてのまとめと、個人の内省やグループワークで使える実践的な問いを載せている。今日我々が直面している環境的、社会的、精神的危機を、より深遠な問題の三つの側面としてとらえる世界的な運動が起こりつつある。それはビジネス、社会、自己を変容する入り口として、エゴ中心からエコ中心への転換を我々に求めている。各章末の問いは、読者がこの流れに加わるための実践的なツールとして構成されている。読者が自分でグループを作る際にも役立つだろう。ウェブサイト（www.presencing.com）と、そこでのグローバルクラスルームのセッションは、我々がこれから進むべき道を共感知し共創造するためにほかの人たちとつながる機会を提供するだろう。

第1章 表面――死と再生の諸症状

本章では、今日の現実という氷山の水面上に現れた頂上の症状を探っていく。独裁者の失脚から始めて、我々の時代の破壊的変化を生み出しつづける深い断層線の探究へと進もう。これらの破壊的事象を変化を創り出す変革者の視点からも考察する。破壊に直面する中で、我々は狂気の時を迎えるのか、それとも気づきの時を迎えるのか。それを決めるのは何かを探る。

独裁者の失脚

一九八九年の秋、ベルリンの壁の崩壊の二週間前、我々は多国籍の学生グループを連れて東ベルリンへ行き、教会の地下室で市民権活動家たちと会った。そのとき、我々に同行していた平和研究者のヨハン・ガルトゥング教授がある予言をした。「ベルリンの壁は今年末までに崩壊するだろう」。東ドイツの体制への抵抗運動を組織している人も含めて、誰もがそれを疑った。だが、みんな間違っていた。壁は崩れ落ち、その会合からわずか数カ月後に冷戦は終わりを迎えた。

二〇年近くが過ぎた二〇〇八年秋、世界的な金融サービス会社、リーマン・ブラザーズの倒産の衝撃が地球を駆け巡り、数時間のうちにアメリカとヨーロッパの金融システムを破綻の瀬戸際に追い込んだ。今日存続しているウォール街やヨーロッパのメガバンクが生きのびることができたのは、納税者のお金で賄われた各国政府による巨額の救済資金のおかげだ。その年の一〇月一一日、国際通貨基金（ＩＭＦ）専務理事は、世界の金融システムは「メルトダウンの崖っぷち」に立たされていると警告した(1)。

二〇一〇年一二月、チュニジアの若い青果露天商、モハメド・ブアジジが焼身自殺をした。警察が彼に賄賂を要求し、それに応じなかった彼の売り物を没収し、暴行したことへの抗議である。二〇一一年一月、二六歳のエジプト人活動家、アスマ・マフフーズが、ホスニ・ムバラク大統領の「腐敗した政府」に抗議するために、カイロのタハリール広場に集まるよう呼びかけるビデオをインターネットで公開した(2)。彼女のこのビデオに触発され、エジプトの民衆は立ち上がった。一週間後の一月二五日、彼女の呼びかけに応じた数万人がタハリール広場に集まった。数日のうちに運動は数百万人規模に膨れ上がった。当初、エジプト警察は、デモ隊に暴力で対処した。しかし、マフフーズが最初のビデオを投稿して四週間もたたないうちに、ムバラク大統領が辞任した。

その一カ月後、日本近海でマグニチュード九・〇の地震が起き、巨大津波に襲われて一万人以上が死亡した。福島第一原子力発電所は、五・七メートルの津波に耐えられる設計の防潮堤に守られていた。しかし、地震発生から数十分後、高さ一四メートルの津波が防潮堤を簡単に越えて発電所に到達し、非常用発電機を破壊した。その結果、核燃料が過熱しはじめ、発電所は壊滅的な炉心溶融へと向かった。

その年、「アラブの春」は世界中に拡散した。リビアではムアンマル・カダフィが倒された。「アラブの春」に触発された一面もある「ウォール街を占拠せよ」運動は、世界中の一〇〇〇以上の都市で活動を繰り広げた(3)。

ベルリンの壁の崩壊、ムバラクとカダフィ体制の終焉、福島第一原発のメルトダウン、メルトダウン寸前の欧米の金融システム。これらすべてに同じ特徴がある。

1　かつては破壊不可能と考えられていた、硬直した中央集権的支配構造の終焉。

2　恐れを手放し、別次元の意識と相互のつながりに目覚めつつある人々による自発的、分散的な草の根運動の始まり。

3　古いシステムに小さなひび割れが起こり、少しずつ崩れ、ついに全体が崩壊する。

4　崩壊の記憶が薄れはじめるやいなや古い勢力が息を吹きかえす。古い勢力は権力と影響力への特権的アクセス（その例が、ウォール街の金融寡頭体制）を守りつづけるために、破綻の真の根本的原因を覆い隠そうとする。

今後もこの種の出来事は次々に起こるはずだ。これらの破壊的変化は、我々がグローバルコミュニティとして迎えた新しい時代の幕開けを物語っている。破壊的混乱がますます多発する時代に入ったのだ。このような運動は、根本からの変化をもたらす運動に発展することも、行き詰まって失敗することもある。後の章でも論じるが、多くのケースでこれらの破壊的混乱はすでに始まろうとしている。それらすべてを阻止するにはもう手遅れだ。では、制御できるポイントはどこにあるのだろう。それは、このような破壊的混乱がもたらす働き方や生き方への影響に、我々がどう対応するかにある。

破壊的変化は我々の外側の世界だけでなく、内なる自己にも影響を及ぼす。そのような瞬間は、我々の世界の動きを突然、止める。それは恐ろしい瞬間かもしれないが、我々が自分たちで埋めることのできる大きな空白の空間である。二つの埋め方がある。フリーズし、過去のパターンに後戻りするか、**最高の未来の可能性**に自らを開くか、である。後者の反応の、身を乗り出し、感じ取り、自分の出現する未来を現実化すること、これこそが本書の主題である。

プレゼンシング

メルトダウンが目前に迫ったとき、我々は選ぶことができる。フリーズし、深く刻み込まれた過去の習慣に後戻りするか。立ち止まり、未知の場、出現したがっている未来に身を乗り出すか。

この二つ目の可能性、自分たちの最高の未来の可能性に身を乗り出し、つながることを我々はプレゼンシングと呼ぶ。「はじめに」で触れたように、**プレゼンシング**という語は、**存在、在り方**《プレゼンス》と**感じ取る**《センシング》を合わせた造語である。出現する未来の場の存在を感じ取り、そこから行動することを意味する。この高められた意識の場につながると、我々の意識は、**ゆっくりになる**、**開く**、**方向転換する**、**手放す**、という段階を経て、新しいものを**迎え入れる**、**結晶化する**、**実体化する**、という段階へと変容していく。図4（「はじめに」を参照）にこのプロセスがまとめられている。

最高の未来の可能性である真の自己（Self）とつながり、行動へと向かうプロセスは、一瞬のうちに起こることもあれば、何年もかかることもある。これは人間の旅の原型である。自らを開き、自分たちを通して新しいものを着地させ、出現させ、現実化させるプロセスだ。

アスマ・マフフーズが二〇一一年一月一八日に投稿したビデオによって火がつき、世界中の人々が鼓舞されたのは、このプロセスが実際に起きた例だ。ビデオの中で彼女は、深い在り方や真正さの源とつながることを妨げる三つの大きな障害である、疑い、皮肉、恐れを超越したところから語っている。

政府は疑念を煽ろうとしたが、彼女は確信に満ちていて、その言葉は明確だ。皮肉や冷笑はかけらも見せず、深いつながりと共感の状態から語っている。恐れを表現していたら、彼女は孤立したかもしれないが、自分の脆さをさらけ出す決意と勇気の場から語っている。


四人のエジプト人が焼身自殺を図りました。三〇年にわたって耐えなければならなかった屈辱と飢えと貧困と不名誉に抗議するためです。四人のエジプト人が自分で自分に火をつけました。私たちもチュニジアのような革命を起こせるかもしれない、と考えたのです。自由と正義、名誉、人間としての尊厳を持てるかもしれない、と考えたのです。今日、その一人が亡くなりました。こんな風に言う人を見ました。「神よ、彼をお許しください。彼は罪を犯し、無駄に自殺したのです」

みなさん、どうか恥を知ってください。

私は若い女性ですが、タハリール広場へ行き、一人で立つ、と投稿しました。そしてプラカードを掲げる、と。来てくれる人がいるかもしれないので、電話番号も書き込みました。来たのは三人の男性だけでした。三人の男性と、三台の機動隊の装甲車です。そして何千人もの雇われた暴漢と警官が私たちを脅しに来ました。私たちを乱暴に人々から引き離しました。でも、私たちだけになると、彼らはこう言いました。「もうやめろ！　焼身自殺を図った奴らはみな狂っている」。もちろん、すべての全国メディアで、抗議のために死んだ人は狂人扱いです。もしそうなら、なぜ彼らは国会議事堂の前で自分に火をつけたのでしょう。

このビデオに込めるメッセージはこれだけです。「私たちは一月二五日にタハリール広場に行きたい」。私たちにまだ誇りがあり、この国で尊厳を持って生きたいなら、一月二五日に広場に行かなければなりません。集まって、私たちの権利、私たちの基本的人権を要求するのです。[4]

マフフーズが最初にタハリール広場へ行ったとき、彼女が言うように、加わったのは三人の男性だけだった。次は、ビデオを投稿して一週間後だったが、五万人以上の参加者が集まった。その一週間後の二月一日、一〇〇万人以上の人々が平和的に抗議した。二月一一日、「沈むはずがない」と思われていた政治体制が終焉を迎え、ムバラクが辞任した。

この破壊的変化を共創造するプロセスは、一回限りの特異なケースではない。今、目に見えはじめているはるかに大きな絵の一部なのだ。ほかのセクターやシステム、文化でも同じような取り組みが行われている。このような旅に乗り出す変革者たちは、あえてこれまでの道を離れて、未知のものの端に身を置いている。深い知の源につながり、出現したがっている未来を感じ取ろうとしている。しかし、変革のリーダーたちは、この深い個人的な変容の領域についてほとんど語らない。それを説明する上で、広く理解され、受け入れられた言葉がないからだ。

マフフーズは際立った存在であるが、彼女が立っているのは氷山の頂点であり、その氷山全体は、活動家のポール・ホーケンの言葉を借りれば、「人類史上最大の社会的なムーブメント」[5]を象徴しているのかもしれない。エジプトとチュニジアの独裁者が率いる体制、東欧の共産主義体制、南アフリカの人種差別体制を倒した草の根の市民運動もその一部である。ビジネスの世界で、収益だけでなく社会的使命と環境上の目標をも合わせ持つトリプルボトムラインを目指す「ハイブリッド」

企業を興す新しいタイプの起業家たちもそうだ。

この新しい地球規模のムーブメントには、名前も、リーダーも、イデオロギーも、単一のプログラムも、単一のセンターもない。代わりに、人々は新しい内面の場、出現するつながりと意識の場、地球全体をも含める生きとし生けるものの幸福への関心を共有している。

不在化

もちろん、自動操縦モードになっていれば、プレゼンシングは起こらない。メルトダウンの瞬間に遭遇しても、未来に身を乗り出す代わりに、過去の習慣的なパターンに後戻りする道を選ぶことも可能だ。ムバラクが二〇一一年二月一〇日に最初は辞任を拒んだのは、そういう選択だ。エーリッヒ・ホーネッカーと東ドイツ政治局が一九八九年の初秋に、崩壊しつつあるシステムにしがみついたのも、そういう選択だ。ウォール街の銀行が破綻の瀬戸際に来ても、元IMFのチーフエコノミスト、サイモン・ジョンソンの言う「静かなるクーデター」[6]を通して、なおも自らの力の拡大を図らずにはいられなかったのも、そういう選択だ。カトリック教会が、痛ましい児童虐待事件が明らかになっても、古い組織のしきたりに固執するのは、そういう選択だ。だが、**彼ら**だけではない。我々はみな、かつては機能したがもう役に立たなくなったものを手放すのを拒むとき、そういう選択をしているのだ。

新しいものに身を乗り出すのではなく、古いものをダウンロードして空虚な内面の場に臨むとき、我々は社会的病理の旅に踏み出し、共にそれを実体化している。その旅はおよそ次のような経過をたどる。ダウンローディング、否定する、感じ取らない、不在化、欺瞞、破壊、そして（最後には）自己破壊。

「はじめに」の図5で示したように、不在化の旅はプレゼンシングの旅を反転させたものだ。不在化のサイクルは、思考と心と意志を開く代わりに、過去に固執して放さない。未知なるもの、出現する未来に身を乗り出そうとはしない。その結果、不在化の場は、否定（起きていることを見ない）、感じ取らない（他者への共感を欠く）、不在化（高次の自己とのつながりを失う）、欺瞞（幻想によって導かれる）、そして破壊（他者と自己を破壊する）の軌道へと我々を放り出す。

不在化をよく表す例は、ヒトラーとナチスが中欧をはじめとする世界に対して行ったことだ。翻って、今日、我々が集団として地球という惑星に対して何をしているかを見るとよい。基本的なパターンは同じだ。

このように、不在化の空間に投げ入れられるということは、次の三つの圧制にがんじがらめになることを意味する。

1　唯一の真実（イデオロギー）
2　唯一の「我々」対「彼ら」（硬直した集団主義）
3　唯一の意志（狂信）

「一つの真実、一つの我々、一つの意志」の三重の圧制の別名は、原理主義である。第二次世界大戦で人々が立ち上がったのは、この構造に対してだった。南の諸国の脱植民地化と独立の戦いであろうと、南アフリカの人種差別システムに対する戦いであろうと、東欧、ラテンアメリカ、北アフリカの独裁体制に対する戦いであろうと、これらの場所で起きていた戦いは、みな深いところで同じだった。唯一の真実（閉ざされた思考）、唯一の我々（閉ざされた心）、唯一の意志（閉ざされた意志）という原理主義から生まれる同じ圧制に対するものだった。このような硬直した世界観から生まれた社会構造は、次の三つの特徴を持っていた。

1 一方向の直線的コミュニケーション
2 排除を基本とした低い透明性
3 少数の幸福を叶える意図

これらに代わるものは、よく定義されていないが、およそ次のように言うことができるだろう。

1 多方向の循環的コミュニケーション
2 全体を包摂することを基本とした高い透明性
3 すべての人々の幸福を叶える意図

二つ目のモデルにいかに到達するかが、本書の中心的なテーマだ。今日、特筆すべきなのは、地球上のほとんどの人はおそらく一つ目のモデルを拒絶するだろうが、それは蔓延する構造的・文化的な暴力を再生産するだけだということだ[7]。

我々が原理主義と呼ぶものとの戦いは、アルカイダを倒せば勝てるものではない。地球の未来のための戦いなのだ。他の人々に爆弾を落として勝てるものではない。**今世紀の主戦場は、我々自身の自己との戦いの場なのだ。**小さなsの自己と大きなSの自己の戦い、現在の習慣化した自己と、個人として集団として出現する未来の自己との戦いである。今日、社会のあらゆるセクターやシステムで繰り広げられている不在化とプレゼンシングとの戦いである。

狂気とマインドフルネスの瞬間

我々が個人として、チームとして、組織として、システムとして、不在化の状態から行動するのか、プレゼンシングの状態から行動するのかを決めるのは何だろう。一つの状態から別の状態へと移行させるレバーは何だろう。狂気からマインドフルネスへと移行するには、どうすればいいのだろう。

具体的な例で考えてみよう。一九八六年四月二六日、ウクライナのチェルノブイリ原子力発電所の四号炉で事故が起きた。最悪の事態が展開しはじめたにもかかわらず、隣接するプリピャチ市の子どもや市民は何の警告も受けなかった。その地域、ロシア、そしてヨーロッパの市民が、放射性物質の雲にさらされた。それは、まず北へ流れてスカンジナビアに達し、それからヨーロッパほぼ全域に広がり、五億人の住民に降りかかった。

潜在的な脅威を知らされていなかったのはヨーロッパの市民だけではなかった。クレムリンのソビエト最高幹部たちも情報から遮断されていた。当時の共産党書記長、ミハイル・ゴルバチョフはこう語っている。「午前五時ごろに電話がかかってきて、チェルノブイリ原発で何らかの事故があったと告げられました。最初に受けた情報にあった言葉は、『事故』と『火事』です。報告では、すべては安定しているということでした。原子炉も含めてです。……最初は、爆発は起きていないと言われました。この情報が引き起こした結果は非常に重大でした。……何が起きたのか？　核爆発、放射能雲、深刻な汚染？　警告をもたらしたのはスウェーデンだったのです！」(8)

ゴルバチョフは、事故は環境に悪影響を及ぼすことはなく、制御されていると聞かされていた。炉心で数回の爆発が起こり、重さ一二〇〇トンの原子炉遮蔽蓋が吹き飛び、高放射能の蒸気が環境に放出されていたことを、この初期の段階では誰からも報告されていなかった、とゴルバチョフは言う。その後、一〇〇〇キロ以上離れたスウェーデンのフォルスマルク原子力発電所で、高レベルの放射能が検知された。スウェーデン政府は国民に、放射性塵についての警告を発した。

チェルノブイリ原発からはなおも放射線がとめどなく拡散しつづけていたが、原発周辺の住民の避難が始まったのは、事故後二四時間以上が過ぎてからだった。ゴルバチョフが原子力の専門家を招集して委員会を発足させ、資源と人と技術への無制限のアクセスを許可してから、ようやく本格的な危機対応が始まったのである。

この危機対応の間にも、古いダウンローディングのパターンがしばしば繰り返された。そして悲惨な結果を招く。原子力の専門家たちは、全人口が避難した町の損傷を受けた原発に隣接するホテルに集合したために、高レベルの放射線に被曝した。少なくとも何人かはその危険をよく知っていたはずだ。被災地域から一〇〇キロも離れていないウクライナの首都キエフでは、伝統的なメーデーの祝賀行事まで行われ、地元の高官が出席した。

後のインタビューで、ゴルバチョフは原子力専門家たちの対応をこう振り返っている。「この人たちは優秀な専門家です。彼らが（これほど）無責任で、自殺的なことをするとは信じられませんでした。専門家は状況を過小評価していたのです。古い基準はもう何の役にも立ちませんでした。

それまでにも原発事故はありました。……（しかし）これほどの規模の事故は初めてでした。彼ら（原子力専門家）は原発は再稼働できるとさえ考えていたのです。五月か六月までには」[9]

そして、この原発の破滅的状況の深刻さが完全に理解されるに至って、ついにソ連は惨事がさらに広がるのを防ぐための戦いに五〇万人を動員した。除染と撤去作業はまだ続いており、ウクライナにおける政府の年間支出の五～七パーセント（二〇〇三～二〇〇五年の数字）が費やされている。[10]

課題に古い行動のパターンをダウンロードして対応したもう一つの例は、フランスの放射線防護中央局長、ピエール・ペルランだ。放射性降下物の雲は北欧、中央、西欧全域に到達していたのに、国境を越えてフランスに入ってきてはいないと断言したのだ（フランスは今なお電力の七五パーセント以上を原発で賄っている。これは世界一の原発依存度である）。

チェルノブイリの惨事は、古いやり方をそれがもはや適さなくなった状況でダウンロードすることが、どのように否定、データの曲解、欺瞞、破壊、そして自己破壊のパターンを招くかを暴きだした例だ。しかし、物語はここでは終わらない。ゴルバチョフは、溶解した原子炉の炉心が原子炉の下の地下水に到達したら、ヨーロッパは人が住むことのできない不毛の地になっていたかもしれないことに気づいた。彼は言う。「チェルノブイリは、人間が手にした核エネルギーの本質を見せてくれました。我々の最強のミサイル、SS‐18は、計算ではチェルノブイリ一〇〇基分の威力を持っていました。……それを二七〇〇基も持っていました。対アメリカ用にです。その破壊力を想像してみてください。……チェルノブイリで、誰もが確信しました。ソ連人もアメリカ人もです。……我々の国々がどんなに巨大な核の火山の上に座っているか、ということに。ソ連とアメリカだけではありません。世界全体がです！」[11] チェルノブイリ事故から一年半後、ゴルバチョフはソ連の射程五〇〇キロから五〇〇〇キロの核弾頭すべてを退けた。

チェルノブイリで繰り広げられる惨事を目の当たりにしたゴルバチョフは、思考の速度を落とし、相互確証破壊（ＭＡＤ）という古い軍事の論理を手放し、軍縮の種が芽を出し成長できるようにした。これらの種が世界の歴史の方向を良い方に変えることになった(12)。

この物語から当然、次のような疑問が湧いてくる。こうして我々が議論している間にも地球を揺るがせはじめている破壊的な出来事の展開は、今日のグローバルなコミュニティとしての**我々の思考と意識にどう影響を及ぼすべきなのか。我々**が手放す必要があるのは何か。発芽させ、成長させる必要があるのはどんな未来の種か。

断層線

火山の噴火や地震、津波などの自然災害は、構造プレートの断層線沿い、つまり、地球の構造プレート同士が接し、互いに巨大な力で押し合っているところで起きやすい。いつ、どこで、大規模な破壊や噴火が起きるかを完璧に予測することはできない。しかし、断層の地形を知っていれば、衝撃が襲う可能性がある地域がわかる。

社会的・経済的破綻は、この点で噴火と非常によく似ている。それらはコミュニティや社会の社会的集団を分断する断層線沿いに発生しがちだ。やはり、惨事がいつ、どこで発生するかを完璧に予測することはできないが、可能性がある空間を理解していれば、ベルリンの壁の崩壊や金融システムの破綻、独裁体制の転覆などの大きな出来事の前兆のかすかな信号に気づきやすい。

今日の社会経済的集合体、言い換えれば人間関係の総体を分断する主な断層線の地形はどのようなものなのだろう。我々が人間としてかかわる次の三つの主要な関係に関して、三つの大きな断層線があると考えられる。（1）自然や地球との関係、（2）お互いとの関係、（3）自分自身との関係。これら三つの関係が破綻すると、三つの分断が生まれる。環境的分断、社会的分断、精神的・文化的分断である。

環境的分断

環境的分断は、人間と自然の関係に生じる断層線である。生産方法の環境効率は大幅に向上したが、せっかく改善した資源効率も、いわゆる**リバウンド効果**で相殺されている。つまり、アウトプットの総量（GDP）の水準が高まり、資源使用量の絶対値が増大しているのだ。今日の我々の消費量は、地球の再生能力を五〇パーセントも超えている。この傾向が続けば、過剰使用は二〇五〇年には想像を絶する地球三個分にまで膨らむだろう。[13] もちろん、そんなことには決してならない。過酷な環境破壊によってほかの道を選ばざるを得なくなるからだ。しかし、このことは今日の開発の方向がいかに無責任であるかを示している。現在と近い将来の症状を挙げてみよう。

◆**水**……国連環境計画（UNEP）によれば、二〇世紀の間に世界の真水の需要は六倍に増加した。同時に真水の供給量は減っている。その結果、世界人口の三分の一が住む国々で水不足が起きている。さらに、地球上のほぼ五人に一人は安全な飲料水を得ることができない。[14]

◆**土壌**……失われた表土を人間の一生の間に取り戻すことはほぼ不可能だ。土壌が一センチ形成されるには、およそ一〇〇〇年から四〇〇〇年かかる。[15] ところが過去四〇年の間に、土壌侵食によって、世界の耕作地の三分の一近くが生産力を失った。[16] これは世界中の農業・牧畜用地二〇億ヘクタールに相当する。アメリカとメキシコを合わせたよりも広い面積だ。[17]

◆**気候**……一九九五年から二〇〇六年のうち、一年を除くすべての年が、気温が最も高かった一二年のうちに入っている。[18] 大気中の二酸化炭素の割合は記録的な高さである。世界銀行が二〇一二年一一月に発表した報告書は、世界は「今世紀末までに気温が摂氏四度上昇する道を転がり落ちている」と警告している。その結果、酷暑が襲い、二一〇〇年には海面が〇・五〜一メートル上昇すると見られる。それ以上になる可能性もあり、小さな島国は人口を維持できなくなる恐れがある。[19]

◆**生態系**……「ミレニアム生態系評価」は、結論でこう述べている。「人類は主に急速に増大する食糧、真水、材木、繊維、燃料の需要を満たすために、過去五〇年の間に歴史上のどの五〇年間より急速かつ大規模に生態系を変えてきた。その結果、地球の生物多様性が大規模に失われ、そのほとんどは回復不可能である」[20]。四年間にわたって行われた包括的な研究で調査した生態系の六〇パーセントは、劣化するか持続不可能な使われ方をしていた。

ＵＮＥＰは、人間が地球から得ている「サービス」に値段をつける取り組みに力を注いできた。それによると、地球の自然の生態系インフラが人類に提供しているサービスは少なくとも年間七〇兆ＵＳドルを超えており、この額をさらに大きく上回っている可能性もあるという。ＵＮＥＰ事務局長、アヒム・シュタイナーは言う。「自然と自然由来の資産の間違った管理は、近年の経済危機でさえ小さく見えるほどの規模で開発を阻害している」[21]

社会経済的分断

二一世紀初頭の金融危機によって、世界中の社会に見られる社会経済的分断への意識が高まった。断層線はますます目立ってきている。世界全体では、最も豊かな一パーセントの人々が世界の富の四〇パーセントを所有する一方で、世界人口の貧しい方の半分が所有するのはわずか一パーセントでしかない[22]。この格差は、急速に深まる社会経済的分断を表す多くの格差の一つである。所得の面でも同じような数字が出ている。上位一〇パーセントの人々が世界の所得の半分を受け取っている[23]。何億という人々を貧困から救い出す試みは大きく前進した。特にアジアで著しい。だが実際には、過去三〇年の間に社会的分断は一層深まっている。その証拠を挙げよう。

◆**飢餓**……世界中の人々のうち、八人に一人は、夜、おなかをすかせて眠りに就く。飢餓を経験している人の九八パーセントは発展途上国に住んでいる[24]。

◆**貧困**……二四億七〇〇〇万人以上の人が一日二USドル以下で生活している。一三億人は極度の貧困状態、つまり一日一・二五USドル以下で生活している（二〇〇八年のドル値）[25]。この人たちの最も基本的なニーズは満たされないままである。

◆**不平等**……最近の研究では、社会不安、移民と難民の危機、不況、経済成長の鈍化などの、所得の不平等さに関連する問題が指摘されている[26]。国際労働機関（ＩＬＯ）は二〇〇八年に、途上国・先進国合わせて七〇カ国以上で所得の不平等の推移についての研究を行った[27]。主な発見として、調査した国の七〇パーセントで、上位一〇パーセントと下位一〇パーセントの間の所得格差が、調査前の二〇年間よりも広がっていることがわかった[28]。

精神的‐文化的分断

環境的分断と社会的分断は自己と自然、自己と他者との分離に関するものだが、精神的‐文化的分断は小さなｓの自己と大きなＳの自己の分裂に関するものだ。この症状の一つは、我々の幸福感の水準と、それに関連する燃え尽き症候群、うつ病、自殺などの問題である。燃え尽き症候群とうつ病は過去五〇年の間に増加した。物質的な生活水準が急速に上昇している国でも状況は同じだ[29]。過去四五年間に、世界の自殺率は六〇パーセント上昇した[30]。自殺は、アメリカの高校生と大学生の死因の二位である（一位は事故）[31]。世界では、一五歳から四五歳の年齢層の死因の三位に入っている[32]。この衝撃的な数字は、人間が自らに振るっている暴力の氷山の一角である。

私（オットー）は二〇一一年にウィーンである講義を行った。その中で、参加者に、自分の人生や仕事の中で何が死のうとしているか、何が始まったり生まれたがったりしているのか、体験していることを隣の人同士で話し合ってもらった。ある国際的な大企業の経営幹部は、こう語った。「会社は私に経費節減や人員削減の管理などを命じますが、そういうことと、私がこれからの仕事や人生で**本当に**したいこととの間にずれが生じはじめているのに気がつきました」。個人的な感情や考えとは反対の方向を指すようなことも、会社は要求するが、進路を変えようと決意するほど強く感じたり考えたりするわけではないので、そのまま続けているという。

現れはじめたひび割れやずれは、集合的な我々の今の状況を表す重要な症状だ。ウィーンのこの経営幹部は、単なる一例なのだろうか。それとももっと大きな集団を代表する例なのだろうか。我々は経験から、後者だと考える。たとえば、私がＭＩＴで教えているクラスのおよそ半分は、世界中から集まった中堅の管理職で埋まる。コースが始まったころ、私は参加者一人ひとりに参加した理由を言ってもらった。いちばん多かったコメントは次のようなものだ。「会社から求められる仕事にまったく**意欲が湧かない**んです。出世の階段を上るにつれ、やる気がなくなります。私のエネルギーの源泉と最善の仕事とをつなぎ直す方法を学びたくて参加しました」

外からの要求と内面からの願望や欲求との間のひび割れは、非常に重要である。放置されればすぐにもっと大きな何か、たとえば、燃え尽き症候群やうつ病、あるいはより悪い形になりかねないからだ。一九八〇年代初頭の東欧の社会主義体制のエリートについて考えてみよう。彼らはシステムに何か重大な不具合があることに気づいていた。しかし、表面に現れたひび割れを注意深く観察して、より深いところにある構造的な原因を観に行く勇気がある者はほとんどいなかった。ウィーンやMITで企業管理職が語ったのは、初期段階のかすかなひび割れであり、無視したら次第に大きくなるばかりだ。崩壊寸前の破綻した社会主義体制に現れた裂け目に劣らず深刻である。最初に現れたこれらのひび割れ――断層線――に注意を向けはじめれば、それらがこう告げる声だとわかってくるだろう。**あなたは人生を変える必要がある**。そう、**我々みな**が**自分の**人生を変える必要があるのだ！

三つの分断、一つの流れ

表面の症状を構成する三つの分断は、複雑に絡み合っている。たとえば、人生と仕事の意味の喪失（内面の空洞）は、物質的消費を増やすこと（消費主義）で埋められることが多く、そのために資源の枯渇が進み、環境的分断がさらに深まる。途上国から先進国への天然資源の流れと、逆方向への廃棄物の流れが加速することによって、社会的分断はさらに深まる。[33] つまり、内面の空洞→消費→環境的分断→社会的分断である。

二〇世紀の大半は、これらの問題に対して一度に一つずつ、争点に対処することに費やされてきたが、今ではこういうやり方から脱却する動きが見られるようになった。特に、若い世代では、これらを別々の問題ではなく、一つのより深い問題の三つの異なる側面と見ることが常識になっている。そして、根底にある問題に取り組むには、徹底的な構造転換が必要だということが認識されている。

システム転換の必要性が認識されるようになるプロセスは、二〇世紀の最後の三分の一を残す時期に始まった。一九六〇年代後半から八〇年代にかけて、新しい種類の市民社会運動が台頭してきた。ベトナム反戦。公民権。女性の権利。社会的正義。フェアトレード。環境保護活動。反核。反アパルトヘイト。反独裁政権。これらに続いて、近年さらに多くの運動が現れた。気候変動防止活動。アラブの春。オキュパイ運動。ローカル経済。スローフード。スローマネー。これらの運動はすべて、グローバル意識の広まりと深まりの先駆けであり触媒である。

しかし、市民運動の**第一の波**の問題は、三つの分断のうちの一つか二つだけに焦点を合わせる傾向があったことだ。環境活動家は、変化の社会的、意識的な次元をほとんど無視した。社会正義を求める運動は、環境や意識覚醒にほとんど注目しなかった。そして、ニューエイジと呼ばれる意識覚醒運動は、個人の解放に没頭し、覚醒した意識を社会変革への入り口として使うことはなかった。

MITの同僚、フィル・トンプソン教授は、一九九〇年代初頭にニューヨーク市住宅公団（NYCHA）の副理事長を務めたときに、この形が生々しく表れた例を経験している。彼がNYCHAで働きはじめる何年も前から、住宅公団は連邦大気浄化法によってごみの焼却をやめ、低所得者向け住宅団地ではごみを袋に詰めて週一回回収しなければならなくなっていた。この動きは環境保護運動にかかわる多くの人々からは歓迎された。しかし、五〇万人の住人のごみを袋に詰めるための資源を工面するために、NYCHAは青少年向けなどの多くのプログラムや施設の保守管理、その他の必要なサービスを削減しなければならなかった。また、NYCHAの職員は公営住宅の住民が直面している問題に取り組むにあたって環境活動家からの支援をほとんど受けられなかった。そのため、住宅団地でのリサイクルなどの新たな環境保護の取り組みにあまり力を入れなかった。こうして意図しない結果として、環境保護プログラムに参加する意欲をまったく持たない、見放された怒れる市民の大集団を生んでしまった。

三つの深い分断の**すべて**に統合的な方法で取り組まない限り、意味のある進歩は起きないだろう。この統合的なアプローチこそ、今、世界中に出現している市民運動や社会的起業の取り組みの**第二の波**である。全体の幸せに貢献するという意識から人々が自発的に行動するこの動きが高まってきたことは、地球の未来への計り知れない希望である。

結論と実践

この章では、今日の我々の風景に表れた症状について説明した。個人や組織機構、社会がそれまでの習慣的な問題に対する対処の仕方を手放さざるを得ないような、新しい種類の課題に直面する破壊的混乱の時代に入ったのは間違いないだろう。新しい機会をはらんだこれらの瞬間は、出現する未来の可能性を感じ取り、現実化するよう我々を誘う。だが、この深いプレゼンシングのプロセスに身を乗り出すことができなければ、我々は過去のパターンから抜け出せなくなり、不在化のサイクル（否定、感じとらない、欺瞞、破壊）に我々を放り出す反応をかたくなに繰り返すことになるだろう。

内省のための問い

日誌《ジャーナル》（または白紙）に次の問いへの答えを書き込む。一つの質問に答えるのに、一～二分以上かけない。答えに番号をつける。

1 あなたは終焉（死）に向かっている世界をどこで体験していますか（社会、所属組織、自分の中で）。

2 あなたは生まれ出るのを待っている世界をどこで体験していますか（社会、所属組織、自分の中で）。

3 破壊的混乱の瞬間をどこで経験したことがありますか。そのとき、自分自身のプレゼンシングまたは不在化のプロセスについて、どんなことに気づきましたか。

4 あなたの仕事や人生における個人的な体験の中で、環境的、社会経済的、精神的・文化的分断はどのように現れていますか。

サークルでの会話

五人から七人のメンバーを集めてサークルを作り、最初のミーティングを行う。各人が自分の状況を全員に話して共有し、問いに答える。

1 今の自分を形づくるのに大きな意味を持った経験を一つか二つ挙げて、自分の個人的なストーリーを紹介する。

2 あなたは終焉を迎えている／死に向かっている世界と、始まろうとしている／生まれ出ようとしている世界を、どういうところで体験していますか。

3 あなたは、今日我々が直面している危機と三つの分断の根本原因は何だと思いますか。

4　あなた自身は今後一〇～二〇年の間にどんなことが起きると感じていますか。

5　あなたは未来に違いを創り出すために、今、何をしたいですか。

第2章 構造——システムが生む断絶

この章では、今日の現実という「氷山」の水面のすぐ下のレベルを探る。我々が出現しようとするものにつながらずに過去のパターンを再現してしまうのは、どういう構造的な問題が原因なのだろう。光を当てれば水面下に隠れている構造が見やすくなる盲点とは何だろう。

盲点I

現在のシステムは誰も望まない結果を生んでいる。社会的病理の地形と我々が呼ぶ表面の下に、今のパターンを支えている構造がある。組織の場合なら、各種の部門で構成される構造が、分業と人々の職業的なアイデンティティを規定している。今日の社会では、政府、企業、非政府セクターはいずれも、急速に変化する複雑に絡み合った世界で調整し、自らを組織する独自の方法を作り上げている。構造とは、関係性のパターンである。社会が課題に取り組む方法を変えたいなら、我々が集合的に再現しつづけている深層の構造を理解する必要がある。

八つの構造的断絶

水面下に横たわる構造の問題が目に見える症状として表れた八つの問題を説明していこう。表1は、それぞれの問題を次のように示している。一段目は症状を大まかに描いている。二段目はその分野の問題を起こしている構造的断絶を説明している。三段目はシステム全体が突き当たっている限界を表している。

これらの構造的断絶の根本原因に取り組むのは、経済と社会の変革の「八つの鍼《はり》のツボ」に触れるようなものだ。これらのツボのすべてに取り組めば、組織機構が三つの分断をつなぐように進化する可能性がある。一つずつ詳しく見ていこう。

1　**環境的断絶**。我々は地球の再生能力の一・五倍の資源を消費している。無限の成長という強迫観念と、地球の資源の有限性との間に齟齬があるからだ。その結果、ローマ・クラブの研究が指摘したように、我々は「成長の限界」に突き当たっている。ますます枯渇が進む資源を保全するためのより良い方法が必要だ。

2　**所得と富の断絶**。世界の上位一パーセントが所有する富は、下位九〇パーセントが所有する富を上回っている。社会の

リーダーシップの問題	消費主義の問題	統治の問題	所有権の問題
誰も望まない結果を集団として生み出す	燃え尽き症候群、うつ、幸せをともなわない消費	システム全体規模で課題に向き合えない	希少資源の過剰使用；共有地の悲劇
古いリーダーシップのツールと新しい課題の乖離	GDPと幸福の乖離	部分と全体の乖離	現在の所有形態と最善の社会的用途の乖離
リーダーシップの限界→直接的、分散的、対話に基づく自己統治	消費主義の限界→幸せと福祉の内なる関係性の源に意識を向ける	競争の限界→競争と協力の境界線を引き直す	国有財産と私有財産の限界→コモンズに対する財産権

一部に富が偏り、他の部分では基本的ニーズが満たされていない。その結果、後で詳しく論じるように、不平等さは危険な水準に近づこうとしている。経済活動の場をより公平なものにすることによって、基本的人権をより一層実現する必要がある。

3 **金融の断絶**。一五〇〇兆USドルという外国為替取引総額に比べれば、貿易総額の二〇兆USドルは小さく見える（外国為替取引総額の一・四パーセント以下）[1]。この断絶は金融経済の実体経済からの乖離に表れている。その結果、投機の限界に突き当たることが多くなっている。

4 **技術の断絶**。社会的な問題について、システム自体を変える解決法ではなく、症状に対して技術的な応急処置で対処している。その結果、我々は対症療法、つまり根本的な原因に取り組まずに、小手先の技術を次々に投入する問題解決の方法の限界に達しつつある[2]。

5 **リーダーシップの断絶**。我々は誰も望まない結果を集合的に作り出している。意思決定者が、その決定の影響を被る人たちからますます切り離されているためだ。その結果、縦割り組織のメカニズムを通して行使される従来のトップダウン式のリーダーシップは限界に突き当たっている。

表1　構造的断絶とシステムの限界

	環境の問題	所得の問題	金融の問題	技術の問題
表面の症状	地球1.5個分のフットプリント	上位1%の富が下位90%の富を上回る	1,500兆USドルの投機バブル	技術的応急措置症候群
構造的断絶	無限の成長と有限の資源の乖離	持てる者と持たざる者、富と基本的ニーズの乖離	金融経済と実体経済の乖離	技術的解決策と社会のニーズの乖離
システムの限界	成長の限界→有限の資源を育む	不平等の限界→人権を実現する	投機の限界→実体経済に基づいて組織化する	対症療法の限界→持続可能な解決策に集中する

6　**消費主義の断絶**。物質的消費が増えても、健康と福祉の増進にはつながらない。その結果我々は、消費主義の限界に突き当たることが多くなっている。この問題は我々に、経済プロセスを幸福と心身の健康の深い源に再びつなげるよう求めている。

7　**統治の断絶**。グローバルなコミュニティは、最も切迫した問題に取り組むことができないでいる。調整メカニズムが共有財産の危機から切り離されているからだ。市場は私有財産には有効に機能するが、今日我々が直面している共有地の悲劇を修正することはできない。その結果、競争の限界に達しようとしている。全システム規模のイノベーションを可能にする市場投入前の協働の領域を導入するなどして、競争と協力の境界線を引き直す必要がある。

8　**所有権の断絶**。希少な資源の過剰使用は途方もない規模に達している。これは、生態系コモンズのような希少な資源の現在の所有形態が社会にとって最適な使い方から乖離していることに表れている。その結果、従来の所有権の限界に突き当たることがますます多くなっている。将来の世代と地球を守るのに適した、コモンズに基づく所有権という第三のカテゴリーの可能性を探る必要がある。

「はじめに」で論じたように、これらの問題には共通の特徴がある。たとえば、(1)学びが**ない**ように設計されたシステム構造を体現していること、(2)外部性を認識していないこと、(3)お金が間違った方向に流れるように促していること、(4)特殊な利益団体が全体の不利益になるような方法でシステムを操るのを許していること、などである。

これら八つの問題は、社会全体に取りついている同じ一つの病のさまざまな症状だ。だが、何がこの組織的な無責任のパターンを牽引しているのだろう。これらの症状を引き起こしているのは、システムを現実世界でのさまざまな限界にまで押しやっている構造的断絶である。それぞれの断絶は、それだけで独立した一冊の本のテーマにもなるだろう。実際、それぞれの断絶について多くの本が書かれている。一九七〇年代に世界的な気づきをもたらした『成長の限界』もその一つだ。だが、この本が与えた影響は大きかったものの、ほかの次元、たとえば、無限の成長という強迫観念の主要な牽引力の一つだった金融バブルについてはふれていなかった。

本書では、これらの断絶すべてがそれ自体、**全体的な一つのシステム**であるという見方を紹介する。一つのシステムと捉えると何が見えてくるだろう。我々自身だ。問題は我々なのだ。地球の再生能力を超えて資源を燃やしているのは我々だ。所得格差と消費主義、それに伴う燃え尽き症候群のバブルをくり返し生み出す経済の仕組みに参画しているのは我々だ。そして、既存の銀行が問題の大きな部分を担っていることを知りながら、ほとんどの場合そういう銀行を使って金融取引をしているのは我々だ。

それぞれの断絶は、全体とのつながりを失ったシステムの一部である。水面下に隠れた氷山への旅を続ける前に、今日の社会の健全性についていくつかのことを教えてくれる興味深い三つのデータを見ておこう。

今日の社会の経済状態

まず、ＧＤＰと健康あるいは幸福の関係を考えてみよう。一国の健康状態の質を表す指標としてよく使われるのは、ＧＤＰと平均寿命との関係である。実際に、一人当たり年間所得が五〇〇〇～

八〇〇〇USドルあたりまでは、GDPと健康の間に強い関連性が見られる（図6を参照）。その水準を超えると、この関連性はかなり弱まる。つまり、先進国では、GDPで表される物質的な生産高が増えても健康状態や寿命の向上に**つながらない**、ということだ。

　先進国でGDPの上昇が国民の福祉の増進にあまり貢献しないとすれば、福祉を向上させるのは何だろう。意外にも、福祉の向上の鍵は、前述の問題の一つである**不平等**の幅を縮めることに関係がありそうなのだ(3)。

　図7は、アメリカのような所得格差が大きい国ほど健康・社会問題が多いことを示している。スペクトラムの反対の端には日本、スウェーデン、ノルウェーなどの健康・社会問題の少ない国が位置している。これらの国は先進国でも最も所得の不平等が少ない国である。

　この二組のデータから、次の問いが浮かびあがる。先進国の国民の健康を向上させるには、医療提供の改善に集中するより、拡大しすぎた所得の

図6　経済成長が平均寿命を引き上げるのは初期だけである

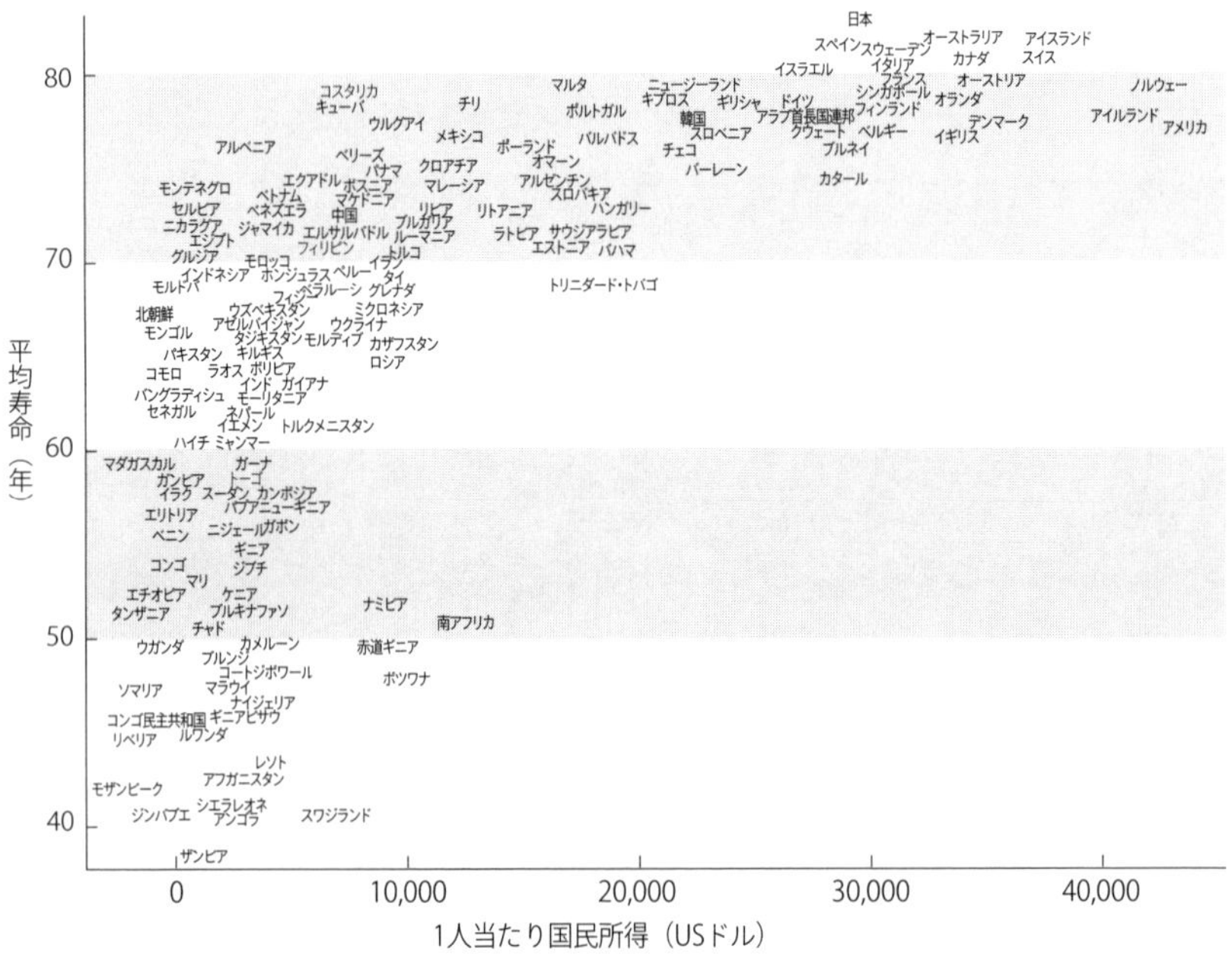

出典：United Nations Development Program. *Human Development Report*.（New York, Oxford University Press. 2006）（『人間開発報告書 2006』国連開発計画著、国際協力出版会、2007 年）

不平等を縮小することに力を注いだ方がよいのだろうか。

ノーベル経済学賞受賞者、ジョセフ・スティグリッツは、著書『世界の99％を貧困にする経済』★で、二〇〇七〜〇八年の金融危機の後でも「最も富裕な一パーセントに属する世帯は、平均的なアメリカ人の二二五倍の富を所有していた。この数字は一九六二年や一九八三年と比べてほぼ倍増している」と述べている(4)。スティグリッツは、格差は政治の失敗から生じたものだと強調し、前述の社会的病理の一因であるだけでなく、「悪い下方スパイラル」という形の経済的不安定の原因になっていると論じる。結果は重大だ。アメリカの子どもの四分の一近くが、貧困の中で暮らしている(5)。

三番目のデータは、この議論を環境的断絶に結びつける。図8で描き出されているのは、今日の経済が突き付けられている持続可能な開発という課題である。この課題は二つの閾値によって視覚的に理解することができる。一つは、生物生産が

図7　豊かな国では健康・社会問題と不平等の間に強い相関関係がある

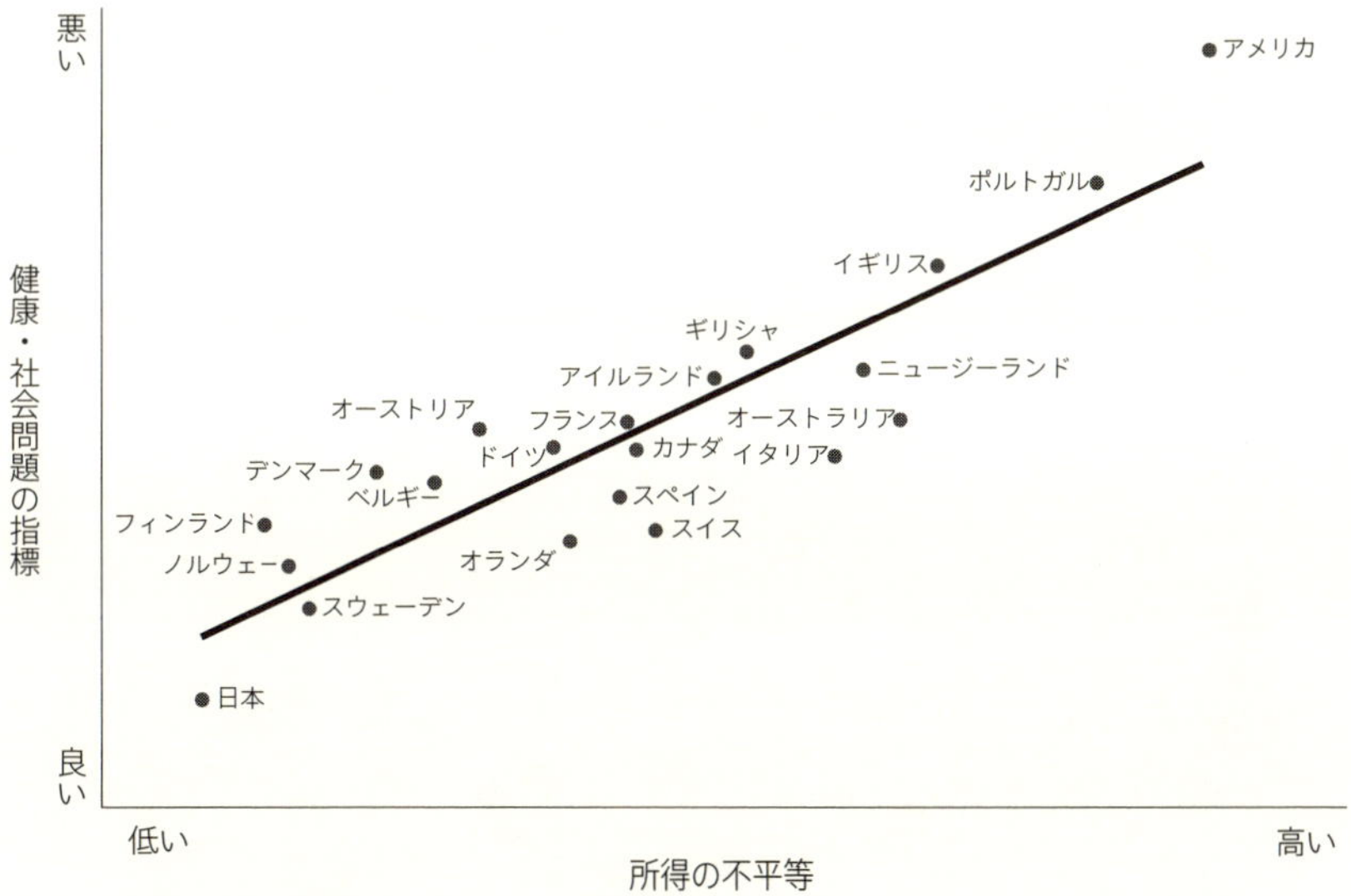

出典：Richard Wilkinson and Kate Pickett, *The Spirit Level: Why Equality Is Better for Everyone*（New York: Penguin, 2009）, 20.（『平等社会――経済成長に代わる、次の目標』リチャード・ウィルキンソン、ケイト・ピケット著、酒井泰介訳、東洋経済新報社、2010年）

★　『世界の99%を貧困にする経済』（ジョセフ・E・スティグリッツ著、楡井浩一、峯村利哉訳、徳間書店、2012年）

可能な土地面積を表す環境収容力《バイオキャパシティ》の一人当たりの平均であり、もう一つは人材開発指標である。持続可能な開発のためには、すべての国が図の右下の持続可能な開発の象限の中に入っていなければならないだろう。ほとんどの国がこの象限から離れていることが、我々の課題の大きさを表している。

意識の覚醒として見る資本主義の進化

前述した断絶と、図8で示されたように大多数の国が持続可能な開発の象限から距離があるという事実だけが、我々の社会が直面している困難な課題ではない。イギリスの歴史家、アーノルド・トインビーによれば、社会の進歩は、課題《チャレンジ》と対応《レスポンス》の相互作用として起きる。社会のエリートがもはや重大な社会的課題に創造的に対応することができなくなったとき、構造的変化が起こり、古い社会の成り立ちが新しいものに取って代わられる。トインビーの課題と対応の枠組みを今日の社会構造の社会経済的な発展に適用して、資本主義の進化を概観してみよう(6)（表2も参照）。

図8　エコロジカル・フットプリント対人間開発指数、2008年

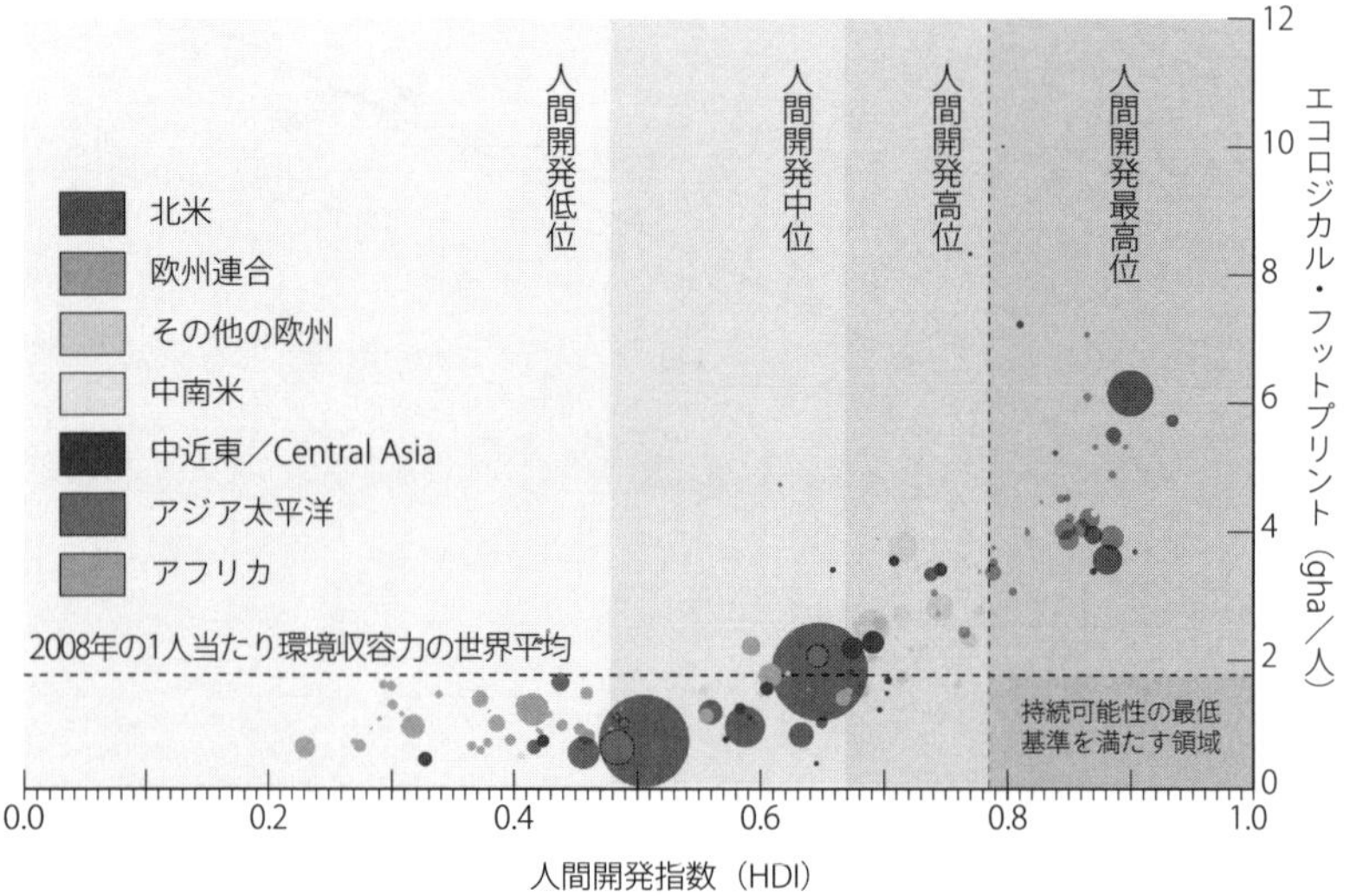

出典：Global Footprint Network and WWF. Living Planet Report 2012（Gland, Switzerland: WWF, 2012）.60.
（『生きている地球レポート2012年版』世界自然保護基金著、WWFジャパン訳）

社会1・0――階層制を軸とした組織化

一六四八年に三〇年戦争が終結した当時のヨーロッパ、一九一八年の一〇月革命後のロシア、一九四九年の国共内戦後の中国、そしてスカルノが初代大統領に就任したころのインドネシアを考えてみよう。どのケースも、その直近に起きていた動乱により、安定を求める気運が高まっていた。目に見える強い手、場合によっては鉄のこぶしを通して安全を保障するとともに、不足していた公共インフラ投資に希少な資源を割り振ることが求められた。そう考えると、二〇世紀のソ連の社会主義は（マルクス主義理論で言うような）経済発展における資本主義後の段階ではなく、資本主義前の段階（擬似重商主義）と見ることができる。[7] 社会の発展におけるこの段階の主要な特徴は、全体についての意思決定をする権力を持つ、強い中心的人物がいることである。それは皇帝かもしれないし、独裁者あるいは政党かもしれない。例は、一八世紀のヨーロッパの君主から、スターリン、毛沢東、ムバラク、スカルノまで、多種多様である。いずれも時間のかかる民主的プロセスや議論への意欲はほとんど持たず強圧的に国家を率いていた。著者（オットー）は最近訪れたサンパウロのファヴェーラ（スラム地区）で、ブラジルの警察の「宣撫《せんぶ》」戦略というものを知った。警察がファヴェーラに入り込み、麻薬密売組織を追い出したという。ファヴェーラの若者たちは、警察の存在は良いことだという。まず、偶発的な暴力事件の発生が減った。そして、コミュニティが重要な社会サービスを受けられるようになった。彼らの目には、この1・0とも呼べる警察の構造は正しい方向への一歩に映るのだ。

我々が社会1・0と呼ぶ国家主導社会のポジティブな成果は、安定である。中央権力が構造と秩序を生み出し、それまでの偶発的な暴力を鎮める。社会1・0の欠点は、活力の欠如、そしてほとんどの場合、個人の自発性や自由を育てることに欠けていることだ。

社会2・0――競争を軸とした組織化

歴史的に、社会が安定性の課題によりよく対応できるほど、この段階の後に安定から成長へと関心が移行し、個人の自発性と自由が増す可能性が高まる。この移行によって、市場と、経済成長に火をつけるダイナミックな企業セクターが台頭する。

この地点でさまざまな制度的なイノベーションが起きる。たとえば、市場や所有権、資本へのアクセスを提供する銀行システムの登場などである。これらの変化によって、ヨーロッパでは一九世紀に、中国やインドなどの新興経済国では今起きているような空前の爆発的な経済成長と大規模な工業化がもたらされる。『ニューヨーク・タイムズ』紙の記者でベストセラー作家のトーマス・フリードマンは、新興経済国の台頭と世界規模のバーチャルな中間層の台頭との関連に注目している。バーチャルな中間層には、今日の実際の中間層だけでなく、現実にはまだ貧困にいても、心理的には上昇への期待を今日の世界中の中間層と共有している、インターネットと携帯電話の利用者のグローバル・コミュニティも含まれる。国連人間開発報告事務局長、ハリド・マリクは

主要なセクター／プレーヤー	主要な権力の源泉	支配的なイデオロギー	意識の基本的な状態
国家／政府	強制的（ムチ）	重商主義 社会主義 （国家中心の思考）	伝統的な意識
資本／企業 国家／政府	報酬（アメ）	新自由主義的 新古典主義的 （市場中心）思考	エゴ - システムの意識
市民社会／NGO 資本／企業 国家／政府	規範（価値）	社会民主主義的 または進歩的思考	利害関係者の意識
セクターを超えた共創造 市民社会／NGO 資本／企業 国家／政府	意識：出現する全体を見ることから起きる行動	エコ - システム中心の思考	エコ - システムの意識

こう言っている。「これは地殻変動的な変化だ。産業革命は一〇〇〇万人の物語だった。これは、数十億人の物語だ[8]」

この発展段階、社会2・0における意識は、経済のプレーヤーの自己利益が原動力として働くエゴ‐システム意識の目覚めと表現することができる。この段階の明るい面は、起業家的な取り組みが爆発的に花開くことだ。暗い面には、制限のないコモディティ化と、それにともなって起きる児童労働、人身売買、環境破壊、社会経済的不平等の拡大などの意図しない副産物という負の外部性がある。

この段階での権力の主な源泉は、国家を基盤とする強制的な法の力と軍事力（ムチ）と、市場に基づく報酬の力（アメ）である。放任主義《レッセ・フェール》の自由市場に基づく2・0経済と社会が生んだ偉大な成果は、急速な成長と活力である。負の側面は、それらから生じる負の外部性、たとえば劣悪な労働条件、持続可能性な閾値を下回る農産品価格、貴重な生産資本を破壊するきわめて不安定な為替レートと株式市場のバブルなどだ[9]。

社会3・0――利益団体を軸とした組織化

社会2・0の問題を修正する手段には、労働者の権利、社会保障法制、環境保護、農民のための保護主義的施策、国の

表2　経済進化の課題‐対応モデル

	主要な社会的課題	対応：調整メカニズム
社会1.0：**国家**主導、重商主義、社会主義	安定	命令：階層制
社会2.0：**自由市場**主導、放任主義	成長	競争：市場
社会3.0：**利害関係者**主導、社会的市場経済	国内の負の外部性	交渉：利害関係者間の対話
社会4.0：**エコ‐システム**主導、共創的経済	グローバルな破壊的外部性、強靭さ	プレゼンシング：意識に基づく集合的行動（ABC）

通貨を守る連邦準備銀行の導入などがある。これらはすべて、同じことを意図している。それは、機能不全的で容認できない負の外部性が起きている領域における、抑制のきかない市場メカニズムを制限することだ。その結果、利益団体間の交渉による合意の産物である規制が生まれ、既存の市場メカニズムを補完するように働く。

社会の進化にともなって、セクターが分化してくる。まず、公的または政府セクター、次に私的または企業セクター、そして最後に市民またはNGOセクターが現れる。各セクターはその特徴として、独自の組織としての仕組みを持つ。また、各セクターは独自の権力の形（ムチ、アメ、規範）を進化させ、伝統的（1・0）意識から、エゴ - システム（2・0）意識へ、さらにほかの主要な利害関係者との連携を促す拡大された利害関係者意識（3・0）へと進化する人間の意識の進化の各段階を表出させる。（表2を参照）

多くの国で実践されている利害関係者による資本主義、つまり社会3・0は、富の再分配、社会保障、環境規制、農業補助、開発補助などを通して、典型的な外部性に比較的うまく対処している。しかし、ピークオイル★、気候変動、資源の枯渇、人口動態の変動などの世界的な課題には迅速に対応できていない。農業補助金やエタノール中心のバイオ燃料への補助金などの対応メカニズムは、時間がたてば解決策ではなく、それ自体が問題の一部になる。[10] 社会3・0には、三つの根本的な限界がある。それは、特定の利益団体に有利であること、大半が負の外部性に反応していること、そして意図的に正の外部性を作り出す能力が限られていることである。表2にこれらの社会の進化の段階をまとめた。

気候変動や環境破壊、極度の貧困などの地球規模の外部性は、気候変動に関する国際的な話し合いが頓挫したことがよく示しているように、国内向けのメカニズムでは効果的に対応できない。

★　石油の産出量が最大となる時期。その後、産出量は緩やかに減少する

3・0社会の統治メカニズムは組織された利益団体に力を与えるものであるから、組織化が難しい集団は不利な立場に追いやられる。大きすぎる集団（たとえば、消費者、納税者、市民）、もしくはまだ声をあげることができない集団（将来の世代）などがそうだ。

要するに、二一世紀の問題を、二〇世紀の福祉国家の問題解決の語彙で解決することはできない、ということだ。ほとんどの社会が直面している課題は、個人や共同での起業家精神や自立、セクター横断的な創造性の欠如を補助金で補うのではなく、強化するような方法で外部性に対応するにはどうすればよいか、である。

社会4・0――出現する全体性を軸とした組織化

二一世紀の課題の地形の複雑性に立ち向かおうとすると、次のような矛盾する傾向に出会う。（1）独自の自己組織化の方法を持った社会の下位システムがさらに分化してゆく、（2）多くの国で、企業というサブシステムが他セクター（政府、市民社会、メディア）に介入する、そして（3）すべての利害関係者を巻き込んでシステム全体のイノベーションに力を注ぐための効果的なプラットフォームがない。

今世紀初頭に現れた最も重要な変化は、変革者たちが集まり、システム全体の進化への意識に目覚め、理解し、結果として共有意識から生じる衝動によって行動することを可能にする**セクター横断的な協力**のためのプラットフォームが創り出されたことである。

先に論じた各段階は主要な**課題**によって特徴づけられている。社会1・0は安定性という課題に対処する。次の社会2・0の課題は成長であり、社会3・0の課題は外部性である。社会はそれぞれの課題に対して、新しい**調整メカニズム**を創り出して対応することが求められる。安定性の欠如への対応は、国家権力を柱とする中央集権的な組織機構を創出することだった。市場は成長の課題への対応であり、NGOによる利害関係者間の交渉は、負の外部性に取り組む試みだった。各段階で新しい社会**セクター**が台頭した。安定性の課題は中央権力または政府を創り出した。成長の課題は企業の興隆を牽引した。負の外部性を解決する取り組みは、労働組合活動家、環境活動家、人権活動家などの利害関係者のグループを支えるさまざまなNGOを生み出した。そしてここでも、各分野には独自の**権力**の源がある。アメとムチと規範である。

それぞれの形態には、独自の核心的信念もある。これについては、第3章で詳しく論じる。社会1・0には国家中心的な核心的信念（国家計画）のイデオロギーがある。社会2・0は市場中心的な核心的信念（市場競争）を採用した。社会3・0は、市場と政府を統合したコミュニケーションまたは会話中心の核心的信念（たとえば、二〇世紀のケインズ経済学やヨーロッパ型の社会市場経済）に基づいて機能する。表2の最下段は、今まさに出現しようとしている社会4・0の段階、別の言い方をすれば、システム全体の規模でイノベーションを進める共創造的エコ・システム経済を予想したものだ。この発展の枠組みでは、各システムのプレーヤーは異なる意識の状態で行動している。1・0経済は、既存の考え方とルールに従う伝統的な意識の優位性の下で行動する。2・0経済は、エゴ・システム意識に目覚める。アダム・スミスの次の有名な一節がこれを見事にとらえている。「我々が食事をすることができるのは、肉屋や酒屋やパン屋の博愛精神のおかげではなく、彼らが自己利益を追求しているからである。我々は彼らの人間愛にではなく自己愛に訴え、我々が必要とするものではなく彼らにとっての利益を語るのである」(11)。3・0経済では、この自己利益は、労働組合や政府、NGOなどの形でまとまった個々の利害関係者が追求する自己利益との関係によって、範囲が拡大されたり緩和されたりする。

今日出現しようとしている4・0段階の経済では、プレーヤーの本来の自己利益は、共有されているエコ‐システム意識にまで広がる。エコ‐システム意識とは、自分が属するシステムのほかの利害関係者のものの見方や関心を内面化することである。必要なのは他者の視点から問題を認識する能力を身につけることであり、それによってシステムの一部ではなく全体の利益になる決定と結果がもたらされる。

今日の経済や社会をよく見ると、数多くの領域でエコ‐システム意識が目覚めていることがわかる。たとえば、スローフード運動、意識的消費、フェアトレード、LOHAS（Lifestyles of Health and Sustainability）、社会的責任投資、協調的消費などはみな、他者の関心を経済プロセスに含めるために活動の場を広げている。これらは経済の4・0段階の先駆けと見ることができる。

一つの地図、いくつもの旅

ここまで、発展の地図を紹介してきた。しかし、地図は旅そのものでもなければ領地でもない。それぞれの国や文明の歴史の文脈によって、旅の様相は異なる。今日のグローバル経済の主要地域のいくつかを概観し、1・0から4・0へのさまざまな旅と領地を見ておこう。ここでは、1・0から現在の近代的な形、つまり**分業**と複数の下位システムの**分化**を特徴とする形への社会の進化に注目する。

ヨーロッパ

ヨーロッパでは、壊滅的な打撃をもたらした三〇年戦争（一六一八～四八年）が終結したとき、社会1・0に移行する下地ができていた。一六四八年には、今日ドイツと呼ばれている地域に一八〇〇の王国があった。次第に領土の統合が進み、フランス革命によってヨーロッパ全域で社会的なイノベーションに拍車がかかり、社会2・0が生まれた。一九世紀初頭から半ばにかけて、貧困や低賃金労働者の搾取、児童労働などの負の外部性に対する社会の対応が始まり、ついに社会3・0が生まれた。社会保障法制、環境保護法、消費者保護規制などを特徴とする社会だ。ヨーロッパの視点では、第二次世界大戦後の二〇世紀は大成功を収めた社会3・0の物語である。

しかし、二〇世紀も終わりに近づくにつれ、これらの成果のいくつかが崩れはじめた。二〇〇八年以降のユーロ危機で如実に示されたように、失業や環境問題、金融バブルは、ヨーロッパ諸国の政府が3・0のマインドセットでは解決できない問題を生み出した。

アメリカ合衆国

アメリカでは独立戦争によって社会2・0が生まれた。アメリカには、国家中心の1・0型社会の強い地盤はなかった。アメリカの視点では、1・0の組織機構はヨーロッパの嫌なところ──旧世界を捨てて新世界に人々を向かわせた原因──に似ていたかもしれない。アメリカの初期の社会2・0は、アメリカ国家の圧政に歯止めをかけるためではなく、ヨーロッパの植民地主義国家の圧政を制限することを目指して形成された。その結果、今日でも、政府や、少しでも1・0構造に類似したものに対する不信は、アメリカ文化のあちこちに色濃く残っている。反面、2・0型の市場経済はしっかりと根づいている。

二〇世紀を通して、特に一九三〇年代の大恐慌時代に、大量失業や貧困という形の負の外部性がアメリカを社会3・0に向けて動かした。その旅の大きな節目になったのは、一九一三年の連邦準備制度創設のきっかけとなった一連の金融バブルと、フランクリン・D・ルーズベルト大統領が一九三三〜三六年に導入したニューディール政策（北部の白人工業労働者は対象だったが、南部の黒人農業従事者は対象ではなかった）である。その後、一九八〇年までは比較的経済が安定していた。

一九八〇年代に、新自由主義のレーガン‐サッチャー革命が、アメリカを3・0からいわば2.5へと後戻りさせはじめた。規制緩和、民営化、特に富裕層と超富裕層向けの減税をしやすいように制度を作り変えたのだ。金融システムの規制緩和は、数代の共和・民主両政権にわたって続いた。一九九九年のグラス・スティーガル法の廃止は、共和党ではなく民主党が見守る中で（クリントン政権で）署名された。これによって商業銀行が証券業務に携わることが可能になり、実質的に一〇年を待たずに世界の金融システムがほぼ全面的に崩壊に近い状態になるお膳立てが進んだ。

オバマ大統領の医療保険制度改革法（医療費負担適正化法）は、二〇世紀初頭に始まった3・0関連のイノベーションを完成させるものだ。これを書いている二〇一三年初頭の段階では、アメリカの政治は麻痺が続き、2・0の原理主義者（極右）、3・0を信じる人々（従来の左翼）、そのどちらも意味がなくまったく別のものが必要だと考える人々の三つに深く分裂した状態である。

アフリカ

学説では、人類の起源はアフリカにあるという。一九世紀の植民地主義のヨーロッパ人をはじめとする欧米人は、アフリカに土地と人を搾取する苛酷な体制を押し付け、何百万人もの奴隷を南北アメリカなどに売った。近代国家は鉄の（邪悪な）こぶしと共にやってきたのである。ヨーロッパの植民地宗主国によって打ち立てられた政府は、宗主国の利益に奉仕することを最優先した。

二〇一一年にチュニジアとエジプトで火がついたアラブの春は、北アフリカで存続していた諦めと腐敗が支配する1・0体制の最後の砦に向けられた。そこでは、欧米の大国は安い石油と引き換えに、市民権の侵害を見て見ぬふりをしつづけていた。

二〇世紀後半には、世界銀行（ほかの組織もだが、特に）が経済2・0の制度的革新を後押しした。いわゆるワシントン・コンセンサスは、一九七九年から二〇〇九年にかけての世界銀行の政策の指針となった市場志向の変化（規制緩和、民営化、小さな政府、財政支出の削減）を求めた。現在、さまざまなアフリカ諸国がさまざまな道をたどって1・0から2・0、3・0へ移行しているが、課題が残っている。一つは、中核的な社会機能と組織機構が深く混迷している脆弱な国家をどう支援するか。もう一つは、すべての利害関係者とセクターを巻き込んだ4・0のアプローチで、システム全体のしなやかさとイノベーションを起こす能力を強化するにはどうすればよいか、である。

日本

西欧列強がアジアを植民地化したとき、その運命を逃れた国はわずかだった。日本はその一つだ。あとはタイとブータンである。紀元後数世紀の間に仏教、儒教、中国文化の要素を取り入れた日本は、何世紀にもわたって、とりわけ徳川時代に、独自の社会1・0を発達させた。一八五四年のペリー提督に迫られての開国と、一八六八年の明治維新では、日本に外国文化と技術の第二の大波が、今度は西洋からもたらされた。これによって日本が社会2・0と3・0へと向かう道が開かれた。太平洋戦争の敗戦は社会2・0の中核的要素を復活させたが、社会3・0の多くの文化的要素（たとえば、**系列**――相互関係のある企業群）は生き残った。

中国

五〇〇〇年を超える歴史を誇る中国は、世界最古の文明の一つであり、一三億以上の人口を擁している。その歴史上の多くの時代で最も進んだ社会と経済に数えられていたが、一九世紀の産業革命に乗り遅れ、植民地化を進めるヨーロッパ列強の侵略を受けて没落が加速した。二〇世紀前半の内戦期を経て、中国は毛沢東の指導の下に1・0の段階に移行し（一九四九年）、さらに三〇年後に鄧小平とその後継者の下で2・0と3・0の段階に入った。

経済協力開発機構（OECD）加盟国の間では、1・0から3・0までの段階が単一の経済システムとして融合する傾向がある（「多国一システム」）。一方中国では、一部に高度に発達した市場経済圏があり、そのほかの地域にはおおむね従来型の国家主導の経済圏が残り、中国を「一国多システム」とでもいうべき新しい種類のモデルにしている。過去三〇年の中国の成功物語は、世界に類を見ないものだ。イギリスやアメリカの産業革命にも、日本の明治維新以後にも、第二次世界大戦後のドイツの**経済の奇跡**にも、これに匹敵するものは見当たらない。

しかしどこでもそうであるように、今日の中国は環境問題、広がる不平等、新興中間層の期待水準の上昇、成長鈍化、混迷を深める世界のビジネス環境などの膨大な課題に直面している。現在の第一二次五カ年計画（二〇一一〜一五年）では、経済成長と革新を共に重視し、調和の取れた社会への道を進もうとしている。欧米メディアが中国の環境問題と人権侵害を強調する一方で、中国の産業は再生可能エネルギーの中核技術のリーダーとして台頭してきた。中国の4・0経済と社会はどのようなものになるだろうか。中国はどうすれば全体でイノベーションを起こす能力を持ったエコ・システム経済のプロトタイプを作り、拡大させることができるだろうか。

インドネシア

一万七〇〇〇の島から成るインドネシアは、人口二億四〇〇〇万の世界最大の列島国家である。この人口は世界第四位、民主主義国としては第三位である。世界最大のイスラム教徒人口を擁する国でもある。膨大な天然資源に恵まれたこの国は、地球上で生物多様性が二番目に高い地域でもある。中国とインドの間に位置するインドネシアは、つねに貿易の要衝であった。貿易とともにヒンズー教と仏教（紀元前七世紀から）、イスラム教（一三世紀から）、ヨーロッパの文化の影響が入ってきた。オランダによる植民地支配は三世紀半続いた（一六世紀から）。きわめて多様な民族から成るインドネシアの人々は、違いを超えて連帯し、オランダからの独立を目指して戦い（一九四五～四九年）、国家としての統一と独立を成し遂げた。

一九四五年から一九六七年までの初代大統領、スカルノ政権時代、インドネシアは独裁的中央集権政府によって治められていた。続く一九六八年から一九九八年までのスハルト政権下で、インドネシアは独裁的な1・0構造から、独裁的政府に市場と外国からの直接投資を組み合わせた2・0構造へと移行した。一九九八年の革命以降、インドネシアは経済発展の3・0の段階に入った。初めての直接大統領選挙が行われ（二〇〇四年）、政府は分権化され（二〇〇五年）、経済・政治・社会開発の複雑な問題を話し合うマルチセクターの対話に市民社会が参加することが増えた。インドネシアは東南アジア諸国連合（ASEAN）の創設国の一つであり、二〇〇八年の経済危機以後、G20諸国の中で最も急速に成長している国の一つである。

インド

インドの古代史は、紀元前二五〇〇～一九〇〇年ごろのインダス文明にさかのぼる。中世からさまざまな王国やスルタン国が統治していたが、一八世紀になってヨーロッパ諸国の進出拠点が経済的支配を確立しはじめた。ヨーロッパ人は技術とインフラをもたらし、インドのエリート階級と連携しはじめた。その結果、インド経済に変化が起きた。それまでは製品を輸出していたのが、原料を輸出するようになったのである。インドは一八五八年から第二次世界大戦終結までイギリスの植民地であった。独立を果たしたときにはガンジーの自立の思想は重要な経済概念であり、その後のインドの経済システムは外部の経済圏や経済的パートナーから閉ざされた状態が続いた。一九八〇年代末には、インドが世界市場に占める割合はわずか〇・五パーセントだった。これが変わったのは、一九八九年から一九九一年にかけての金融危機の後だ。IMFがインド経済の自由化を後押しし、国際投資家に門戸を開いた。その結果インド経済は成長率七〜九パーセントという爆発的成長を遂げた。この発展から生まれたのは、大企業が政府の役割を引き継ぎ、必要な地域にインフラを創り出して支配する2・0経済と、これらの企業が支配する地域以外はインフラがない1・0経済のままの二重構造の経済だった。現在の成長率が鈍りはじめれば、次の段階でより大きなエコ・システムの状況に対処しなければならなくなるだろう。現在の高い腐敗水準とシステム全体で高まりつつある緊張は、1・0、2・0はもちろん、3・0経済によっても満足できる答えを出せない新しい課題を生み出している。

ブラジル

世界五位の二億人の人口を有し、地球上で最も生物多様性が高いとされるブラジルは、二一世紀に入って経済が急成長している。ブラジルが世界に先駆けて取り組んだ条件付き現金給付プログラムは、何百万人もの人々を貧困から抜け出させた。ブラジルは、三世紀にわたるポルトガルの植民地支配の後、一八二二年に独立を宣言し、一八八八年に奴隷制を廃止し、一八八九年に大統領共和制に移行した。一九八五年までの二〇世紀の大半を統治した軍事独裁体制は、おおむね1・0（国家中心）のさまざまな経済発展段階を通して国を導いた。一九九二年から九四年まで財務大臣を務め、九四年から二〇〇二年まで大統領を務めたフェルナンド・エンリケ・カルドーゾの下で、ブラジルは堅固な2・0経済の基盤を築いた。それをてこにしながら、次の大統領ルイス・イナシオ・ルーラ・ダ・シルヴァは経済を3・0段階に向けることができた。つまり、最も周縁に追いやられてきた市民に現金を持たせること（条件付き現金給付）によって社会的市場経済へ移行させたのである。今日、ジルマ・ルセフ大統領の下でブラジルは、高まる期待と成長の鈍化、そしてインフラ面での新しい課題の数々に直面している。これまでと同じことをさらにやってみるだけでは乗り越えることができないだろう。

ロシア

一九一七年に起きた二つの革命がロシア皇帝の支配を終わらせ、ロシア内戦の始まりを告げた。内戦終結に向かう一九二一年、ロシアの経済と生活状態は壊滅的な打撃を受けていた。一九二二年、ロシア共産党はソビエト連邦と、1・0経済の中央集権的な経済システムを確立させた。集団農業生産と消費財の生産の制限を主な特徴とする中央集権体制だった。一九二九年、スターリンはいわゆる五カ年計画を導入した。これは後に共産主義諸国の中心的な計画ツールになる。ソ連は第二次世界大戦前と、ブレジネフ政権下の一九六〇年代に急速に工業生産を増大させ、世界有数の天然ガスと石油の輸出国にもなった。しかし、企業マネジメントの導入を狙った一九六五年の「経済改革」は、中央集権的な1・0経済の限界を露呈していた。

アフガニスタンでの戦争、経済問題、そして東欧革命につながる政治的変化によって、ソ連は終焉を迎えた。一九八〇年代後半からミハイル・ゴルバチョフがペレストロイカ（改革）とグラスノスチ（情報公開）を導入する。これは中央集権的な1・0から2・0社会への移行を意味していた。彼が政権の座から降りた後、ハーバード大学から迎えたアドバイザーの指導によって、この移行は「ショック療法」の形で完全に実行された。

結果は悲惨だった。貧困が急増し、生活水準はかえって悪化した。同時に、コネに恵まれたごく一部の個人が、かつての国営企業の所有権を手に入れることに成功した。ほとんど規制のないシステムは、貧しい人、特権を持たない人を苦しめた。こうした2・0市場経済の負の外部性に、何回かの政治危機と、超インフレや一九九八年の金融危機などの経済危機が追い打ちをかける。翌一九九九年、ウラジーミル・プーチンは中央集権的な権力構造の一部を復活させ、1・0と2・0の力学のバランスを改善した。それ以来ロシアは、エネルギー価格の高騰に後押しされて、かつてない高く安定した成長を遂げている。

欧米メディアはロシアを厳しく批判しがちだが、多くの場合、二つの点を見落としている。まず、欧米が三〇年戦争期の1・0から産業革命によって2・0に移行するのには恐ろしく長い年月がかかったことだ。ロシアにも、落ち着くまでに少なくとも数年間の猶予を与えてはどうだろう。二つ目の点は、資源の希少化がますます進む世界では、ロシアは資源の金鉱の上に座っているようなものだということだ。そのうちにこれらの資源の価値が上がり、ロシアはEUからもアジアの新興経済国からも引く手あまたのパートナーになるだろう。

グローバリゼーション1・0、2・0、3・0——そして4・0？

この短い旅でわかったのは、どの国も地域も独自の発展の道をたどるということだ。とはいえ、あらゆる文化における社会と経済の進化の道筋には、いくつかの共通点がある。それらは低い複雑性から高い複雑性への進化と見ることもできるし、意識の覚醒という面では、伝統的意識、エゴ・システム意識からエコ・システム意識への進化と見ることもできる。

だが、最近の例では、3・0から2・0構造へ後戻りした国が見られる。たとえば、新自由主義的サッチャー・レーガン革命の影響で、多くの国が世界規模の2・0の競争と世界の資本市場での「競争力」を高めるために、社会保障などの3・0の成果を縮小させた。

では、今、何が起きているのだろうか。現在の出来事の流れを読む一つの方法は、グローバリゼーションの波は、個々の国の中でこれまで見てきた段階を国際的なレベルでも再現させていると見ることだ。

グローバリゼーション1・0（第二次世界大戦後、一九四五年に創設された国連体制）から始まった旅は、2・0（市場と資本市場のグローバリゼーション、特に冷戦体制の終結と一九八九年のベルリンの壁の崩壊後）、3・0（市民社会のグローバリゼーション、特に世界貿易機関関連の一九九九年の「シアトルの攻防」以後）を経て、おそらく4・0、つまり共有財産を守るためのグローバルでセクター横断的な共創造の世界として出現しようとしている未来へ至るだろう。

結論と実践

この章では、我々の盲点の第一の次元である構造的断絶を詳しく考察した。システムが生むこれらの断絶は、全体として、次の制度改革の波を引き起こす可能性がある。一〇〇年前に、2・0の自由放任主義市場経済の危機が、今日我々が3・0の社会的市場経済として関わる組織機構のイノベーションの新しい波を引き起こしたように。

ジャーナリングの問い

日誌（または白紙）に次の質問への答えを書き込んで、システム的な断絶があなたの世界にどのように現れているかについて考える。

1 あなたが食べているものの産地はどこですか。
2 あなたの生活で、物質的消費はどういう役割を果たしていますか。
3 あなたは何に幸せを感じますか。
4 あなたとお金の関係はどういうものですか。
5 この章で論じた経済発展の四段階に照らして、自分が属するコミュニティと国の過去、現在、未来はどう見えますか。

サークルでの会話

五人から七人のサークルを作って、各自がサークル全体に対して自分の組織や仕事の状況を紹介して議論する。次のような質問（またはその変形）をする。

1 あなたの組織の今の文化形成に影響を及ぼした出来事を一つか二つ挙げて、自分の組織を紹介する。

2 あなたの組織の中で、終わろうとしている／死にゆく世界を経験しているところと、始まろうとしている／生まれたがっている世界を経験しているところはどこですか。

3 今、あなたが組織や専門的な仕事で直面している問題の根本原因は何だと思いますか。

4 今後一〇年から二〇年の間に、あなたの組織の中で、または組織に対して、どういうことが起きると個人的に感じていますか。

5 自分の組織の未来を変えるために、あなたは今、何をしたいですか。

第3章 思考を転換する——経済進化のマトリックス

我々は二つの世界の間で引き裂かれている。一方はリーダーシップの新しい課題の世界、もう一方は古い経済とマネジメントのツールの世界である。この二つの世界の間には大きな溝がある。この章では、前の二章で症状（第一のレベル）から構造的断絶（第二のレベル）へと進めてきた氷山の探索を、さらにその下に横たわる思考のパラダイム（第三のレベル）へと続けながらこの溝を探っていく。

盲点＝——意識の覚醒

今日の課題に取り組むには、個人としても社会としても考え方を変えなければならない。今必要な抜本的な変化を起こすには、思考のパラダイムを転換し、エゴ-システム意識からエコ-システム意識へと意識を覚醒させることが求められる。二一世紀の複雑で不安定で破壊的な課題を深く追求しようとするほど、リーダーシップのこの隠された次元の重要性が増してくる。二〇世紀の経済とマネジメントのツールキットの盲点は、**意識の覚醒**という一言で表現できる。

今日の経済は、地域に根ざしながらグローバルにつながり合ったエコ‐システムの集合体として機能している。**エコロジー**（生態学）という言葉は、一八六六年にドイツの生物学者、エルンスト・ヘッケルが提唱したもので、生物とその環境を研究する学問という意味である。「はじめに」でも述べたように、そのギリシャ語の語源は「家全体」あるいは「住む場所」を意味する**オイコス(oikos)**だ。[1] **システム**という語は、一組の相互に依存し合う構成要素が統合され、全体を作っていることを意味している。したがって、**エコ‐システム**とは、その構成要素が、周囲の環境、つまり生態学的、社会的、知的、精神的な状況と一つの単位、いわば家全体として相互に作用し合うシステムということになる。

今日の実体経済は高度に相互依存的なエコ‐システムの集合であるが、その中のプレーヤーの意識は多くのエゴ‐システムに分裂している。大きなシステムのプレーヤーの意識は全体に及ぶのではなく、その中の小さな部分の境界の内側に閉ざされている。エコ‐システムの現実とエゴ‐システムにとどまっている意識のずれこそ、企業、政府、市民社会を問わず、今日のリーダーシップに突き付けられた最も重要な課題だろう。

リーダーや変革者たちはあらゆるところでその溝を埋めようとしている。企業のリーダーが、会社全体の核となるプロセスをめぐる協力関係を改善する必要がある諸部門に働きかける場合、そのリーダーはそれらの部門をエゴ‐システム意識（自分の部門のニーズを意識）から、もっと大きな利害関係者意識（会社全体が共有するプロセスを意識）へと移行させようとしている。リーダーのグループがバリューチェーンの主要プレーヤーを集めて、組織の壁を超えた協働と革新を促そうとする場合も同じで、各組織のエゴ‐システム意識を、事業全体のエコ‐システム意識へと広げようとしている。オックスファムや世界自然保護基金（ＷＷＦ）などのＮＧＯが児童労働や環境破壊に反対する運動を行う場合、システム内のすべての個人（消費者を含む）の意識を広げ、他者、特に最も周縁部に追いやられている人々の福利も含めるものにしようとしている。

このような転換の促進は、非主流の人々が周縁部で行っている隠れた瑣末な試みではない。リーダーや変革者、コーチ、コンサルタントが取り組んでいる、多くの組織や企業にとって死活を決する重要なプロセスである。自覚や意識は、その現実における重要性にもかかわらず、主流の経済学やマネジメントの枠組みでは重要な要素として扱われていない。これらこそが盲点なのだ。近年の行動経済学の成果にはいくつかの注目すべき例外があるが、経済学理論は**選好を所与のものとする**前提に基づいて競争と取引のモデルを構築してきた。システムが一つの活動の**状態**からもう一つの状態へ――たとえば、エゴ・システム意識からエコ・システム意識へ――移行するのを可能にする条件について、意識を向けたり知識を生み出したりすることはほとんどなかった。

主流の経済学理論や従来のマネジメントのツールは、機能している意識の状態をただ一つに限定した、二次元の「平面的」な経済活動の場を前提としている。だが、経済やマネジメントの当事者の活動は、いくつもの意識や自覚の状態から起こり得る。これらのさまざまな意識の状態が経済学理論に組み入れられれば、そして政策立案者が自分たちの決定が結果に及ぼす影響にもっと注意を向けるようになれば、まったく新しい次元の政策や革新、集合的行動が出現するだろう。

社会的な土壌（ソーシャルフィールド）

物理学では、物質は異なる状態では異なる振る舞いをすることは誰でも知っている。たとえば、水H_2Oは、摂氏0度で凍る。温度がそれ以上になると氷は溶け、一〇〇度で沸騰して蒸発する。

どの状態でも、H_2Oの分子は同じだが、まったく異なる振る舞いをする。

社会的な場でも、同じ現象が見られる。社会的な場の意識の状態、または人々の意識の質によって、社会システムはまったく異なる構造と振る舞い方をする。物理的なシステムの中の水と同じように、社会システムの中の人の組成はある一定の条件下においては変わらない。自然の法則と社会的な場との違いは、社会システムの参加者は自ら変化を起こすことができることだ。言い換えれば、人々は温度が変化している水につかっているのだが、水温が変われば温度調節装置に手を伸ばすことができるのだ。人々の意識の領域の状態や会話が変われば、参加者同士のかかわり方が変わり、まったく異なる結果を共創することになる。

オイコス――経済思想の起源

アリストテレスにとって、経済は倫理学、政治学とともに彼の実践哲学の不可欠な一部であった。元々の意味では、「家」の経営は**家全体**にかかわるものであり、まだ**ポリス**（*polis*）――つまり自由な市民の連合と共同体――から分離していなかった。一七、八世紀までは、**経済**（*economy*）という語は家全体の経営管理を指していた。お金を儲けるという目的に役立つ行動だけを意味していたのではない。それは**コマース**（*commerce*）と呼ばれた。

近代の経済学は、エコノミーを**ポリス**から切り離して発達してきた。経済学は、社会のいわゆる経済下位システムだけを扱う視野の狭い命題の集合になった。経済学はもはや家全体――経済下位システムが社会全体とその社会的・生態系的・文化的状況に及ぼす影響――を扱わず、それらを外部性と称するようになった。

このような背景を考えると、二一世紀の初めに**オイコス**（*oikos*）の本来の意味への回帰が見られることは、なおさら注目に値する。今日の組織のリーダーが直面する社会的、生態系的課題は、我々に再び視野を広げるよう迫ることによって、経済学の探究の方向を**オイコス**が意味していた原点に向けさせはじめている。「家全体」の意味は変わった。我々の**小さな**個々の家や、地元のミクロ状況だけではなく、我々の住む地域や地球規模の家、そして地球上のマクロとムンド（グローバル）の状況、我々の社会的、生態系的、精神的‐文化的関係の総体をも指すのである。

一言で言えば、社会と経済の関係について考える方法は変わりつつある。初期の経済概念は、経済をより大きな社会全体にしっかりと組み込まれたものと見ていたが、今日の経済学は経済をより大きな社会全体の中の自律的な下位システムと考えている。我々が社会として取り組んでいる課題は、このメンタルモデルを考え直し、自分たちの行動が環境や社会、文化の状況に与える影響をも視野に入れるよう迫ってくる。

経済的一神教の死

今日の経済思想のもう一つの重要な構成要素は、**経済的一神教**への偏りに関するものである。一つの調整メカニズムがあらゆる経済活動を支配するという考え方、いわゆる市場の**見えざる手**である(2)。このメカニズムは、二〇〇八年危機前の、規制が緩和された金融市場ではっきりしたように、他の調整メカニズムによって制限されないという意味で、**全能**だ。社会のあらゆる部門とシステムに浸透してゆくから、**遍在**的である。そして、あらゆる情報にアクセスできるとされるという意味で、**全知**的である。

過去の経済的一神教は数々の悲惨な失敗を招いてきた。たとえば国家原理主義の一神教は、ソ連を一九九一年の崩壊に導いた。市場原理主義の新自由主義モデルは、二〇〇八年に世界の金融システムを破綻寸前に追い込んだ。それにともなって、ノーベル賞受賞者のジョセフ・スティグリッツやポール・クルーグマンなどの有力な経済学者が、主流の経済思想（新古典主義と新自由主義）のさまざまな構造的欠陥を指摘しはじめた。経済思想の体系は、社会の将来の方向についての知的闘争の核心であり重要だ。MIT教授で元IMFチーフエコノミストのサイモン・ジョンソンは、今日の危機の中心にはウォール街と政府の間の権力闘争があると主張する。[3] ジョンソンによれば、原始的な政治システムでは力は暴力を通して伝えられる（たとえば、軍事クーデターや民兵組織によって遂行される。第2章の表2で論じた強制的な力を参照）。もっと進んだ社会では、力はお金を通して伝えられる（賄賂、リベート、選挙資金の寄付などの形で。表2で論じた報酬の力を参照）。しかし最も進んだ社会では、信念のシステムなどの文化資本を通して伝えられる（表2で論じた規範の力を参照）。

ジョンソンは言う。「一九九八年ごろには、ワシントンのエリートの間では、ウォール街にとって良いことはアメリカにとって良いこと、というのが世界観の一部になっていた[4]」。この信念のシステムは、ほかのどのグループや業界も享受できない公共の政策立案に対する事実上の拒否権をウォール街に与えた。二〇〇八年の金融危機勃発以来、ウォール街のワシントンへの圧倒的な影響力は高まるばかりだった。その結果、第三者による金融セクターの見直しや、将来のメルトダウンを防ぐための新しい規制が導入されることはなく、アメリカの上位六行はさらに大きくなり、社会全体のそれらへの依存度はますます高まっている。[5]

残念なことに、この経済理念の重大な対立において、ある教義を信奉するシステムが別の教義を信奉するシステムと戦っている。左派が右派と、二〇世紀の思考が一八、一九世紀の思考と、前章で紹介した用語で言えば、3・0が2・0と戦っているのだ。我々は経済的、政治的、精神的状況に対するこれまでとは違う見方を明確に打ち出す必要がある。それは、左派的でも右派的でもない見方、どれか一つの調整メカニズムの優越にこだわらない見方、今日の問題の解決策が「大きな政府」「大企業」「ビッグマネー」「壮大なイデオロギー」にあるとは信じない見方である。

今日の変革の努力は、二一世紀の**出現しつつある現実**を見据えたものでなければならない。セクターの境界を超えた新しい解決策を共に創造するために、個人と集団としての起業家精神を結集し、その力を活かさなければならない。そのためには、未来の可能性の領域からイノベーションを引き出せるように、集合的な意識を強化する必要がある。

必要なのは新しいコミュニケーションの文化と、現実を共有して意識の中心に置く経済的思考の枠組みだ。知的世界の中心に別の教義を一つ持ってきて取り替えるだけではすまない。我々を取り巻く現実の変化と同じ速度で**集合的意識をホールドし、進化させる**能力が求められている。革新左派や新保守主義右派についての既存の考えとは異なり、別のイデオロギーや一連の信念を現実に押し付ける必要はない。そうではなく、経済についての古い考え方が自ずと変化するような方法で、共に意識を開き、高められるような場をホールドする必要がある。経済的現実の共有を通して自分自身と自分の考え方を変えようとしたときに初めて、癒しと変革の力を秘めた有益な経済理念の創造に着手することができる。

経済進化のマトリックス

経済は課題と対応を原動力にして進化してきた。社会は安定、成長、国内における外部性などの課題に対して、経済的な論理を更新し、新しい調整メカニズム（階層制、市場、ネットワーク、エコ・システム意識）に刷新することで対応してきた。新しい段階に進むたびに、意識の状態は、伝統からエゴ中心、利害関係者中心へと進化してきた。そして出現しようとしている次の段階で、おそらくエコ中心的な意識へと進むだろう。

前の章で論じた構造的断絶は、経済的思考の土台である構造から生まれ、我々の生活に影響を及ぼしている社会的な病理である。どんな経済システムでも、製品とサービスの生産、流通、消費が行われる。社会はそれぞれの地域、時代、文化で、これらのプロセスを構築する独自の方法を作り出した。この本ではそれを成し遂げる五つのアプローチを特定した。

1　場所に基づくコミュニティを軸に組織化する（前近代）
2　中央集権的な権力を軸に組織化する――国家（一セクター、中央集権国家）
3　競争を軸に組織化する――国家と市場（二セクター、分散的な市場）
4　利害関係者グループを軸に組織化する――国家と市場とＮＧＯ（三セクター、相反する利益）
5　コモンズ（共有資源）を軸に組織化する（三セクター、共創造の関係性）

前の段階の経済論理が後の段階になっても存在しつづけること、ただしそれぞれ2・0、3・0、4・0の慣行によって形成される新しいメタな状況によって、その論理が緩和されることも指摘した。

トーマス・クーンの科学革命についての著作と、アーノルド・トインビーの文明の盛衰についての著作に従えば、ある時期における最大の課題に対して経済的パラダイムが役に立つ答えを提供できなくなると、社会は過渡期に入り、既存の論理と機能システムが最新のより良いものに置き換えられると言うことができる。では、経済または社会を一つの機能システムから別の機能システムに移行させる原動力は何だろう。主要なものは二つあると考えられる。外部の課題（プッシュ要素）と意識の変化（プル要素）である。

社会の進化が起きるのは、プッシュとプルの力が出会い、方向が揃ったときである。つまり、外部の課題が無視できないほど大きくなり、人間の内面で覚醒する意識と意志との共鳴が起きたときである。これら二つの力がぴたりと合ったときは、必ず山が動く。一九八九年のベルリンの壁の崩壊、一九九一年のソ連の瓦解、一九九四年の南アフリカの人種差別体制の終焉、二〇一一年のエジプトのムバラクとリビアのカダフィの体制の崩壊はみなそうだった。

我々は1・0型の独裁者が倒れるのを何度も目にした。今後一〇年の間にさらにいくつもの壁が壊れるはずだ。しかし、八つの構造的断絶は、再考と刷新と変容を必要とする大きな構造がまだ残っていることを教えてくれる。一〇〇年前に欧米経済が国内の負の外部性を軽減するメカニズムを発明して、2・0から3・0へ移行したときと同じように、我々は再び新しい問題の山に直面している。それは、地球規模になった外部性と、次から次にシステム破綻を起こす破壊的混乱の時代である。また金融危機が起きたら対処して終わり、という問題ではない。限界に達しているシステムの根本に斬り込まなければならない問題なのだ。

表3は経済を動かしている八つの要素について、世界的な経済進化における各要素の段階的発展の跡をたどるものだ。

マトリックスを読む

経済進化のマトリックスは、経済がこれまで進んできた旅と、今後生まれる可能性がある場の両方を描き出している。

マトリックスの読み方を示そう。各段の薄く色をつけた欄は、それぞれの発展段階の重要な要素を示している。0・0の段階では「母なる自然」に色がつけられていて、自然が生産機能として重要な要素であることを示している。次の1・0の段階では、隷属的労働（農奴制と奴隷制）が重要な発展要素になった。生産機能は一つの要素（自然）から二つの要素（自然、労働）へ変化する。段階2・0では、経済が国家中心の社会から市場経済へ移行し、産業資本が重要な発展要素になる。資本は市場経済での新しいプレーヤーの生産力を上昇させ、結果として、経済システムの生産機能は三つの要素（自然、労働、資本）を持つようになった。

段階3・0では、技術が重要な要素として現れ、それにともなって生産の要素は四つ（自然、労働、資本、技術）に進化する。そして最後に、今出現しつつある

技術	リーダーシップ	消費	調整	所有
土着の知恵	コミュニティ	生存	コミュニティ	共同
道具：農業革命	独裁的（ムチ）	伝統的（ニーズ主導）	階層制と支配	国有
機械：第一次産業革命（石炭、蒸気、鉄道）	インセンティブ（アメ）	消費主義：大量消費	市場と競争	私有：市場での私的所有権の交換
システム中心の自動化：第二次産業革命（石油、内燃機関、化学製品）	参加型（規範）	選択的意識的消費	ネットワークと交渉	混合（公有 - 私有）
人間中心の技術：第三次産業革命（再生可能エネルギーと情報技術）	共創的（集合的プレゼンス）	CCC：協働的意識的消費	ABC：意識に基づく集合的行動	サービスとコモンズへの共有アクセス

4・0では、次のように、すべての要素が経済のボトルネックや決定的な要素になる可能性がある。

自然——資源の枯渇と、エコロジカル・フットプリントの削減

労働——起業家精神の力を解き放つ

資本——世界の資本の流れをコモンズへの奉仕に向ける

技術——第三次産業革命の中核技術を培う

リーダーシップ——出現する未来を感じ取り、実現する能力を共創する

消費——協働的な意識的消費（CCC）の力を育む

調整——意識に基づく集合的行動（ABC）による調整

所有——コモンズに基づく財産権による革新

段階0・0について一言。西洋文明はこれらの段階の初期の文化のほとんどを植民地化し、破壊した(6)。0・0から4・0への進化を直線的なプロセスと見ると、誤解を招きかねない。我々が提案するのは円形に近い

表3　経済進化のマトリックス

段階	自然	労働	資本
0.0：共同； **前近代的意識**	母なる自然	自給自足	自然資本
1.0：国家中心： 重商主義； 国家資本主義； **伝統的意識**	資源	農奴制、奴隷制	人間資本
2.0：自由市場： 自由放任主義； **エゴ中心的意識**	コモディティ （土地、原材料）	労働 （コモディティ）	産業資本
3.0：社会的市場： 規制； **利害関係者** **中心的意識**	規制を受ける コモディティ	労働 （規制を受ける コモディティ）	金融資本 （外部性を見ない）
4.0：共創的： 分散型； 直接的； 対話的； **エコ中心的意識**	エコ‐システム とコモンズ	社会的および 営利的起業家精神	文化的創造性資本 （外部性を意識）

プロセスだ。いちばん上に0・0があり、反時計回りに1・0、2・0へと進んで底を回り、3・0を通って出発点近くの4・0に到達する。西洋の思考は歴史を直線的なプロセスと考える傾向があるが、東洋の視点はより循環的だ。どちらのメタ視点にも強みと盲点がある。両者を組み合わせれば、らせんまたはU字に近い形になる。Uは循環的な要素と直線的な要素を融合させた進化の形である。だが、Uの旅は出発点とは異なる地点で終わる。旅の過程で何かが生まれ、ひも解かれていくからだ。

ヨーロッパのようにこれらの段階を数百年かけてたどる経済もあれば、中国のように、この旅の大半を三〇〜六〇年で駆け抜ける国もある。どちらの場合も、4・0の経済の論理と段階がどのようなものになるかは明らかではない。また、欧米での一九八〇年から二〇〇八年にかけての新自由主義革命の時期のように、世界が後戻りするのを目の当たりにすることも何度かあった。このように、それぞれの国は自らの選択でどちらの方向にも移行し得るのだ。

著者らは今日の研究課題として、経済4・0に力を与え、規模を拡大し、維持するための**組織機構のイノベーション**を発明し、プロトタイプを作ること以上に重要なことはないと信じている。言い換えれば、経済の機能システムをエゴ・システムからエコ・システムの論理と意識へと更新する必要があるのだ。

質問

二〇世紀の公共の議論は、市場中心か政府中心かという、たった**二つ**の選択肢に固執しがちだったが、表3のマトリックスで考えると、今日の課題に取り組むうえで**それ以外**に三九万〇六二三通りの代替案を創造することが可能になる。ここからは、経済の言説を古い2・0対3・0という形を超えて拡大することにしよう。

今世紀の課題を、2・0と3・0の思考のレンズを通した枠組みでとらえるのは、バックミラーを見ながら車を運転するようなものだ。そんなことをしていれば、目の前にあるもの――この場合は、津波のように押し寄せる破壊的な変化――を見落としてしまう。次に、この章を通してシステムの根本的な変化を促す八つの鍼のツボを探る旅を導いてくれる質問を挙げてみよう。

1 **自然**――経済と自然について考え直し、「取って、作って、捨てる」から、我々が地球から取るものすべてを、同じ質か、質を高めて戻す、統合された閉じたループのデザインを生み出すにはどうすればよいか。

2 **労働**――自分が職業として選ぶ仕事を、自分が成すべきこと――本当に好きなこと――にもう一度つなげるにはどうすればよいか。

3 **資本**――金融資本を生態系的、社会的、文化的コモンズの保守と育成に循環させることによって、金融経済と実体経済のつながりを回復させるにはどうすればよいか。

4 **技術**――個人と集団の創造性を解き放つために、情報技術、再生可能エネルギー、社会テクノロジーを融合させた第三の産業革命の中核技術に幅広くアクセスできるようにするにはどうすればよいか。

5 **リーダーシップ**――システム全体に広がる規模の革新を起こす集合的リーダーシップ能力を育むにはどうすればよいか。

6　**消費**――すべての人を幸せにする経済で、顧客が同等のパートナーとして、協働的で意識的な消費ができるように経済活動の場のバランスを取り戻すにはどうすればよいか。

7　**調整**――意識の状態をエゴ‐システム意識からエコ‐システム意識に覚醒させることによって、全体に対する部分の戦いを終わらせるにはどうすればよいか。

8　**所有**――財産権をどのように革新すれば将来の世代に発言権を与え、希少な資源とコモンズを社会にとって最善の方法で使うことができるだろうか。

あらゆる経済システムの核心は、自然から所有権までのこれらの八つの要素によって決まる。それぞれの要素の概念は、0・0から4・0への旅の過程で大きく変化する。これらの変化や転換を理解すれば、今日の現実がよく理解できるだけでなく、未来の可能性を探し出す助けにもなる。

ここからは八つの重要な要素、いわば鍼のツボについて、それぞれの0・0から4・0への旅を追っていこう。経済的思考の進化の詳細にあまり興味がない読者は、各部分の最後の結論だけを読んでもいいし、この章の残りの部分をざっと見ていちばん興味のある部分だけ読んでも構わない。

1　自然――経済と自然のつながりを取り戻す

すべての経済活動は自然から始まり、自然に戻る。経済的思考と行動の中の自然は、最初の機能である**母**（0・0）から**資源**（1・0）、**コモディティ**（2・0）、**規制を受けるコモディティ**（3・0）へと変化した。出現しつつある次の段階の経済的思考では自然の役割を、将来の世代と全体の幸せのために我々が集合的に育て守る**エコ・システムとコモンズ**（4・0）ととらえ直せるかもしれない。

0・0から3・0への旅

0・0から1・0への移行は、農業革命によってもたらされた。人間の経済活動が自分たちの衣食を賄うための採集と狩猟に限られていた間は、人間が自然に与える影響はほとんどなかった。しかし、定住と農耕の始まりとともに人間は自然の生態系への介入を深めていった。木を切り土地を耕すために、道具を使いはじめたのだ。

数千年以上の間、人間は農業生産力を高めることに経済活動を集中させ、その努力を通じて種、道具、家畜、栽培法などの複雑なシステムを発達させた。一八世紀には次の大きな経済革命が起きた。最初にイギリスで起こり、ついには経済システム全体を1・0から2・0に移行させた産業革命である。このプロセスは一九世紀を通して二〇世紀まで続いた。

綿紡績、蒸気動力、製鉄に加えて、所有権の仕組みも同時期に発明され、産業革命は人間の自然への介入を別次元へと押し上げた。果物の採集に始まった経済活動は、世界中の産業機械に供給するための鉱石と化石燃料を採掘するために発破で地面を掘るようなものに形を変えた。社会学者、マックス・ウェーバーの有名な一節がある。「この秩序〔資本主義〕は、今や、機械的生産の技術的・経済的条件に縛りつけられている。それがこの仕組みの中に生まれてくるすべての個人の人生を……抗いがたい力で決定づけている。おそらくそれは石炭の最後の一トンが燃やし尽くされるまで続くだろう[7]」

化石燃料を燃やす旅が、抗いがたい力でまさに最後の一トンに迫ろうとしている今、我々はシステムに進化の次の段階への移行を促す負の外部性を突き付けられている。基準や規制の導入により、産業経済は二〇世紀を通じて2・0から3・0へ進化した。これらの制度上の革新は、自然、労働、資本の再生を保護し、消費者の所得の安定にも役立つ。それが、大量消費に油を注ぎ、産業機構を動かしつづけ、成長させつづける。

物質的な成長と成功のこの物語の裏側にあるのは、人類共有の資源の急速な枯渇である。新しい技術の導入で経済価値創造の物質的フットプリントはある程度軽減されたが、経済全体の成長の速度は、工業生産の脱物質化を上回っている。その結果、我々が地球から絞り取る資源の量は、今日まで増えつづけている。二〇〇五年を例にとると、地球全体の工業生産を動かしつづけるために、五八〇兆トンの資源が新たに経済活動に投入された。ジュリエット・ショアの『プレニテュード――新しい〈豊かさ〉の経済学』★1によれば、世界全体の資源使用量は、一人当たり平均八・八トン、一日およそ二三キロだという。アメリカの消費者はその二・五倍使っていた（年間一人当たり二二トン、一日では六三キロ）[8]。

4・0を探して

経済サイクルと自然を再統合するように、経済のプロセスを再考し、再設計するにはどうすればよいだろう。

経済的思考の構造は、地球の生態系の現実から断絶している。地球との0・0段階の調和は失われた。我々は経済的思考を通して、地球を消費するコモディティにしてしまった。地球一・五個分の資源を必要とする経済機構を作り上げたのである。

どうすればこの矛盾を解消できるのだろうか。議論の出発点として、以下に四つの命題と原則を示そう。

★1　『プレニテュード――新しい＜豊かさ＞の経済学』（ジュリエット・B・ショア著、森岡孝二監訳、岩波書店、2011年）

1　**すべての経済活動は、自然から始まり自然に戻る**。経済発達の初期段階では、経済活動と自然界の結びつきは明白で当たり前だったが、段階が進むにつれ薄れていった。しかし、経済プロセスにおける自然の実際の役割は、着実に増大してきた。

現在、世界のGDP合計は六〇兆USドルだが、自然がなければたちまちゼロになる。二〇一〇年のUNEPの研究によれば、生態系が提供するすべてのサービス（自然の貢献の一部にすぎないが）の価値の合計は、少なくとも年間七〇兆USドルになるという[9]。つまり、自然が人間の経済プロセスと福祉のために作り出す評価されていない価値は、すべての生産された製品とサービスの価値の合計（グローバルGDP）を上回っている。ところが、自然は今日の経済的思考の範疇からほぼ完全に消え、巨大な制度的盲点と呼ぶしかないものになってしまっている[10]。

2　**コモディティ（消費する製品）というフィクション**。我々は一つしかない地球の生態系の現実の中で、地球一・五個分のフットプリントを残す経済を営んでいる。その理由は、コモディティというフィクションにある。今日のどの経済理論でも、自然はコモディティと考えられている。カール・ポラニーの著書『大転換』[★2]を読めばわかるように、これはフィクションだ。コモディティとは、消費されることを目的として市場向けに生産される製品である。だが、地球は人間が生産したものではないし、人間に消費されることを目的とするものでもない。あえて言うなら、地球は我々に手渡された贈り物だ。今日でも、農民が自分の土地について語るときや事業家が自分の事業について語るとき、この贈り物に対する深い責任感が見られる。彼らは誰も、地球や自分の事業の本質をコモディティと考えたりしない。しかしこういう

★2　『大転換――市場社会の形成と崩壊』（カール・ポラニー著、吉沢英成訳、東洋経済新報社、1975年）

人間の深い理解は、今日の経済的思考には反映されていない。

地球一・五個分のフットプリントという問題の知性の面での根本原因は、自然をコモディティと見る経済の枠組み、要するに、今日の主流の経済的枠組みほぼすべてである。(11)

3 **バイオミミクリー（生物模倣技術）**。我々が維持管理する経済プロセスを、自然はどうデザインするだろうか。この重要な問いかけをするのは、『自然と生体に学ぶバイオミミクリー』★1の著者でバイオミミクリー3・8★2の創始者であるジャニン・ベニュスだ。自然の重要な原則とエコ・システムについて考えると、際立って重要な点がいくつかある。次に挙げてみよう。(12)

a **廃棄物ゼロ**。自然は廃棄物ゼロのシステムとしてデザインされている。あらゆるアウトプットはほかの誰かのインプットになる。自然には廃棄物というものは存在しない。一方、人間の経済は廃棄物であふれている。自然から資源を取り出しながら廃棄物を作っているのだ。再利用の閉じたループのシステムに戻されるのは、そのうちのごくわずかでしかない。

b **太陽エネルギー**。自然は一〇〇パーセント再生可能エネルギーで動いている。生物の細胞は、人間の経済同様、外部のエネルギー源を必要とする。しかし、エネルギー源の圧倒的な部分を化石燃料に求めた人間と違い、細胞はエネルギー源を持続可能な太陽光に求めた。

c **多様性と共生**。すべての生態系は多様性と共生の原則の上に成り立っている。さまざまな種が共生と調和のうちに共存しているのだ。一方、工業生産は、システムの弾力性を低下させ、破壊的混乱の影響を受けやすくするモノカルチャーと単一変数の最大化を推し進める。

4 **閉じたループのデザイン**。地球を破壊せずにすべての人を幸せにするためには、資源の生産性を五倍に増強する、もしくは資源の使用量を（今日の消費水準から）八〇パーセント削減しなければならないだろう。『ファクター5』★3の共著者の一人、エルンスト・ウルリッヒ・フォン・

★1 『自然と生体に学ぶバイオミミクリー』（ジャニン・ベニュス著、山本良一監訳、吉野美耶子訳、オーム社、2006年）
★2 バイオミミクリーに関する営利事業と、非営利の研究、教育などを行う組織
★3 『ファクター5――エネルギー効率の5倍向上をめざすイノベーションと経済的方策』（エルンスト・ウルリッヒ・フォン・ワイツゼッカー、カールソン・ハーグローブス、マイケル・スミス、シェリル・デーシャ、ピーター・スタシノポウロス著、林良嗣監修、吉村皓一訳者代表、明石書店、2014年）

ヴァイツゼッカーは、すべての主要プレーヤーがその方向に動きはじめたらこれは可能だと考えている[13]。それは、今の産業パラダイム（取って、作って、捨てる）を、原材料とエネルギーを閉じたループで循環させる新しいパラダイムに取り替えることを意味する。経済学、生態系科学、化学、デザイン、システム思考を統合して、経済プロセスを地球から地球への閉じたループとして考え直すウィリアム・マクダナーとマイケル・ブラウンガートのアプローチも、この方向での取り組みのもう一つの先駆的な例である[14]。

これらのアプローチを実行するときの現実的な課題は、ビジネスのエコ‐システム全体の利害関係者とプレーヤーをいかに結集して、共に見て、考え、話し合い、取り組めるようにするかである。この課題については、後の章でリーダーシップの問題について論じるときに詳しく考察する。

未来を見る――コモンズを育てる

これらの原則を体現する数多くの例が現れてきている。スローフード運動、地域支援型農業（CSA）、ローカルフード、ローカル経済、持続可能な調達などだ[15]。

バイオダイナミック（有機）農法はこれらの例の一つだ。著者（オットー）はドイツのバイオダイナミック農場で育ったため思い入れのある例だ[16]。バイオダイナミック農場は持ち込みゼロ（閉じたループ）、廃棄物ゼロ（ある部門のアウトプットは別部門のインプット）、多様性（単一栽培ではなく、輪作と多様なエコ‐システム）、そして、これらすべての要素がより大きな生きたシステムの中で共生する関係（各農場にユニークな**生きた個性**があるという考え方）の原則に基づいている。

バイオダイナミック農場は、非常に小さな規模で、先に述べた原則の多くを体現している。だが、これらの実践を食糧システム全体、そしてゆくゆくは経済全体の規模に拡大するにはどうすればよいのだろうか。この問題については、この章の後の節と第7章でＢＡＬＬＥ（the Business Alliance for Local Living Economies）とサステナブル・フード・ラボ（Sustainable Food Lab）を紹介するときにもう一度、取り上げる。

2　労働——生計のための仕事と目的としての仕事のつながりを取り戻す

すべての経済価値の創造は、自然に対して労力をかけることに始まる。狩猟採集の時代もそうだったし、今日でもそうだ。どちらの場合も、自然に対して創造性を働かせる。その共創造活動の結果は、何らかの「付加価値」として現れる。たとえば、りんごの場合、ほとんどの価値が母なる自然から生じることは誰でもわかる。自然が「生産」プロセスを引き受け、我々は収穫し、選別し、荷造りをし、配送するだけだ。

しかし、アップルのコンピュータとなると、まったく違う。地球全体にクモの巣のように張り巡らされた協働的価値創造のネットワークによって生産される。そこにはカリフォルニア州クパチーノのアップル本社でデザインを考える人を筆頭に、バリューチェーンに連なる何万人もの人々がいる。世界中から調達した原材料を加工する人々、アジアで基幹部品やそのほかの部品を製造する人々、中国で部品を組み立て製品にする人々、製品を出荷し、アップルストアを通じて消費市場に流通させる人々などだ。自然に対する人間の労力の比率は、裏庭の木から取ってくるりんごの場合より、はるかに大きい。

グローバルな分業に至る旅の間に失われるのは、意味である。意味は、自らの全体へのつながりと貢献を自分の目で見るところから立ち現れる。だが、私がたとえばｉＰａｄのグローバルなサプライチェーンの一員として、アジアで低賃金の製品組み立ての仕事に就いているとしたら、そこからどんな意味や目的を見出すことができるだろうか。ほとんど見出せないだろう。労働の再生という今日の課題は、雇用や生活賃金だけの問題ではない。意味の問題、つまり生計のための仕事（work）と情熱や目的としての仕事（Work）のつながりの回復という問題でもある。

0・0から3・0への旅

表3に描き出されているように、仕事と労働の役割は歴史を通して大きく変わってきた。０・０の段階では、仕事はまだ、生存を維持していくための共同作業に組み込まれていた。１・０の段階では、労働の大半は奴隷や年季奉公人によって行われていた。労働は従属性の体現であった。今でもそういうところは多い。アリストテレスが実践哲学で**オイコス**について書いたとき、彼の言う家庭はほとんど奴隷労働によって運営されていた。

そして、産業革命が起き、それにともなってカール・ポラニーの言う労働についてのコモディティのフィクション（２・０）――労働力はコモディティであるという考え――が現れた。[17] ２・０の経済の世界では、ほとんどの人は奴隷や農奴ではなくなったが、自分の身体を売る代わりに**時間**を売るようになった。雇い主は賃金を支払い、それによって、雇い人に仕事を命じる権利を得た。１・０の世界（奴隷制）に比べると、大きな進歩である。しかし、２・０の世界には雇い人が起業家精神を発揮する自由はまったくなかった。従属的な制度の進化した形と言った方がよい。１・０型の強い従属（強制労働）から２・０型の弱い従属（コモディティとしての労働）への移行は、多くの場合労働者の生活を向上させたが、そうではないこともあった。２・０から３・０へ移行して、労働組合や社会保障などの労働者保護の仕組みが出現したのはそのためだ。

3・0経済への進化は、もう一つの大きな飛躍だった。しかし、特に二〇世紀の終わりから二一世紀の初めにかけて、3・0の解決策は次のような形で壁に突き当たりはじめた。（1）先進国での大量失業を増やした雇用なき成長、（2）幾何級数的成長を続ければ、雇用問題が解決されるというよりもむしろ地球を破壊してしまうという認識、（3）労働問題に対する3・0の解決策は考えていたより脆弱だという認識。うまく機能したのは世界の一部だけで、それも安価な化石燃料で成長が煽られていた時期に限られていた。はっきり言えば、機能したのは我々が子どもたちの未来を代価として支払ったからである。

4・0を探して

その蓄えも尽きた今、我々は何をすべきなのだろう。ここで三つの見方を検討してみよう。一つ目は、なんとかやりくりして3・0経済のまま行動しつづけるべきだ、という見方だ。二つ目は、2・0に戻るべきだという見方（労働組合や社会保障、金融部門に対する規制、環境保護規制を廃止することを含む）。三つ目の見方は、前の二つほど声高ではないが、1・0または0・0の経済段階に戻ることを提案している（必ずしもそうだとは言えないが、おそらくは全体主義的ファシズムの形で）。

今日ではこの三つの選択肢はどれも実行不可能だろう。今必要なのは、どうすれば4・0への道を切り開いて、後戻りすることなく、**前へ**進めるか、という点に的を絞った、これまでとは異なる次元の会話である。その会話は、これまでと同じことをいくら繰り返しても失業問題は決して解決できないことを、特に政治家や経済学者が心から認めることから始めなければならない。過去の1・0、2・0、3・0のツールは時代遅れであり、今日我々が直面している大きな課題に立ち向かうにはまったく役に立たないだろう。
その代わりに、今我々が陥っている窮地の根本原因を、集団として見極める必要がある。そういう4・0の会話の材料として、次の四つの概念について考えてみよう。

1 **否定の話法**。赤字削減について公に戦わされている議論や、将来の成長が中国やインドに流れた雇用を取り戻すという約束はどれも、今の低迷は循環的にめぐってくるものの一つにすぎず、不況が終わったらすぐに解決されるという主張に基づいている。この主張は、人口動態の傾向や生態系の衰弱、現在の経済の疲弊の水準を無視している。二〇一二年の世界銀行のプレスリリースでは、「失業者はおよそ二億人にのぼり、そのうちの七五〇〇万人が二五歳以下である。今後一五年間に六億人の新しい雇用を創出する必要があるだろう」と報告されている[18]。では、まだ職探しをしている六億人の若者に、我々は何を提供しているのだろう。今日の議論はこの課題の規模の大きさにきちんと向き合っていない。議論は2・0と3・0の間を行ったり来たりするだけで、一歩踏み出して真剣に現状を直視しようとしない。特に二つの神話が、古い思考パターンに我々を閉じ込めている。成長神話とお金の神話である。

2 **成長神話**。議論の停滞を招いた主張の一つは、成長を加速させれば今後二〇〜三〇年で今の経済的苦境から抜け出すことができるという思い込みである。これ以上真実からかけ離れた議論はないだろう。これが妄想に近い神話である理由は、少なくとも三つある。

a **生態系の限界**。過去一〇年の間行ってきたことをさらに行うことによって雇用問題を解決しようとするなら、一世代以内に生態系の激しい崩壊を招くだろう。

b **社会的な限界**。失業者数にアメリカのワーキングプアとヨーロッパの福祉依存者の数を加えれば、現在のシステムが十分な仕事を提供していない人の数をより正確に表すことができる。このグループの規模はおそらく成人人口の二〇～三〇パーセントだ。ほかの国、特に南の諸国では、六、七〇パーセントを超えるだろう。ほとんど経済から排除されているこのグループをどうすればいいのだろう。

c **雇用なき成長**。世界には経済成長を続ける地域も多いが、必要になる量の雇用を生み出しているわけではない。

成長神話は、世界的な環境保護運動から過去四〇年にわたって攻撃されてきたが、次のお金の神話にはほとんど目が向けられてこなかった。

3 **お金の神話**。教師や起業家、エンジニアなどを最善の仕事に駆り立てるのは何だろう。それは、湧き出るような創造のエネルギーの内なる源泉とのつながりである。あらゆる文化のあらゆる年齢の人々を根底からの革新と刷新へ駆り立てるのは、この源とのつながりである。問題は、我々が経済と経済的思考を、間違った考えを柱に組み立てたことだ。それは、我々はお金のために働くべきだという考えだ。これは創造性をつぶす最大の要因の一つである。残念ながらこのマインドセットは、親が子どもに「……ができたら、……をあげるよ」と言って、ごほうびでやる気を出させることで刷り込まれる。これはあらゆる子どもの内なる創造性への最初の攻撃である。第二の攻撃は、学校での古いスタイルの教育によってもたらされる。「AができたらBの評価が得られ、C（大学）に入れる」というわけだ。第三の攻撃が行われるのは職場だ。ボーナスの支払いを目標達成と連動させたマネジメントのインセンティブや、ビジネススクールで教えられているそのほかのベストプラクティスなどの形で行われる。だがこれらは組織での創造性を損なうことが研究で示されている。(19)

こういうやり方は、すべての真の創造性を根絶やしにしてしまう。生計のためにしていること（生業）が本当に関心があること（「なすこと」または情熱）から切り離されるからだ。偉大な発明家やクリエーター、起業家、社会活動家はみな同じ内面の旅をし、自分を満たす源を持っている。**自分の仕事を愛し、愛することを仕事にする**ということだ。故スティーブ・ジョブズは紛れもなく、愛することを仕事にした起業家の好例であるが、それが「偉大な業績をあげる唯一の方法だ」と言っている。[20] ほかのナビゲーション装置がどれも機能しなくなったときに我々を助けてくれるのは、この深い知の源とのつながりの認識である。

4 **仕事と起業家精神のつながりを取り戻す**。4・0の真髄は、生計のための仕事（work）と目的としての仕事（Work）とのつながりを回復できる状況を組織機構の中で提供することである。1・0（奴隷制）から4・0（Work）への仕事の進化は、外部にあった支配力の源泉（従属状態）を、ネットワークでつながった個人の内側（ネットワークでつながった自立）へと徐々に移行させてきた旅である。その旅は0・0構造（伝統）からの解放に始まり、1・0構造（隷属）、2・0構造（労働市場従属）、最後に3・0構造（福祉国家従属）からの解放へと徐々に進んでいった。そして我々は、個人と共同体の起業家精神のための条件を強化できる地点にまで到達した。

出現しつつあるこの4・0の場に入っていくためには、自分たちが大切に思う未来を共に感じ取り、共創造する生成的な場にもっと多くの人を招き入れることを可能にするインフラが必要だ。今、こういう場に入ろうとしている人は、数百万人単位ではない。一億人、もしかすると一〇億人単位かもしれない。我々は新たな視点でより大きな絵を見る必要がある。貧困から失業、環境破壊、グローバルな経済危機まで、今日の問題はどれ一つとして個別に解決することはできない。これらに取り組むには統合的なアプローチが必要だ。人々が自分のコミュニティの真のニーズに奉仕することを通して、自分たちの起業的な能力を共に感じ取り、共に開発し、共に築き上げることを可能にする新しいタイプのインフラを構築する必要がある。

これらのインフラは次の要素を組み合わせて、それらにアクセスできるようにするものだ。

1 可能性を支援する場――革新は育んでくれる場所で起きる
2 重要な課題――課題はすべての学びの原料である
3 人々が自分をより大きな絵の一部として見ることを可能にする、センシング（未来の可能性を感じ取ること）の仕組み
4 能力構築の仕組み
5 資本
6 技術
7 コミュニティ――社会4・0のためのプロトタイプを集合的に作り出すメンター、パートナー、起業家の世界的ネットワーク

我々はグローバルなコミュニティとして、次のように自らに問わなければならない。自分たちがお互いに分離した存在ではなく、生態学的、経済的、社会的、精神的に深く相互に依存し合い、つながっていることを認める意思があるだろうか。そして、そのことに合意できたとして、お互いに手を差し伸べる用意があるだろうか。[21]

答えがイエスなら、効果の高い経済介入のポイントは、地球上のすべての人が基本的な所得を受

け取ることのできる**経済的人権**を設けることだろう。この基本的ニーズに医療と教育への無料または安価なアクセスを組み合わせれば、はるかに平等で公平な活動の場ができ、あらゆる人に起業の意欲や夢を追求する公正な機会が開かれた世界になるだろう。言い換えれば、我々の創造性をより大きなコミュニティへの貢献のために活かすことができるのだ。

過激な考え方と思われるかもしれないが、実はそんなことはない。グローバル社会の何カ所かですでに行われていることに名前をつけただけだ。だが、我々の思考がまだ2・0型の取引を前提にした枠組みにとらわれたままなので、出現しつつある4・0経済の共創造的な要素が見えない傾向があるのだ。それは**取引による利益の経済性**を通してではなく、**プレゼンシングの経済性**を通して機能する経済である。

典型的な例を紹介しよう。オチベロ・オミタラはナミビアの小さな村だ。この村は二〇〇八年一月から二〇〇九年一二月まで、ベーシックインカム給付（BIG：Basic Income Grant）という形の無条件現金給付の実験の最初の地になった。BIGは、基本所得は普遍的な人権であるという考え方に基づいている。二年の実験期間中、すべての人が所得に関係なく、毎月一〇〇ナミビアドル（一三USドル）を受け取った。わずか一年で、子どもの栄養不良率は四二パーセントから一〇パーセントに、貧困家庭の割合は七六パーセントから三七パーセントに、退学率は四〇パーセントから〇パーセントに激減し、犯罪率は四二パーセント低下した。同じ期間に起業活動と自営業は三〇〇パーセント増加した。[22]

現金給付の裏にある考え方は簡単だ。基本所得は人権であり、条件をつけずに給付すれば、政府の煩雑な手続きを削減し、地域レベルの需要を創出し、ひいてはミクロな事業の機会と新規事業を活性化することができる。この事例では、貧困層への現金給付がミクロな起業家のレベルで経済に弾みをつけ、強化した。ナミビア全国民にそのような現金給付を行うコストは、GDPの二・二〜三・〇パーセントになるだろう[23]。

この素晴らしい例は野火のように広がり、世界中で同じような取り組みが始まっているのだろうか？ 少なくとも、必要なスピードと規模で広がっているかという意味では、否である。なぜだろう。人間の行動は、人の内面ではなく、外部の要因によって動機付けられると信じる現在の経済的思考の慣例と矛盾するからだ。人間の行動は情熱と目的ではなく、報酬と罰によって駆り立てられると見る2・0経済の信念の構造と矛盾するから、人はナミビアの実験の結果を信じない。だが実際には、ブラジルなどのラテンアメリカ諸国は、条件付き現金給付の提供によって何百万人もの人を貧困から抜け出させている。

未来を見る——社会的起業のグローバルな場に火をつける

未来の種はもう蒔かれている。この未来は、前述のすでに活動している社会的起業家精神の第一波に見ることができる。そして、研究を進めるうちに、未来の社会的起業家精神の第二波が出現するのが見えてきた。この出現しつつあるグローバルな運動に参加したいと思っている何百万人もの個人——その多くは従来の巨大組織の中で少し閉塞感を持っている人々——からなる波だ。起業家精神と社会的責任への意識のこの二つの波は、どのように出会い、つながることができるだろうか。一つの例を見てみよう。

▼ビジネス・アライアンス・フォー・ローカル・リビング・エコノミーズ（BALLE）

BALLEの創業理事長、ミシェル・ロングは、アメリカ中西部のかなり伝統的で保守的な環境で育った。大学では経営学を専攻し、卒業と同時に大きな製薬会社に職を得た。当時、彼女のようなキャリア志向の学生なら、誰もが望む最初の仕事だった。だが、彼女はすぐに幻滅した。一生懸命働いてはいたが、会社のために金儲けをすること以上に大きな目的を仕事に見出せなかったのだ。そしてある日、彼女の考えでは倫理に反する仕事を指示された。断ったとき、これは自分が進みたかった道ではないと気づいた。家族は賛成してくれなかったが、会社を辞めて、もっと魅力的な道を探すために世界中を旅することに決めた。

その後二年間、世界各地を訪れたが、その一つがインドだった。そこで彼女は「こういうもの」と思っていた慣行や習慣の多くが、この新しい状況ではまったくそうではないことに気づいた。彼女にとって当たり前のことの多くが、インドで出会った人々にとっては奇妙なことであり、その逆も同様だった。物事を行うたった一つの当たり前の方法などないと気づいたとき、ひらめいた。インドでもアメリカでも当たり前ではないが、誰にとってももっと良い、まったく**新しいやり方**を創出できるのではないだろうか、と。

新たな衝動を胸に、ミシェルはアメリカに戻ってビジネススクールに入った。そこで行われた起業コンテストに、当時としては斬新なアイデアを応募した。途上国の職人や農民と、コミュニティの意識や環境に対する価値観に合う製品を買いたい欧米の消費者をつなぐオンライン市場を作るというのだ。ミシェルはコンテストで優勝し、ベンチャー投資家や世界銀行などの従来の利害関係者の支援を得て、アイデアを実行に移すためにビジネススクールを去った。

しかし、事業が軌道に乗りはじめると、何かが気になりはじめた。役に立ちたいと思っているコミュニティで起きていることから切り離されていると感じたのだ。自分の裏庭に問題が山積しているのに、ほとんど知らない遠くの国の問題を解決しようとするのは、本当にやるべきこととは違うのではないかと感じはじめた。自分にとって重要な真実を発見したのはそのときだった。彼女は自分が愛し、つながっていると感じている場所で、直接的に行動したかったのだ。

そこで次の飛躍をした。すべてのサプライヤーへの支払いを済ませ、会社を畳み、すべてのベンダー――フェアトレードの職人――をオンライン小売業のOverstock.com（後のWorldStock.com）を通した最新の取り組みに紹介した。ミシェルは情熱に従う道を選び、地域経済の再生を目指して土地に根差した取り組みをつなげる試みに参加した。こうして生まれたのが、活気あふれる全国的なネットワーク、ＢＡＬＬＥである。今では北米における社会的責任に意識的な企業のネットワークとして最も成長しているものになり、ミシェルが理事長を務めている（ＢＡＬＬＥの詳細については、第7章を参照）。

ミシェルとＢＡＬＬＥの物語が端的に示しているのは、おそらく、地球上で最も大きな眠っている力だ。社会的使命を原動力とする企業――個人の取り組みを社会的使命やビジネスと一体化させたハイブリッドな企業――を作り上げる起業的創造性の、まだ活かされていない潜在的な力である。

3　資本――金融資本と実体資本のつながりを取り戻す

資本は**資本主義**という用語に反映されているように、経済学の中心的な概念である。同時に、今日、これ以上に誤解されている観念はあまりないだろう。ほとんどの人は、資本とはお金のことだと思っている。だが、資本にはさまざまな形がある。物的資本もあれば人的資本、産業資本、金融資本、社会資本、精神的な資本もある。そして、これらすべての形に共通する特徴がある。利益（profit）を生むことを期待されているということだ。***profit*** の語源は、「前に進む」という意味のラテン語である。

Capital は歴史の浅い言葉で、語源は「頭」を表すラテン語、*caput* だ。表3に示したように、資本の概念は人間と経済の歴史の中で大きく変わってきた[24]。

0・0から3・0への旅——自然・人的・産業・金融資本

資本という語は0・0社会の言語体系にはなかった。今日の視点で見ると、0・0経済は、物理的な道具と母なる自然本来のサイクルにかかわる土着の知恵という形の資本を使っていた。1・0の農業革命の時代でも、資本という言葉は使われなかった。その代わりに、進んだ形の物理的な器具、職人技、道具の使い方の知識などが資本であった。

中世では、資本は人々が事業に投資した金融資産を意味した。今日知られている意味での資本は、イギリスの植民地帝国で商業資本として始まり、後に産業資本へと形を変えた。物的資本、人的資本、金融資本の蓄積がなければ、産業革命の成長の奇跡は起こり得なかっただろう。資本は質量共に変化した。物的資本は重機器の形をとった。新しい生産方式は産業組織と今日的な学校教育と組み合わされ、空前の成長に火をつけ、重心を個人の技能から産業組織と大量生産へと移行させた。この移行を可能にするために、これらすべての要素の融合を促進する新しい次元の金融投資が必要になった。こうして産業革命は、**資本**に今日我々が思い浮かべるような新しい意味を与えた。アダム・スミスは、利益への期待を最初に強調した一人だ。カール・マルクスは**資本**という語を使って、彼の経済分析の中心的な分野を表現している。資本の動きを、貨幣（M）から実体資本へ、そして最終的に貨幣（M′）に戻ると説明した。MとM′の差が利潤、すなわちこのサイクルで達成された進歩である。マルクスは**生産力**（生産性の向上など）と**生産関係**（所有権など）の間の本質的な矛盾を、社会の変容と転換を促す主要な原動力と見た。

しかし、現実に起きた社会の進化は、マルクス主義理論が予想したものとは様相が異なっていた。資本主義2・0は、本質的な矛盾によって崩壊することはなく、非常に柔軟で弾力性があることが明らかになり、資本主義3・0に生まれ変わった。環境や労働、金融などの規制の枠組みを重視することを約束する利害関係者主導の社会的市場経済の形をとったのだ。一八七〇年代ドイツのビスマルクの社会保障立法に始まり、一九一三年一二月のアメリカの連邦準備法、一九三〇年代のアメリカのニューディール政策へと続く多くの規制関連の革新が世界各地で起こり、経済の2・0から3・0への移行を促した。この過程は欧米では半世紀以上かかった。だが中国では、二〇〇〇年時点で（初歩的とはいえ）社会的セーフティーネットで保障されていた人は人口の一五パーセントでしかなかったのが、わずか一〇年後の二〇一〇年には九五パーセントにまで拡大した（一〇年間で一〇億人以上の増加）。

2・0経済の産業革命は、主として物的資本と人的資本の成長を原動力としていた。一方、3・0経済の台頭は金融資本の空前の成長と蓄積をともない、それが二〇世紀を通して金融経済と実体経済の乖離に拍車をかけつづけた。[25]

広がりつづける金融経済と実体経済のギャップ

金融経済と実体経済のギャップが広がる理由の一つは、非金融資本に対する金融資本の優位である。物的資本と人的資本は特定の場所と状況に縛られているが、金融資本は世界中を駆け巡ることができる。ジョセフ・スティグリッツは『世界の99%を貧困にする経済』でこう書いている。

想像してみてほしい。労働力は自由に移動できるが、資本は移動できないとすればどんな世界になるだろうか。……アメリカ合衆国にはその歴史の初期、そういう状況があり、非常に異なるプロセスが展開していた。合衆国の準州や新しい西部諸州は、歴史の古い東海岸諸州と入植者を奪い合った。その結果、全土で投票権、公職に立候補する権利、公教育が拡大し、アメリカ合衆国の識字率を大いに向上させた[26]（それ以前や、ヨーロッパの状況に比べて）。

今日では、金融資本はグローバル、労働と物的資本はローカルである傾向がある。金融資本は所有者と場所を瞬時に変えることができる。労働と物的資本にはそれができない。そのうえ、物的資本は使えばたいてい価値が下がるが、金融資本の価値は（インフレの場合を除いて）使用によって減少しない。逆に金融資本は、金利と複利のメカニズムによって、時間の経過とともに急激に成長する傾向がある。それに対して物的資本は限定的で有限だ。

こうした構造的な違いは、金融資本の物的資本に対する構造的優位性となって現れ、金融経済と実体経済の断絶を拡大しつづけている。この断絶の結果が露呈したのが、二〇〇七〜〇八年の金融危機だった。一九八〇年代と九〇年代のレーガン政権とクリントン政権時代の金融業界の規制緩和に後押しされて、金融経済と実体経済のギャップは劇的に拡大した。それを裏づけるデータを次に示そう。

1　**金融バブル**。マッキンゼー・グローバル・インスティテュート（MGI）は二〇〇六年に、世界の金融市場が投資機会を探すのに苦労しているグローバルな「流動資金」は一六七兆US

ドルに達すると計算した[27]。これは、当時の世界のGDP総額、五二兆USドルのおよそ三・二倍という空前の額だった。このときアメリカ財務副長官だったロバート・キミットは、この額を一九〇兆USドルと見積もっている[28]。

2 **利益のバブル**。金融部門とそれ以外の部門の利益の差は広がるばかりだ。国内の企業利益に占める金融部門の利益は、一九七三〜八五年には一六パーセント以下だったのが、今世紀最初の一〇年で四一パーセントまで膨らんだ[29]。この変化は実体経済より金融部門が有利であることを反映しているが、利益が縮小する一方の実体経済の中で金融部門が高い利益をあげるという状況は持続不可能だ。資本からの利益は実体経済の中で稼ぎ出されるべきである。金融部門の利益率がそれほど高いのは、その利益がバブルによって生まれているということだ。バブルはいつか必ずはじけ、実体経済が代価を払わせられるだろう[30]。

3 **報酬のバブル**。サイモン・ジョンソンとジェームズ・クワックはこう述べている。「一九四八年から一九七九年までの銀行業界の平均報酬は、実質的に民間セクターの平均報酬と同じだった。……二〇〇七年には、平均的な銀行員は平均的な民間セクターの従業員の二倍稼ぐようになっていた[31]」。しかし激しい抗議の声を引き起こしたのは、投資銀行の職員に支払われたボーナスだ。ウォール街は二〇〇八年にニューヨーク市在勤の社員に一八〇億USドルの年末ボーナスを支払った。政府から二四三〇億USドルの救済金を受け取ったその年に、である[32]。

利益率の高い投資機会を探している一九〇兆USドルの金融資本と、経営と成長に必要な金融資本を得られない実体経済と社会セクターとの溝は、世界に広がる経済危機の中心的問題である[33]。これは前にも述べた、一五〇〇兆USドルという外国為替取引額が貿易取引額の七五倍にも達するという問題に関係がある。[34] この問題の影響は三つの分断のあらゆる次元にはっきりと表れている。実体経済は、人工的に膨れ上がった金融経済が他セクターの経済プレーヤーに押し付ける高い収益期待の下での競争に苦しんでいる。今日切実に求められている新しい雇用のほとんどを創出しているのは中小規模の企業であるのに、彼らはコスト効率の高い融資を得るのに悪戦苦闘している。

その結果はどうなるだろう。この状況は、すべての血液を頭に押し上げ、ほかの器官に血液が流れないようにしている循環系のようなものだ。こんなシステムは何かが壊れていて、修理する必要がある。お金は経済にとって、血液が人間の体にしているような働きをしている。システムを動かし、互いにつながり合わせ、活かしている。その循環系が壊れているということは、経済全体の健全性がリスクにさらされているということだ。

これらの危機への3・0の対応は、もっと多くのより良い規制を作ることだ。たとえば、(1)銀行が国を人質に取ること(「大きすぎてつぶせない」)ができないように銀行の規模を制限する、(2)金融商品を制限する(デリバティブを制限する)、(3)投機的な金融取引に課税する、(4)中核的な銀行業務を投資業務から分離し、リスクのある投資が中核的な銀行業務、特に中小企業や革新者への融資をリスクにさらさないようにすることなどだ。

だが、これらの規制は根底に横たわる問題と、資本とお金の新しい現実を覆い隠している神話の上っ面をなでるようなものだ。

4・0を探して

二一世紀の経済に資本とお金が果たす役割について、真剣に議論する必要がある。この議論のきっかけとして、我々の思考を古い枠組みに縛りつけている常識のいくつかに挑戦する四つの命題を次に挙げてみよう。

1 **金融システムは効率が良すぎる**。『マネー崩壊★』の著者、ベルナルド・リエターによれば、今日の金融システムのいちばんの問題は、効率が良すぎることだ[35]。狭く短期的な金融利益にしか関心を持たず、人々や地球に及ぼす負の副作用をまったく意識していない。その結果生まれたのは、企業を空前の規模で金融利益と負の外部性を生むよう設計された機械に変え、システムの長期的な健康や回復力、生存能力を危険にさらす経済である。実体経済の市場とは違い、金融セクターは法的概念にすぎない商品を取引する。そのために、ほかの商品やサービスに適用されるものとは異なるルールに従う。二〇〇七年から二〇〇九年末までの間に世界中でおよそ五〇兆USドルの資本[36]と約三〇〇〇万人の雇用を破壊した[37]。金融破綻で暴かれたように、「金融セクターにとって良いことは、国や経済全体によって良い」、あるいはアメリカの場合では「ウォール街にとって良いことは、アメリカによって良い」という言い分は妥当ではない。次から次へとバブルを作り出すことによって利益を引き出す金融サービス業界の効率を改善することよりも、我々に必要なのは、実体経済のニーズに**貢献**するもっと効果的な金融市場である。

2 **お金は資本ではない**。資本とは、経済を牽引し、価値創造の変革的プロセスを推し進める起業的能力である。金融資本があれば起業家はアイデアを行動に移せる。人を雇い、構想した製品を作り、事業の継続に必要なインフラを構築できる。このプロセスは経済学者、ヨーゼフ・シュンペーターの言う「創造的破壊」である[38]。その原動力は何だろう。シュンペーターの見

★ 『マネー崩壊――新しいコミュニティ通貨の誕生』（ベルナルド・リエター著、小林一紀、福元初男訳、日本経済評論社、2000年）

解では、起業家だ。シュンペーターは、ますます大きく官僚的になる企業から起業家精神を持った人々が弾き出され、そのために資本主義が自壊すると考えた。[39] 起業家についての彼の見方に賛同する人は多いだろうが、社会のあらゆるセクターで起業的活動と価値創造を推進しているもっと深い力がある。それは**創造性の力**だ。個人と集団の創造性。これがすべての資本と価値創造の究極の源であると我々は考えている。

バブル後の金融経済を再設計するには、お金の流れが社会のあらゆる部門で創造性の資源が実を結ぶのに**貢献**するように設計する必要がある。外部性に目を向けていない状態ではなく、外部性を意識した状態でお金と資本が働くように流れを再設計するのだ。つまり、経済は3・0から4・0へ移行しなければならない。

3

お金はコモディティではない。二〇一〇年イギリスで行われた調査によると、調査対象者の六六パーセントは、銀行が自分の当座預金口座にあるお金のどれくらいを何に使っているかを知らなかった。[40] ロンドンが世界の金融の中心地として重要な役割を果たしているにもかかわらず、ほとんどの人にとって金融制度の仕組みはブラックボックスのようなものなのだ。今日の銀行システムは、だいたいにおいてお金はコモディティであるという考え方に基づいている。その考え方の虚偽を暴くために、1・0から4・0への経済のパラダイムに従って、四幕のドラマとしてお金の歴史の筋を追ってみよう。

序幕(0・0)——**物理的**。最初、「お金」にはさまざまな物理的形状のものがあった。穀物、銀、金、塩など、それ自体に価値がある有形のものである。

第一幕(1・0)——**象徴的**。金や銀の物質的価値そのものであったお金は、法的または社会的概念としての象徴的価値へと移行する。それは、合意された支払いの方法として、経済的プレーヤーに受け入れられるという信用に基づいている。

第二幕（2・0）――**コモディティ**。お金は市場で取引されるコモディティになる。これは民間銀行が利益をあげることを主な目的としてお金を作りはじめるときに起こる。最初はそれ以前よりはるかに大量のお金が経済に注入されて成長と開発を促すが、そのうちに金融経済と実体経済が徐々に乖離しはじめる。

第三幕（3・0）――**規制を受けるコモディティ**。お金は取引される商品、コモディティとして金融バブルを生み出す媒体に変化する。バブルがはじけた瞬間に、実体経済は行き詰まり、誰もが代償を払う。これらの危機への対応は、一九二九年の証券市場の大暴落を受けた一九三三年のグラス‐スティーガル法、二〇〇七〜〇八年の市場暴落を受けたバーゼル合意Ⅲなどの規制である。市場はお金を規制を受けるコモディティとして扱う。規制の目的は過去の失敗を繰り返させないことだ。その意味では規制には効果がある。しかし、大多数の規制には、過去にしか目を向けていないという欠点がある。過去のバブルの問題を解決することはできるが、ふつうは次のバブルを予測することはできない。

第四幕（4・0）――**創造性を実現するための意図的なお金**。全貌を現しつつあるお金の歴史を描くこのドラマで、この最終幕はまだ書きかけだ。主題は、**意図を持った集合的な創造性**を形にするお金の使い方である。お金の歴史は意識の覚醒の歴史にほかならない。つまり意識と意図が徐々に高まっていく物語である。物理的なお金（0・0）には、それ自体価値がある。象徴的なお金（1・0）には経済プレーヤーによって合意された社会的概念を通してその価値が付与される。コモディティとしてのお金（2・0）を意図的に使う人もいるが（銀行家）、残念ながら経済プロセスのほかの参加者はそうではない。規制（3・0）は、お金のシステム的な使い方を意図的に共同で形づくる利害関係者の数を増やす。需要側重視またはケインズ主義的な経済の台頭は、お金のシステム的な特徴を全体の利益のために働かせるという考え方の良い例である。だがそれでも、多くのプレーヤーがプロセスから排除されたままである。お金4・0はまだ存在しないが、出現するとすれば、すべての経済プレーヤーが意図的で集合的かつ創造的な方法でお金をシステム的に使う方法を構想する能力を最大化するものになるだろう。

お金4・0と資本4・0の主要な目的は、**お金の創造を、コミュニティにおける起業の意図にもう一度結びつける**ことである。すべてのお金と金融メカニズムの役割は、実体経済に貢献すること、つまり個人の創造性と集合的創造性の場を開くことによって、すべての人の幸福に貢献することである。お金と資本は、コミュニティのニーズを満たす製品やサービスの創造を可能にする条件であるが、製品（あるいはコモディティ）そのものではない。つまり、もっと強い意図を持って、お金と資本の統治方法をニーズやシステムの進化に見合ったものにしなければならないということだ。企業家や社会的起業家はどういう種類のお金や資金供給の方法を必要としているのだろうか。どうすれば、社会のすべてのグループと創造的な人々、特に次世代の起業家たちに資本へのアクセスを提供することができるだろうか。

ウォール街の問題は、単に規制が足りないということだけではない。4・0の世界が出現しようとしているのに、銀行制度はいまだに2・0のマインドセットとツールで活動していることが問題なのだ。問題の核心は銀行家個人の貪欲さではなく、システムの設計である。二一世紀の金融システムは、実体経済にとっての公正さ、包括性、透明性、有効性といった原則に従って設計される必要がある。これらはどれも、今日の金融システムに欠けている視点だ。

4・0のシステムは、これらの原則を機能させるものになるだろう。利益を求めて一九〇兆USドルのバブルを膨れ上がらせていたお金と資本は、今日では資金が不足している社会の諸セクター――実質的に、革新や教育、健康、持続可能性、環境・社会・文化的コモンズなど、経済活動の中で**再生**を担う側すべて――へと流れを変えるだろう。

お金4・0を出現させるためには、規制だけではなく、進化する経済システムの全体を意識し、それにつながることが求められる。新しい種類の銀行で最も早く登場したものの例に、ヨーロッパのトリオドス銀行とGLS銀行、バングラデシュのBRAC銀行がある。トリオドス銀行とGLS銀行は、顧客の預金を環境や社会的企業に投資することを約束している。融資状況のすべてをインターネットなどで公開して、透明性を保証している。バングラデシュで第三位のBRAC銀行は、切実に求められている雇用機会を生み出す中規模企業、「ミッシング・ミドル」★に貢献することを目的に、二〇〇一年に設立された。こうした銀行はそれぞれの社会の主要な課題に応える金融商品を開発している。たとえば、再生可能エネルギー向けの金融ツール、いまだに現金中心の取引をしている起業家への融資、遠隔農村地域に住む家族が海外の親戚からの送金を効率よく受け取れるテレフォンバンキングのシステムなどだ。これらの革新はすべて、実体経済に奉仕する金融セクターの例である。

4 **お金イコールお金ではない**。すべてのお金の移動は、技術的な行為であるだけでなく、次の四つの行動のどれか一つを通して実体経済に反映される。[41]

（1）**投機的な取引をする**。投機的な取引は、お金を金融部門の中に留め置き、環境的・社会的・

★ 少数の大規模企業層と多数の小規模零細企業層の間で不足している中規模企業層

文化的コモンズの再生のために戻さない。投機からは金融バブルが生まれるが、バブルはいったんはじけると実体経済を助けるどころか、損害を及ぼす。

（2）**購入をする**。ものやサービスを買うのは、時間と場所によって明確に定義される経済的取引である。両者が譲渡に合意すれば、取引は完了する。

（3）**融資をする**。融資にお金を使うのは、ものやサービスを買うのとは質が異なる。借り手は返済できるだろうか。融資を受ける目的は何か。借り手は過去に成功しているか。借り手の起業アイデアには市場と需要があるか。どれくらい時間がかかるか。融資は、（a）取引の対象期間を引き延ばし、（b）借り手個人とお金の使われ方を深く調べることを要し、（c）借り手の将来の返済能力を評価することを求める。このことから、単なる消費に回される融資は、あまり意味がないこともわかる。投資が何も剰余を生み出さないからだ。

（4）**贈与をする**。お金を介した贈与は、経済的な言説ではしばしば見落とされている。我々は子どもの教育費を払うという行為を通して子どもにお金を贈与したり、慈善団体に寄付をしたりする。見返りは期待されていないが、贈与を受けた人は可能性を実現できるようになる。まだ理解が進んでいないが、贈与されたお金は経済システムの中でも重要な、再生を促す役割を果たす。

受け取る側から見ると、これら四種類の金融取引は実体経済に非常に異なる足跡を残す。（1）投機的取引は、長期的には実体経済のプレーヤーに打撃を与えることが多い。理屈で説明できない変動や破綻の後に不況が起きたとき、つけを払わなければならないのは、彼らであるからだ。（2）購入の場合、売り手は顧客が欲する通りのものを提供しなければならない。

したがってお金を受け取る側の自由度は限定的である。（3）融資の場合、借り手は起業のアイデアを実現するために、借りたお金を自由に使うことができる。（4）贈与の場合、短期的な収益性に拘束されずに将来に投資することができ、最も自由度が高い。常識とは逆だが、長期的には贈与されたお金が最も高い収益性を達成することが多い。それは、受け取った人が、過去の考え方や指標にこだわりがちな出資者やそのほかの利害関係者の期待に応えることにとらわれずに、出現しようとしている未来を大胆に感じ取り、実現することができるからだ。

今日の金融危機の深い次元の構造的な問題には、二つの種類がある。一つは、**架空の**価値創造の投機的領域であるレベル1のお金の活動が多すぎることだ。もう一つは、社会的使命を持った新しい種類の起業家や社会的起業家が、すべての人のためになる経済を再生させることを助ける贈与の経済であるレベル4でお金が活動することが少なすぎることである。つまり、お金をレベル1（投機のエゴ領域）からレベル4（社会刷新のエコ領域）へ移動させる必要がある。

経済理論が投資の重要性と、革新と起業への融資の構造的重要性を強調することは正しい。だが、今日の経済学者があまりよく理解していないのは、贈与経済の生産性の方がさらに高いという事実と、実体経済の発展への貢献より投機に駆り立てられた巨大すぎるカジノ経済の悪影響である。アマルティア・セン、ジョセフ・スティグリッツ、ジュリエット・ショア、ポール・クルーグマン、ラグラム・ラジャン、リーアン・アイスラー、サイモン・ジョンソンといった特筆すべき例外が、このことを証明している。

金融部門から、自然、人間、社会、文化創造的資本などの金融以外の形の資本形成へと、継続的にお金が再投資される。これが我々の言う共創造的エコ - システム経済だ。これらの領域のお金の活動のバランスを向上させることが、4・0金融システムの核心になる。

未来を見る――集合的創造性の資本

本書で議論してきたアイデアは、遠い未来でなければ実現できない抽象的な理想ではない。もうすでに地球上のあちこちで実践や実験が行われている。いくつかの例を挙げよう。

▼GLS銀行とトリオドス銀行

前にも述べたヨーロッパの二つの銀行に、出現しつつある金融機関の4・0モデルの姿を垣間見ることができる。ドイツのGLS銀行と、ヨーロッパ六カ国に支店を持つオランダのトリオドス銀行だ。どちらの銀行も、環境・社会的事業分野をリードする革新者に資金を提供している。両銀行の革新的な金融商品は、切迫した社会的、経済的課題に取り組んでいる起業家の役に立っている。また、どちらもトリプルボトムライン★と透明性の原則に従って活動している。さらに、預金のすべてが環境保護投資と社会的投資に使われていることを明らかにしており、預金者は自分のお金が何に使われているかを知っている。

▼BRAC銀行

バングラデシュ人のほとんどが開発NGOのBRACを知っている。一九七四年に創設されたBRACは、今では世界一〇カ国で活動している。バングラデシュでは五〇〇万人の子どもが、BRACが経営する三万二〇〇〇の学校を卒業した。保健プログラムには九二〇〇万人が参加している。一九七四年以来、BRACはバングラデシュ全土とほかの八カ国でマイクロファイナンス事業

★ 持続可能性の観点から、環境・社会・経済の3つの側面で企業活動を評価する考え方

を展開してきたが、マイクロファイナンスだけでは不十分であることに気づいた。起業家が成功し、成長するためには、マイクロファイナンスのレベルを超えた融資が必要だ。NGOの創設者たちは、従来の銀行が相手にしていないこの市場セクターを対象とするBRAC銀行を設立し、標準化された融資申請プロセスを通して、コスト効率の良い、マイクロファイナンスより多額の融資を行うことに力を注ぐことにした。BRAC銀行はそのために、銀行を利用していない小規模企業や起業家を顧客として取り込める新しいビジネスモデルを考案しなければならなかった。新しい雇用を創出し、それによって貧困を根本から解消するのは、こういう企業である。(42)

▼補完通貨

ほとんど注目されていないが、補完通貨の創設をめぐる世界的なムーブメントがある。補完通貨とは、国（または地域）の通貨を補う地域通貨である。その一例が、二〇〇三年に南ドイツで地元商業の振興策として始まったキームガウアー（Chiemgauer）だ。会員数二七〇〇、そのうち七五〇が個人事業者や企業である。もう一つの例は一九八〇年代にカナダで始まった地域通貨（LET）システムで、一五カ国以上に同じようなシステムがある。日本の地域通貨、**クリン**には五七〇人が参加している。(43)

こうした取り組みの主な目的は、地域の経済取引を支援するシステムを作ることによって地域経済を強化することだ。通貨を受け入れるのは地元の事業者だけで、参加者は通貨をサービスと交換する。地域以外では通貨は使えないため、国の通貨より速く使おうというインセンティブが働く。その結果、地域の中でお金のやりとりが増える。

オーストリアの小さな町、ヴェルグルは、一九三二年に有名な補完通貨の実験を行った。超インフレと高い失業率に見舞われたため、町長のミヒャエル・ウンターグッゲンベルガーは、町民がインフラ整備プロジェクトや地元企業への支払いに使える地域通貨を発行した。その結果雇用が増え、地域経済は安定した。ほかの町でもこのモデルが真似されはじめたとき、中央政府が介入し、通貨を発行できるのは中央政府だけだとして地域通貨を禁止した。

実験が行われた補完通貨の例から言えるのは、それらが機能している地域の構造により深く組込まれ、全体の経済が危機的な状況にあるほど（一九三三年のように）、よく機能するということだ。つまり、補完通貨はシステムの回復力への投資と見ることができる。

結論——資本に対する我々の所有権を取り戻す

今日の経済の最重要課題は、ますます広がる実体経済と金融経済の断絶にある。この断絶は、お金と資本についての考え方から生まれている。従来の考え方では、お金と資本を次の四つの神話の文脈を通して見ている。（1）効率の良い金融市場は経済にとって良いことだ。（2）資本とはお金のことである。（3）お金はコモディティである。（4）お金イコールお金である。以上の四つは、一見したところ筋が通っているように見える。だが、よく考えると、どれもみな間違っている。我々に必要なのは、以下のことである。

1　お金とその使い方の四つのレベル（投機、購入、融資、贈与）すべてについて、それが経済や社会に及ぼす総合的な影響について、その透明性を高め、それへの意識を高めるための、新しい監視・測定ツール。

2　実際の資本の創造と、その源である経済的コミュニティのすべてのプレーヤーの集合的創造性とのつながりを回復させる資本の概念。

3　コモディティのフィクションの虚偽を暴き、お金の創造を透明でコミュニティの起業意図に沿ったものにするお金の概念。

4　お金に関する行動の四つの領域の健全なバランス。これは、より多くの人が自分の起業の可能性を十分に認識し、活用できるように、レベル1（カジノ経済）を排除し、レベル4（贈与経済）を強化することによって達成される。

また、4・0経済は、すべての経済プレーヤーの個人的意図を、共有された意図につなぎ直すものになるだろう。こういう形の活動に乗り出した金融機関の例はいくつかあるが、より大きな枠組みで見れば、今日運用されている資本全体のうちのごくわずかにしか影響を及ぼしていない。グローバル・アライアンス・フォー・バンキング・オン・バリューズは、社会に良い変化をもたらすという共有された意図と金融との結びつきを回復させることに焦点を合わせた二〇の金融機関のネットワークであり、ポジティブな例である。

4　技術——技術と集合的創造性のつながりを取り戻す

経済価値を生み出すには、知識と技術を使うことが必須である。工業生産や脱工業化生産に限らず、農業でもそうだ。技術的な道具は人々の生活を大きく向上させたが、この数十年は技術的システムが問題も生み出している。

1・0から3・0の旅――道具、機械、システム

技術は波状的に進化し（表3を参照）、第一の波は道具の形（1・0）でやってきた。人間は自分の体を使って物理的にできることを、もっとうまくできる道具を発達させた。わかりやすい例は、斧、シャベル、鋤《すき》、ナイフなどだ。

技術の第二の波は機械の形（2・0）でやってきた。蒸気機関や鉄道、紡績業や製鉄業でのさまざまな発明から、多種多様な相互につながって機能する機械類が生まれ、第一次産業革命が加速した。肉体労働は石炭動力の機械に取って代わられ、生産性は急上昇した。

次の波は第二次産業革命（石油を基にしたエネルギー、内燃機関、重化学工業）としてやってきて、個々の機械による生産をシステム中心の自動化された生産へと移行させた。個々の機械はまだ人間が操作する必要があったが、3・0の世界では操作する人間の多くが数学的アルゴリズムによる自動制御に置き換えられた。今日の自動車製造工場の自動化された生産ラインは、先進製造技術の3・0の波を強く印象づける興味深い例である。

ドイツの社会学者、ユルゲン・ハーバーマスによれば、産業システムの世界は、その必然性から、人々の生活と仕事の**経験**である「生活世界」を「植民地化」しはじめた。[44] 3・0技術の重要なポイントは、職能的専門家が全体の主要アルゴリズムをコントロールし、これらのシステム内の大半を占める一般ユーザーは設計の基本的な仕様を変える力がないと感じるような、システム中心の視点である。大企業の自動化された「カスタマーサービス」システムを考えてみればよい。生身の人間にたどり着くまでに四回も同じことを言わされる。あれがシステム中心の世界での感覚だ。大量生産と大量消費は社会のあらゆる側面に侵入している。

そしてついに技術革新の第四の波は、ＩＣＴ（情報通信技術）と再生可能エネルギー、スマート

グリッド、意識に基づく社会テクノロジーを融合させたもう一つの産業革命を起こそうとしている。生産と利用の仕方が、より人間中心的な方向へ転換しようとしている。2・0の機械がエネルギーによる動力を得たことで1・0の道具の支配を変え、3・0の自動化システムが数学アルゴリズムの応用を通して2・0の機械の支配を変えたように、我々は今、4・0の技術が古いシステム中心的な技術の支配を変えようとしているのを目の当たりにしている。

著者らは、押し寄せはじめたこの第四の波を**人間中心**または**生命中心**の技術と呼んでいる。人間の、個人として、集団としての経験に力を与えること、つまり、意識の覚醒の核心的プロセスとその結果生まれる行動を柱にして組織されるからである。技術的発明の力点を、抽象的なシステムを最適化することから、創造的な人間的プロセスを共に形づくることへと転換し、人々がシステムやお互い、自分自身について経験することの質を変えていくことを意味する。

真の破壊的変化は、クラウドコンピューティングやデータ処理の高速化とはあまり関係がない。抽象的なシステムの機能を最適化すること――ハーバーマスの言う「システムの必然性」――から、**出現する全体に行動の源を求める**新しい質の起業家精神を促す**人間意識の共有の場**を生み出すことへの転換なのである。[45] 著者らは変化をもたらすこの旅をUプロセスと名づけた。

ジェレミー・リフキンは、ICT、バイオテクノロジー、ナノテクノロジー、再生可能エネルギー、スマートグリッドの融合を第三次産業革命と呼んでいる。[46] これまでの技術の波が、人間の機械的（1・0）、動力的（2・0）、システム的（3・0）機能を模倣し、増幅する経済的領域を創出したように、今日の技術革新は認知とコミュニケーションの機能（4・0）を再現し増幅させているように見える。人間と機械、機械と機械のつながりが強化するのを目の当たりにして、疑問が浮かぶ。この旅は我々をどこに連れていくのだろうか。

未来が我々を必要としない理由

この文脈で議論されてきた一つの筋書きは、映画『マトリックス』で有名になった機械に支配された未来である。『マトリックス』三部作の公開から数年後、当時、サン・マイクロシステムズのチーフサイエンティストだったビル・ジョイは、優れた記事「未来が我々を必要としない理由」で、機械の支配は単なる映画のフィクションにとどまらないことに気づかせてくれた。「二一世紀の最も強力な技術は、人類を絶滅危惧種にする恐れがある」というのだ。「原子物理学者たちの経験がはっきり示しているのは、個人的な責任を取ることの必要性、物事が速く進みすぎることの危険性、そして、プロセス自体が生命を持つようになる可能性である。彼らのように、我々も解決不可能な問題をほとんど一瞬のうちに作り出してしまうかもしれないのだ。我々も、自分たちの発明がもたらす結果に驚愕し、衝撃を受けるような事態を避けたいなら、はじめにもっとよく考えなければならない[47]」

4・0を探して

技術3・0（システム中心）から技術4・0（人間・生命中心）へ移行するには何が必要なのだろう。議論のきっかけとして次の四点を示す。

1　**解放神話を暴く**。我々はついこの間まで、通信や生産、家庭用の新しい技術がもたらす自由な時間を何に使おうかと真剣に話し合っていた。一九五〇年代の物質的消費水準を維持していれば、必要なものを生産するのに一人当たり週一一時間の労働で足りたはずだった[48]。だが、今日の現実はまったく違う。これほど忙しいことはかつてなかった。労働時間が増えただけでなく、自分の時間をコントロールできなくなっている。いくつもの通信機器に昼夜の別なく邪魔をされる。技術が我々を解放するだけではないのは明らかだ。インドネシアの友人が教えてくれたあるポスターの言葉を考えてみてほしい。「アップルやブラックベリーがただの果物だったころ、人生はずっと楽だった」

我々の意識と、意識を向ける能力は、強さと幸せの源泉である。そこでこれらを、我々が大切に守り、育みたい聖域と考えてみよう。これまでの議論から、意識がいかに重要であるかは明らかだ。では、我々の聖域は今どんな状態なのだろう。**攻撃にさらされている！**

同時にいくつもの仕事をこなすマルチタスキングの有効性は、根拠のない社会通念だとわかっている。それぞれのタスクにかける時間を短くしているだけだ。我々を自由にしてくれるのは技術ではない。人なのだ。まず変えなければならないのは、技術を使うときの我々のマインドセットと意識だ。４・０の環境で技術を使うのに３・０や２・０、１・０のマインドセットで行動すれば、自分たちの環境と内面に問題を作り出しつづけることになる。

高度な技術を開発し、使うということは、これらの技術を用いるときの内なる意識も高度化する必要があるということだ。それができれば、技術は我々を解放する力になる。できなければ、我々はシステムの支配とそれへの依存を生み出し、ビル・ジョイが言い当てたように、最終的に「我々を必要としない」システムを自分たちの周りに作り出すだろう。(49) 要するに、技術が我々を解放する力となるか、依存させる力となるかは、我々の行動を決定づける内面の場――意識の質――によって決まるのだ。

2

「テクノロジーによる解決」の神話を暴く。どんな社会的課題について議論しているときでも、たいてい二種類の反応や提案が聞こえてくる。一方は、新しいテクノロジーを投入すれば問題は解決すると言う。これは「技術による解決」だ。もう一方は、技術は必要かもしれないがそれだけでは不十分で、もっと深い変化が必要だと考える。この深い変化には、我々の思考と意識を変えることも含まれる。

テクノロジーは多くの失敗を重ねてきたにもかかわらず、水や食糧、エネルギー、健康、持続可能性などの世界的・局地的危機をテクノロジーによって魔法のように解決できるという信念はかつてないほど強い。テクノロジーで問題を解決できるという考えの魅力は、それが簡単なことのように聞こえることだ。我々自身が根本的な問題に取り組んだり、根底からの変化のプロセスを起こしたりするよう迫られることはない。気候変動？　問題ないよ！　地球工学とかいうものを使ってみよう。地球の周りにグローバルな盾を張り巡らせて太陽光線を跳ね返すんだ！[50]

3

研究開発投資を切迫した社会のニーズにつなぎ直す。今日の世界の研究開発（R&D）への投資総額はおよそ一兆二〇〇〇億USドルだ。国内研究開発総支出（GERD）は、企業、政府、大学、非営利組織の研究開発支出の合計である。当然ながら、GERDの七〇パーセント以上は工業国で発生している。[51]このことは、これらの投資の結果得られる技術と革新の種類に影響を及ぼしている。非工業国の生活改善に緊急に必要な革新のための研究は、十分に行われていない。R&Dへの投資は収益への期待や政治的決定で決まる。軍事的な研究がその例だ。「顧みられない病気」についてはあまり研究が行われていない。医療部門の工業製品の九〇パーセントは、非工業国の低所得者層などに蔓延する熱帯感染症ではなく、先進国に多い非伝染性疾病向けに集中している。[52]この不均衡がいわゆる10／90ギャップを生んでいる。「顧みられない病気」は投資に対する利益率があまりにも低いために、製薬業界が近寄らないのだ。**第三次産業革命をリードする**。テクノロジーは今日、最も強大な力の一つである。しかしその力の深層にある本質は何なのだろう。

4

二〇世紀ドイツの哲学者、マルティン・ハイデガーは、この問いを追求した。彼は***technology***の語源が、「art（技能）」を意味するギリシャ語***techne***であることに注目した。アートは、創造的プロセスの具現化である。こうして、技術の源をたどれば創造性の源に行きつく。この視点から、テクノロジーは二種類に区別することができる。ユーザーから見て創造性を**高める**技術と、創造性を**低下させる**技術である。

この区別に従えば、技術に関する未来の公共政策と公共投資の基本的な基準は、ある技術の使用が我々の創造性を**高める**か、**抑える**かになるかもしれない。たとえば、技術はそれを使う人をほかの人が作ったコンテンツの受動的な受け手にするのか、それともユーザーに自分でコンテンツを創造し、他者と共有する力を与えるのかが基準になるのだ。

この区別は重要だろうか。考えてみてほしい。これを区別することで、その技術が、我々が集合として持っている人間と生命の創造性の宝庫――あらゆる形の経済的資本の究極の源――を豊かにするものなのか、貧しくするものなのかが浮かびあがるのだ。

未来を見る――分散している集合的知性を解き放つ

未来の種はどこに見られるのだろうか。いくつかの例を挙げてみよう。

▼ウィキペディア

誰でも百科事典の共創造に参加できるウィキペディアは、二〇〇一年に創始された。最初の年の記事数は二万件だった。三年後には記事総数は一〇〇カ国語で一〇〇万件を超えていた。創設から一〇年後、ウィキペディアには一九七〇万件の記事が掲載されており、世界で七番目に有名なウェブサイトになった。[53] ウィキペディアは二〇〇二年に商業広告を受け付けないことを決定した。法的には財団の形をとることを選び、寄付に頼って事業を継続している。二〇〇五年に実施した第一回の資金集めでは九万四〇〇〇USドル、二〇一一年には一六〇〇万USドルを集めている。

▼Linux

一九九一年八月二五日、既存のオペレーティングシステムに不満を持っていたヘルシンキ大学の学生、リーナス・トーバルズは、自分でオペレーティングシステムの開発を始め、次のような電子メールとともに公表し、開発への参加者を呼びかけた。[54]

MINIXを使ってるみんなへ

僕は今、386(486)ATクローン用に(無償の)オペレーション・システムを作っている(ただの趣味。GNUみたいに大きく専門的なものにはならないと思う)。四月からいろいろやってみたんだけど、どうやらいけそうだ。どんなことでもフィードバックしてほしい。気に入ったところも、気に入らないところも……二、三カ月でなんとか実用的なものができそうだ。だから、みんながどういう機能を欲しがっているのか知りたいんだ。どんな提案でも大歓迎だ。実装するかどうかは約束できないけどね。:-)

リーナス(torvalds@kruuna.helsinki.fi)

二二年後、彼が電子メールで発表したプロジェクトは世界で最も成功したオペレーティングシステムの一つとなり、一〇億ドル産業に革命を起こした。なぜそれが可能だったのだろう。リーナスが早い段階で、オープンソースの形で全プロセスを開発すると決めたことによって、すべての開発者がすべての目的（商業と非商業）のためにコードを使い、ユーザーの特殊なニーズに適合させ、修正版をコミュニティ全体と共有することが可能になったからだ。彼はこのアプローチのおかげで、一九九一年の電子メールから、世界のほとんどの国と文化から開発者が参加するグローバルな協働コミュニティへと進むことができた。財団がそのグローバルなコミュニティの進化と育成のための調整を行っている。

これらの例に共通するものは何だろう。彼らは、製品を設計してユーザーに届けることをしなくなった。その代わりに、世界中に散らばったユーザーと開発者のコミュニティがコンテンツや製品（アプリ）を共同で作り上げるプラットフォームを作ったのだ。製品とサービスを受け取るだけだったユーザーが、それらの共同創造者、共著者、そして共同ユーザーにもなるのである。

結論——実現技術へのアクセスを取り戻す

歴史を通じて、技術は道具から機械へ、そして自動化されたシステムへと形を変えてきた。今日、我々は技術革新の次の跳躍をしようとしている。それはシステム中心の技術から、我々が形を作り、意味を与えることができる人間中心または生命中心の技術へと我々を導いてくれるかもしれない。この飛躍に成功すれば、創造性を向上させる技術の使い方が強化され、共感知、共創造、共使用が促されるだろう。

そのためには何が必要だろうか。トーバルズが一通の素朴な電子メールで始めたような、意図を持った創造のコミュニティを作ることが必要だ。このようなコミュニティをより多く、より意図的に、よりたくさんの人が参加できるように創造するには、支え育んでくれるホールドされた空間と人々が必要だ。これらの創造的なコミュニティが生まれれば、今世紀の旅に大きな影響を与えるかもしれない。

5　リーダーシップ――リーダーシップと出現する未来のつながりを取り戻す

リーダーシップの不在とはどういうものかは誰もが知るところである。誰も望まない結果を集合的に作り出すのだ。今、我々のリーダーシップ能力を徹底的に再生させなければ、この本でこれまでに論じてきたテーマのどれも実行される可能性はない。

1・0から3・0への旅――アメ、ムチ、規範

いつの時代でもリーダーシップの真髄は、未来を感じ取り、現実化することだった。敷居を越え、過去とは違う新しい領域、未来へと足を踏み入れることだった。英語の *leadership* のインド・ヨーロッパ語の語源である *leith* の意味は、「前へ進む」「敷居を越える」または「死ぬ」である[55]。手放すことは、死ぬように感じることがあるものだ。リーダーシップのこの深遠なプロセス、古いものを手放し新しい未知のものを迎え入れるプロセス、死と再生のプロセスは、人間の歴史を通してほとんど変わっていないだろう。ドイツの詩人、ヴォルフガング・フォン・ゲーテは次のように書いたとき、それをよく理解していた。「この死と生の理を知らなければ、君は大地をさまよう惨めな

客人にすぎない[56]」

だが、**変わった**ものもある。それは、このプロセスが起こる集合的な社会組織の構造である。表3に示したように、社会組織は、中央集権的・階層的リーダーシップ（1・0）を特徴とする単一ピラミッド型の構造から、権限移譲と競争を通して発現するリーダーシップ（2・0）を特徴とする、より分権的な複数ピラミッド型の構造へ、そしてさらに多数の利害関係者と利益団体がお互いに交渉し、対話をする（3・0）参加・関係・ネットワーク型構造へと変化してきた。中央集権と階層制、分散と競争、参加と関係を特徴とするネットワークでつながった利害関係者の対話。これらは今日のリーダーシップと組織化を語るうえで重要な三つのボキャブラリーである。

問題は、これらのメカニズムのどれも、今日の問題を解決するのに十分ではないということだ。多くの人が抱いている無力感は、深層にある問題の表面に現れた症状である。我々が受け継いだリーダーシップのボキャブラリーは、もはや今日の課題に取り組むのには役に立たないのだ。気候の乱調、食糧不足、金融寡頭制、貧困――こういう問題に、古い組織のボキャブラリーでどう対応するというのか。

不可能だ。これが厳然たる事実だ。必要なのは、我々を取り巻く混乱に立ち向かうための新しいボキャブラリーと、さまざまなプレーヤーがつながり合い、共に感じ取り、共に創造することを可能にする新しい集合的なリーダーシップの仕組みだ。

4・0を探して

今日の重要な課題に「源《ソース》」のレベルで取り組むことができる4・0のリーダーシップの仕組みを築くには何が必要だろう。

世界には本当のリーダーシップの問題は一つしかない

今日のリーダーシップの最大の課題は、経済の現実が地球規模で相互に依存し合っているエコ - システムによって形づくられているのに、組織のリーダーは概して組織レベルのエゴ - システムの意識で行動しているということだ。リーダーシップの問題の大半は、突き詰めればこの重大な矛盾に行きつく。客観的にはグローバルなエコ - システムとして機能している経済的現実がある一方で、個人や組織のリーダーは自分が属する組織のエゴ - システムの意識に従った関心しか持たない。その結果、彼らは他者の懸念を外部性と考える。組織の中でも同じ問題が再現される。個々のリーダーは自分のターゲット（たいていボーナスに連動する）は気にするが、全体の福利は無視する。

地球を覆うエコ - システムの現実が、エゴ - システム意識で行動するリーダーシップに出会ったら何が起きるだろうか。コモンズをめぐる差し迫った問題は放置される。その結果は、前章で論じた三つの分断としてまとめられる。

すでに4・0の世界（エコ）で動いている現実と、ほとんど2・0の思考世界（エゴ）にとらわれたままのリーダーシップをどう一致させればいいのだろう。その一致こそが、リーダーの新しい仕事の真髄だ。地球全体がネットワークでつながる今の世界の現実に追いつくために、組織や利害関係者がエゴ - システムの意識からエコ - システムの意識へと移行するのを助けるのだ。

企業が組織の境界線の内側にある意識を、供給業者、パートナー、顧客、コミュニティの福利へと広げるプロセスを促すのは、NGOであることが多い。ナイキの例を考えてみよう。一九九〇年代にNGOがナイキのアジアでの児童労働に対して抗議キャンペーンを繰り広げたとき、ナイキは最初、自分たちに落ち度はない、海外の供給業者の問題であり、彼らがナイキの基準を満たすかどうかだと言って、反発した。だがナイキの経営陣は、自分たちの主要な資産であるナイキのブランドを守るには、「我々の問題ではない」という反応では不十分だということにすぐに気づいた。ナイキには供給業者の問題を自分の問題のように扱う以外に選択肢はなかった。ナイキの経営陣は、意識とマネジメントのプロセスを、自分の組織の境界線の内側（エゴ‐システム）からグローバルに広がる事業全体（エコ‐システム）へと拡大しなければならなかった。

▼リーダーシップに関する三つの神話

広く信じられている三つのリーダーシップの神話が、精神と物質の分裂を強化し、あらゆるところで現状を固定化している。どの神話も理にかなっているように聞こえるが、どれもが我々を間違った方向へ送り出している。

神話1　**リーダーとはいちばん上にいる人のことである。**組織機構が今日直面しているリーダーシップの課題は、この古いリーダーシップの理解では解決できない。今日のリーダーシップの課題に取り組むには、組織の**多くの**人、ときには**すべての**人を巻き込む必要がある。

神話2　**リーダーシップは個人の問題である。**実際には、リーダーシップはあるシステム全体に**分散した**能力、または集合的な能力である。単に個人が行う何かではない。リーダーシップとは、システム全体で出現しようとしている未来を感じ取り、現実にする能力である。

神話3　**リーダーシップとはビジョンを作り出し、伝えることである。**この神話の問題は、主にメッセージを流すことに注目して、それより重要な**聞くこと**を無視していることだ。聞くことは、出現する未来を共に感じ取り、創造するための最も重要な入り口だ。世界は美しく語られる大仰なリーダーシップのビジョンにあふれている。だが美辞麗句も、バブルが崩壊し、燃え尽きるまでの話だ。たとえばエンロン、リーマン・ブラザーズ、GM、AIG、ゴールドマン・サックス、それにイラク戦争を導いたブッシュ‐チェイニー‐ラムズフェルドのビジョン。問題はビジョンの欠如ではなかった。ビジョンが現実とは全くかけ離れていることだった。聞くことが欠落していたのが問題だったのだ。

偉大なリーダーシップは必ず聞くことから始まる。思考と心と意志を大きく開いて聞くこと、口に出して言われることだけでなく、口に出されないことも聴き取ること、すべての人の表に現れないニーズと期待に耳を傾けるのである。

▼失われたメカニズム――集合的に感知し、プロトタイプを作る

集合的に聞くことを身につけるには、システムのリーダーとユーザーが組織の境界を越えて共に聴いて、見て、共に現状を理解することを促す共感知のメカニズムが必要である。共感知を行う一つの方法は、共に学びまたは感じ取る旅に出ることだ。集合的感知のもう一つのアプローチは、大きなエコ‐システム（「広範囲の事業体」）の利害関係者の代表グループを招いて、共有と対話の集合的プロセスに参加してもらうことだ。

問題は、人々がより大きなエコ‐システムや広範囲の事業体のことを考えないことではなく、それらを分離させた組織の縦割り思考で考えていることなのだ。たいていの人は、大きなエコ‐システムの進化を**共に**感じ取り、考えることができる場を持っていない。集合的なシステムの感覚を活性化するのは、こういう共感知の活動である。この感じ取ることを通した集合的活性化がなければ、外部からの何らかの衝撃なくUのより深いレベルへの移行が起きることはめったにない。

もう一つ欠けているのは、未来を探ることを目的とした現実的なプロトタイピングの実験を行う場である。プロトタイピングは、実際に**行う**ことを通してアイデアを探り、進化させる。デザイン会社、IDEOの共同創業者、デイブ・ケリーの次の言葉にプロトタイピングの重要なモットーを見ることができる。「早いうちに失敗して、すばやく学べ」。アイデアに肉付けをしてしまう前に、プロトタイプを作るのだ。プロトタイピングは、探求し、利害関係者からフィードバックを得て前に進むための実験的な方法である。

フィードバックが得られれば、共感知と共創造のプロセスが続く。リーダーシップの4・0段階では、エコ・システムが新しい可能性を共に感じ取り（理解する）、共に着想を得（源につながる）、共に創造する（プロトタイピング）のを助けることを可能にする新しいインフラが必要になる。

リーダーシップの真髄はプレゼンシングである

リーダーシップの真髄は、出現しようとしている未来の領域とつながり、そこに足を踏み入れ、そこから行動することである。問題は、どうやってそれをするかだ。前進しなければならないとき、どこに指針を求めることができるだろうか。スティーブ・ジョブズは二〇〇五年のスタンフォード大学卒業生に、この問題に彼がどう取り組んだかを語った。「点をつなぐのは過去を見ることによってのみ可能だ。前を見ていてはできない」。なるほど、前を見て点をつなぐことはできない。だが、何を指針にするのだろう。ジョブズは続けてこう言う。「自分の愛することを見つけなければならない。……仕事は君たちの人生の大きな部分を占めるのだから、心から満足する唯一の方法は、素晴らしい仕事だと自分が信じることをすることだ。**そして、素晴らしい仕事をする唯一の方法は、自分がしていることを愛することだ。**まだそれが見つからないなら、探しつづけることだ。妥協してはいけない[57]」

素晴らしい仕事をする**唯一の**方法は、自分がすることを愛し、自分が愛することをすること。ほかにも数え切れないほどの起業家や革新者が、それぞれの人生でこの深遠な真実を証明している。だが、集合的なシステムの次元で同じ深い源から行動することを可能にする組織のインフラを作り出すにはどうすればよいのだろう。

私たちがわかったのは、「愛することをし、していることを愛する」という**内面**の原則は、世界に深く入り込む、特に世界の周縁部に深く入り込むという**外面**の原則で補完する必要があるということだ。それを雑誌『Fast Company』の創始者、アラン・ウェバーが言うように「つねに宇宙と対話しながら」行うのだ。ウェバーは言う。「宇宙は、本当はとても頼りになるところだ。つまり、どんな反応が返ってきても、それはなんとかして自分を助けてくれようとしていると信じて、見てみればいい」。あらゆる社会的起業家にとって重要なこの原則を、ウェバーはさらにこう説明する。「自分のアイデアについてオープンであれば、宇宙が助けてくれる。アイデアをより良いものにする方法を、宇宙は提案したがっている[58]」

今日必要なのは、ジョブズやウェバーが語るこの深遠な起業の核心的プロセスを集合的起業家精神の次元にまで押し上げて、同じことがシステム全体またはエコ・システムの規模で起こるようにすることである。ジョブズは確かに、我々の世代の希望やライフスタイルに合った製品やサービスを発明する天才だった。だが彼は、厳しい条件や最低限の賃金でｉＰａｄやｉＰｈｏｎｅを生産している中国の労働者のライフスタイルや賃金を向上させることには、特に共感的でも革新的でもない。真の４・０またはエコ・システムのリーダーシップは、エコ・システムの中のわずかな人々だけでなく、すべての参加者の福利を重視するだろう。

未来を見る

過去一八年間、さまざまなシステムに属する人々との仕事を通じて、エコ‐システムの中の多様な利害関係者グループが未来の可能性を感じ取り、実現することを助けるプロセスには、次の五つの重要なステップのための新しいインフラまたはホールドされた空間が必要なことがわかってきた。(1)**共に始める**、つまり分断されたシステムの利害関係者がつながり合い、共通の基盤を発見するのを助ける、(2)**共に感じ取る**、つまり人々が他者の立場に立って見る、周縁部からシステムを見る、集合的に感じ取る能力を身につけることを助ける、(3)自分自身の深い知の源とつながるのを助ける深い内省と、意図的な沈黙の瞬間を通して**共に着想する**、(4)実際のプロトタイピングを通して未来を**共に創造する**、または探る、(5)新しいものを**共に進化させる**または規模を拡大し、維持する。これらのステップのためのホールドされた空間を提供する方法とツールは多種多様であるが、これらを実現する条件がなければ、細かく分断された大規模なシステムのレベルでは有益なことはほとんど起こらない。

6　消費——経済と幸福のつながりを取り戻す

あらゆる経済には価値創造の主要な源が二つある。生産の側面と消費の側面である。すべての経済的価値創造の源は、ユーザー、消費者、市民としての我々の経験の質を**起点とする**。自然がなければ経済もない、というのが真実であるように、消費がなければすべての経済価値創造は何の価値もないとも言える。経済の究極の目的は、その成員のニーズに応えることだ。

このように、経済的価値創造のあらゆる側面においてユーザー／消費者としての経験を優位に置くこの見方は、ユーザー、消費者、市民が著しく不利になっている実際の経済活動における力の**非対称性**と鋭く対立する。

0・0から3・0への旅――消費主義から意識的な消費へ

この視点からは、経済の旅はどういう風に見えるのだろうか。すでに論じたように、この旅は段階的に進化してきた。0・0の段階では、経済活動は生き残るためのものであり、地域のコミュニティの直接的なニーズを原動力としていた。1・0の段階では、生産が組織的、意図的になることで起きた農業革命を通して生産機能が分化しはじめた。

2・0経済では、生産機能の分化が続いた結果、第一次産業革命が起きた。大量生産は大量消費を呼び起こした。専門家による宣伝、販売戦略、製品デザインが徐々に産業マネジメントのプロセスに組み込まれた。3・0経済になると、第二次産業革命が起きるとともに、マーケティングとブランディングがマネジメントの主流になり、その結果、世界的な消費文化が高まり物質的消費を空前の規模に押し上げた。同時に消費者の権利拡大を求める運動が拡大し、消費者とその利益を守る各種の規制が生まれた。

1・0から3・0への旅は、今では毎年、地球の再生産能力を五〇パーセント上回る資源を使う大量消費文明モデルを生み出した。この問題に取り組むには、消費主義のルーツを再考する必要がある。ウルグアイの作家、ホルへ・マイフッドによれば、「消費を減らさずに環境汚染を減らそうとするのは、麻薬中毒を減らさずに麻薬の密輸を撲滅しようとするようなものだ(59)」。言うまでもないことだが、アメリカの「麻薬撲滅キャンペーン」はまさにこれをやっている。

4・0を探して

地球規模の課題に源のレベルで応える4・0の脱消費主義経済はどのようなものになるだろうか。今の3・0の段階からその4・0の段階に進むにはどうすればよいのだろうか。その旅は、次の三つの神話の虚偽を暴くことから始まる。

神話1　**生産と消費は切り離されている**。この考え方では、経済は製品設計と原材料に始まり消費者で終わる**価値連鎖**と考えられる。その間では、一連のプロセスで原材料に労働、機械類、組織が作用することで、驚くほど多彩な製品が組み立てられ、包装され、流通業者や顧客に送られる。この絵の何が間違っているのだろう。工場で行われているのはこういうことではないのか。

何も間違ってはいない。ただし、顧客がプロセスの最後に位置していて、彼らのニーズが生産を始めさせるきっかけではないことを除いては。消費者のニーズがこの流れ全体の最初にあるか、最後にあるかの違いが、4・0と3・0の違いである。消費者がこのプロセスの最後にいる限り、古い産業マネジメント思考の支配は続き、規模の経済性の成果を得るために機械類などの固定資本投資を続ける必要がある。こうして製品が絶え間なく市場に押し出され、際限なく高まる威力で消費者の関心を操作する一〇億ドル規模のマーケティング予算によって、消費者の喉に押し込まれる（3・0）。消費者は、その進化するニーズを探し当ててもらい、サービスを受ける**パートナー**というより、経済活動の**ターゲット**である。

顧客がこのパイプラインの最後に置かれるなら、そして顧客に浴びせられるコマーシャルとマーケティングの目的がニーズを満たすことではなく、欲望を作り出すことなら、こうしたコマーシャルは、顧客やユーザーにとっての本当の価値を高めることなく生産による環境負荷を増大させるだけの物質的な猛攻撃に加担していることになる。しかし、顧客がパイプラインの起点に据えられるなら、適切なサービスを受けられない人たちのニーズも含めた顧客の真のニーズの評価を共有するところから、価値創造の全プロセスが始まるだろう。その結果、生産者と消費者／ユーザーの関係がより公平になり、それにともなって両グループが率直で透明かつ包括的な対話をする機会が生まれる。これが革新と事業開発の共通の出発点である。

神話2

消費者同士は切り離されている。消費者は大きなコミュニティの利害に関心を払わず、個人の利得を最大化する合理性に縛られている、という神話である。この神話はある程度、社会の現実を表している。宣伝を通してあらゆる市民がさらされている消費主義というイデオロギーはきわめて影響力が強く、これまでのコミュニケーションのパターンが反映されている。消費主義は今日の世界の主流文化である物質主義に組み込まれている。だが、注目すべきもう一つの物語が現れつつある。マーケティング産業がシナリオを描いたものではない物語である。

それは、より意識的、集合的、意図的な方法で経済を共創造しはじめている顧客の物語だ。この運動のルーツは、一七六九年にフィラデルフィアで始まり、アメリカ独立戦争のきっかけとなった「代表なき課税」に抗議する英国製品不買運動にまでさかのぼる。

また、ガンディーの英国製品不買運動と手織りの衣服の提唱、一九七〇年代に始まった南アフリカの人種差別体制と取引をする企業の不買運動――実質的な社会的責任投資を誕生させた不買運動――にもそのルーツを持つ。そして一九八〇年代に人々と地球の福利に関心を抱く世界中の意識の高い消費者によって始められたフェアトレード運動もそうだ。この運動は多くの業界のビジネス慣行を変え、今日でもこれから論じるさまざまな意識的、協働的消費の形で続いている。

これらすべての例に同じ主題がうかがえる。消費者が自分たちの意識をエゴ・システム（自分自身の幸福）からエコ・システム（すべての人の幸福）へと広げはじめたということだ。個人消費者が、自分たちの購入決定が数千マイルも離れているかもしれない生産者のコミュニティに与える影響を意識している。フェアトレード運動が南米のコーヒー生産者とヨーロッパのコーヒー消費者の間の中間業者を排除しはじめたとき、フェアトレード活動家は透明性、包括性、公正さの原則に基づく経済システムを意識的にデザインし直しはじめたのだ。

今では、4.0の消費者運動が各地に出現している。農産物の直売市場、スローフードや地元産の有機食品、地域支援型農業（CSA）、有機栽培繊維の衣類、エコツーリズム、都市農業、カーシェアリング、無公害車、そして再生可能エネルギー。4.0の消費者は単に不買運動をするのではなく、より包括的、持続可能、透明、協働的な経済プロセスを支援し、共創造するために、十分な情報に基づいて意図的な選択をしている。

神話3 **物質的消費で幸せになれる**。これは筋が通っているようだが、第2章での議論からわかるように、経験的に疑わしい。先進国では物質的消費が増えても幸せは増えない。幸せはユーザー、消費者、市民としての経験から生じる。その経験は外的な要因（たとえば、製品）と内的な要因（自覚的になるプロセス）によって形成される。自覚的になる内的なプロセスとは、認知科学者の故フランシスコ・ヴァレラが研究で注目し、**保留する、方向を変える、手放す**プロセスと説明したことだ。U理論とプレゼンシングの文脈では、この内面的な経験を、思考と心と意志を開くUプロセスと呼ぶ。

したがって、地球を破壊することなく我々の幸福を増すための戦略は、役にも立たない機器やくだらないコマーシャルの洪水を減らし、システムが資源を人々の本当のニーズに振り向ける能力を高めつつ、人々が幸福と福利の内面の源にアクセスする能力を強めることを基盤にするのである。

経済的対話を通してフィードバックのループを閉じる

経済が（1）消費者を生産から切り離す、（2）消費者同士を切り離す（エゴ - システム意識）、（3）消費者を彼ら自身（幸せの源）から切り離すことをやめれば、消費者と生産者、消費者とコミュニティ、消費者と彼ら自身のフィードバック・ループが閉じられる（それぞれ神話1、神話2、神話3を突き崩す）。ここから現れはじめるのは、より透明で（情報へのアクセスを提供する）、包摂的で（すべての主要プレーヤーが参加する）、内省的な（システムが自らを見ることができる）経済だろう。

この移行が起きるためには、経済はさまざまな形のコミュニケーションを、特に消費者と生産者との間に持つ必要がある。今のコミュニケーションのモデルは、一方的、不透明、直線的だ。一方的というのは、コマーシャルのように情報が一方向にしか流れないということだ。不透明というのは、情報へのアクセスが制限されているということだ。直線的というのは、システムにフィードバック・ループが組み込まれておらず、システムが自らを見ることができないということだ。

必要なのは、経済のさまざまなプレーヤーの間に欠けているつながりを作り出すコミュニケーションのモデルだ。このモデルは、多くの関係者が会話に参加する多元的なものになるだろう。また、情報に自由にアクセスできる透明性と、グループまたはシステムが自分自身を見て内省することを可能にする循環性を持ったものになるだろう。

未来を見る――協働的で意識的な消費の力

力をつけた意識的で協働的な消費者の4・0の未来はどのように現れてきているのだろうか。そこには四つの原動力が働いている。

第一は、**技術**である。ワールド・ワイド・ウェブは情報と公正な経済活動の場に簡単にアクセスする手段を提供することによって、経済に革命を起こしつづけている。生産から回収・再利用・廃棄までの環境負荷を評価するライフサイクル分析と、デジタル情報を組み合わせることで、近いうちにスーパーマーケットの棚に並ぶ商品の環境負荷を携帯電話に表示させることができるようになるだろう。これが開発されれば、透明性を求める大きな流れを継続させ、消費者が情報に基づいた持続性のある選択をしやすくなる使い勝手のよい指標になるだろう。たとえば、www.renttherunway.com や www.couchsurfing.org などは、コミュニティの使われていない資源（前者は衣類、後者は宿泊場所）をほかの消費者の満たされていないニーズにつなげるウェブサイトである。

第二の原動力は、**意識**である。健康的、意識的で持続可能なライフスタイルを求める人は年々増えている。たとえばアメリカでは、この動きはＬＯＨＡＳ（Lifestyles of Health and Sustainability）と呼ばれ、アメリカの成人人口のおよそ四分の一の四一〇〇万人近くが参加している。これは、健康、環境、社会的正義、自己啓発、持続可能な生活に焦点を合わせた商品やサービスの市場機会が二九〇〇億USドルにものぼることを意味する[60]。

第三の原動力は、**破壊的混乱と破綻の激化**である。古い形式に則ったシステムに破壊的混乱が起き、破綻へと向かうほど、新しい形のつながりと自己組織的な協働が出現する。たとえばインドネシアでは、一九九七年の金融危機以後、無数のインフォーマルな地域経済ネットワークが現れはじめた。

第四の原動力は、経済的**人権**に関係がある。六〇兆USドル規模の経済を営みながら、貧困に生きている人の数を減らせないことは受け入れられないと考える人が世界中で増えている。南アメリカの条件付き現金給付の利用は、未来の「地球内政策（global domestic policy）」または「Weltinnenpolitik（世界内政治）」の基盤としての経済的人権を目指す長い旅の第一歩である[61]。

7　調整——部分と全体のつながりを取り戻す

今日の経済はローカル、地域、世界規模の労働の分業の上に成り立っている。過去数百年にわたって、分業は世界各地で驚異的な生産性を達成してきた。だが、変化しつづける全体においては、こういう個別の活動すべてがどう調整され、結びつけられているのだろうか。

表3に示したように、社会は経済の歴史を通して、（1）中央集権的な計画、（2）市場、（3）交渉／対話という異なる方法で経済活動を調整してきた。これらの仕組みは経済発展の三つの段階を出現させた。

1・0――階層制と計画→中央集権的経済の台頭（一つの社会セクター）
2・0――市場と競争→自由市場経済の台頭（二つの社会セクター）
3・0――交渉と対話→社会的市場経済の台頭（三つの対立する社会セクター）

今我々は、調整の問題に対する四つ目の答えを作り出そうとしているのかもしれない。4・0の意識に基づく集合的行動（ABC）が意図を持った市場経済を台頭させようとしている。

0・0から3・0への旅――乖離の程度

これら四つの調整メカニズムは、異なる方法でそれが調整する経済プレーヤーとつながっている。この関係の構造は、おおむね外から中へ、無意識から意識へと進化してきた。

1　中央が支配する経済では、経済行動は目標や計画といった外部のメカニズム（ムチ）を通して導かれる。
2　市場経済では、経済行動は価格と競争というおおむね外的なメカニズム（アメ）を通して導かれる。
3　社会的市場経済では、市場は交渉、ネットワーク、対話（規範）に埋め込まれ、経済参加者とその意識にとって部分的に外的、部分的に内的なこれらのメカニズムを通して導かれる。
4　共創的エコ・システム経済では、市場は共通の意識という大部分が内的なメカニズムに埋め込まれ、それらを通して導かれる（ABC――全体を見ることから生じる行動）。

　このように、段階1（中央集権的計画）から段階4（意識に基づく集合的行動・ABC）への旅は、我々の意識の覚醒と、全体を内面化した度合いを高める旅である。段階1と2では全体の幸福は主にそれぞれの参加者の意識の外側にあるが、段階4になると全体の幸福はほぼ完全に個々の参加者の意識に内面化されている。これまでの議論からこうも言えるだろう。段階1から4への旅は、経済的意思決定者の意識において、外部性が内面化される度合いを高める旅である。

　表4は、社会が自らを調整する方法を決定する二つの次元、全体の優位性と部分の優位性を示している。経済的調整メカニズムの進化は、1・0の中央集権的計画（左下の象限）から始まり、2・0の市場と競争（右下の象限）へと移行した。中央集権的な計画の**見える手**と非中央集権化した市場の**見えざる手**には、一つの共通点がある。それは、個々の意思決定者は全体の幸福を考慮する必要がないということだ。個人または組織が（中央の計画の）目標を達成するか、自己利益を（市場で）追求すれば、見える手または見えざる手が魔法のように全体の面倒を見てくれる。

　理論ではそういうことだ！　しかし現実には、少し違う物語が進行した。圧倒的な外部性の問題が生じたのだ。そのために、経済システムが三つまたは四つすべてから行動し、上側の二つの象限への進化が進んだ。世界中でNGO部門が台頭したのに後押しされて、大多数の経済圏は、利害関係者の交渉と対話を実質的な調整メカニズムに組み入れるようになった。

　上側の象限への移行は、個々の意思決定者たちが外部性への意識を大きく高め

表4　四つの経済調整メカニズム：全体を内面化する旅

システム統合／全体の内面化の程度	全体の優位	部分の優位
高い	4.0：ABC*：頭、心、手（意図的）	3.0：交渉と対話：頭、心、手（偶発的）
低い	1.0：中央による計画：見える手	2.0：市場と競争：見えざる手

*意識に基づく集合的行動

たことを反映している。それは、経済プレーヤーと意思決定者が、自分たちの決定が他者と全体の状態に及ぼす影響（外部性）を**内面化**することを可能にするホールドされた空間を作り出すことを意味する。交渉と対話の場合、外部性の内面化が行われるのは通常、システムのサブセット、たとえば自分が属するネットワークや利益団体に限られている。ABCを通した調整はエコ‐システム全体の外部性を内面化する。ABCが機能するには、グループは自らを開き、自分たちの共通の利益（頭）、集合的な行動（手）、それに共有された連帯感と共感（心）をつなぎ合わせなければならない。交渉と対話も基本的に同じプロセスを要求するが、システムの部分に限定されている傾向がある。

今のユーロ危機において北ヨーロッパ人（特にドイツ人）が、南ヨーロッパの隣人たちの外部性を内面化しようとするときの葛藤、その逆の場合の葛藤、また二〇世紀初頭のアメリカが社会保障制度を有色人種や失業者（その多くは一九三〇年代のニューディール政策では放置された）に拡大しようとしたときの白人中間層の葛藤は、その好例である。これらの葛藤の中心には、「我々」と「彼ら」の定義を再考する必要性がある。

では、これらのメカニズムのうち、どれが良い統治を表しているのだろうか。良い統治とは、これら四つのメカニズムすべてを必要に応じて活性化させ、機能させる能力だろう。

メッシのようにパスを送る

一見単純な例で考えてみよう。サッカーのチームだ。一一人の男性（または女性）をチームとしていっしょにプレーさせるにはどうすればよいか。

1・0のアプローチなら、試合前に監督が決めたプランに厳密に従わせる。だがそういう柔軟性のないチームは、強い相手には歯が立たないだろう。2・0の解決策に変えれば、個々のプレーヤーに自分で行動する自由がもっと与えられる。

このアイデアを極限まで突き詰めてみよう。世界のベストプレーヤーを一一人集めるとしよう。それぞれの才能が寄り集まれば最高のチームができるに違いないと期待されるだろう。だが、そうならなかった例は誰でもいくつも思いつく。たとえば、マイアミ・ヒートがダラスとの二〇一一年ファイナルで敗れたこと（バスケットボール・ファン向けに）。あるいは、（気を悪くしないでほしいが）二〇一〇年のワールドカップでのイングランドとフランスの不振（サッカー・ファン向けに）。これら三チームはどれも、文句なしに素晴らしい選手を揃えていた。だが、チームとしては成功しなかった。

優秀な個人が集まっても必ずしも優秀なチームにならないと気づけば、次のステップは、我々が3・0と呼ぶもう一つの調整機能への移行だ。この段階では、チームにもっと創造性を発揮させる。チームの一部に、もっと速くて良いパスを出すサブグループを作らせる。しかし、ディフェンダー、ミッドフィールダー、フォワードというチームの標準的なポジションと役割はそのままだ。

4・0を起こすには、これらの伝統的な役割と思考法を「粉砕する」必要がある。4・0の哲学は、一九七〇年代にアヤックス・アムステルダムとオランダ代表の監督を務めたリヌス・ミケルスが展開した**トータルフットボール**の概念にまでさかのぼる。アヤックスも代表チームも同じ主力選手グループが引っ張っていた。その中でも最も著名な優れた選手だったヨハン・クライフは、一九七三年にFCバルセロナに移籍した。トータルフットボールの哲学を、オランダからスペインへ、アヤックスからFCバルセロナへ持ち込んだのはクライフだ。後にFCバルセロナの監督に就任し（一九八八〜九六年）、トータルフットボールの哲学を今日、「ティキ・タカ」サッカーと呼ばれているものへと進化させた。これは現在の二つの世界最高チーム、FCバルセロナ（二〇〇八〜一二年の四年間にジョゼップ・グアルディオラ監督の下で一四のタイトルを獲得した）と、スペイン代表（二〇一二年のUEFA欧州選手権と二〇一〇年FIFAワールドカップ・チャンピオン）の哲学である。やはり両チームとも、同じ主力選手を中心に組織され、同じ中心哲学に基づいて成長してきた。

FCバルセロナとスペイン代表チームを際立たせているのは何だろうか。それは、（1）ワンタッチ、ツータッチの短いパスを多用してボールを支配することに集中する非常に組織的なシステムを使い、（2）選手に部分で考えるのではなく全体の視点で考えることを求め（意識の中心座標としてのボールの**途切れることのない動き**に注意を向けながら）、（3）ワンタッチのパス回しに、意表を突く創造性の爆発でアクセントをつけ、反対側に深いスペースを空け、（4）ボールが縦横無尽に動いて生きたフィールドの座標を書き換えつづける中で、すべての選手が**すべての**役割とポジション（ディフェンス、ミッドフィールド、オフェンス）をプレーする（またはプレーできる）というサッカー哲学である。

これは上位をうかがうすべてのチーム（たとえば、有望な若いドイツチーム）が真似をしようとしている最新のアプローチだ。進化しつづける出現する可能性のフィールドへの意識の共有など、興味深い4・0の特徴をいくつも体現している。

このように、世界最高のサッカーチームは、進化する全体についての4・0型の共有意識からのプレーのレベルに達しようとしている。それなのに、グローバル経済はどこに向かっているのだろう。残念ながら、はるか前の段階で行き詰まっている。今日の経済の状況は、4・0の課題に2・0や3・0の対応をしているシステムを反映している。

4・0を探して

今日の経済の機能システムを4・0に更新するには何が必要なのだろう。議論のきっかけとして四つの命題を挙げてみよう。

1 **市場対階層制の対立は神話である。**二〇世紀の多くは、市場対政府、資本主義対社会主義という虚偽の言説で無駄に費やされた。経済活動の場と発展の選択肢の複雑性は、「市場の拡大」対「政府の拡大」という議論に単純化されてきた。経済進化のマトリックスは経済進化のゲーム盤のようなもので、三九万六二二五通りの可能性を提供するが、この構図は知的な議論をわずか二つか三つの選択肢に単純化してしまっている。

2 **「あれかこれか」への答えは「あれもこれも」である。**二〇〇七〜〇八年の金融危機を引き起こしたマインドセットの一つは、一九九〇年代と二〇〇〇年代の無分別な金融セクターの規制緩和をもたらした致命的な「あれかこれか」の論理だった。今日の経済をよく見れば、市場と政府の両方が必要なことがわかる。

「あれもこれも」の哲学に基づいて築かれた経済は、これまでになく強い。その例は、中国、シンガポール、韓国、ブラジル、インドネシア、ドイツ、その他の北欧諸国などだ。これらの国はみな、ほかの多くの国より速く、良い状態で二〇〇八年の危機を脱した。これらの国の経済は、政府、企業、ときには市民社会部門と戦略的に協力している。国またはコミュニティ全体の戦略的方向を議論し、戦略を練るための会話のプラットフォームも数多く作り出した。破壊的混乱に襲われたとき、これらはお互いから遠ざかって政治的分断を深めるのではなく、共に動き、より緊密に協力する傾向がある。

3 **経済は企業ではない**。経済と企業には少なくとも二つの重要な違いがある。（1）経済は、そのコミュニティや市民を見捨てることはできないこと、[62] そして（2）その外部性のすべてを内面化しなければならないことだ。

市場についての伝統的な考え方では、企業はあらゆる負の外部性を他者に押し付けてでも金銭上の利益を最大化することを目標とするべきだとされる。その例が、ウォール街のヘッジファンドやほとんどの金融サービス会社だ。企業は利益を最大化するために他の会社を買収する。その後は、価値のある資産を高い利益幅で売却し、残りをリストラして、社会保障コストを政府、さらには社会に押し付けるというようなことをするかもしれない。経済には企業とは異なるリーダーシップが必要だ。負の外部性を削減し、正の外部性を増加させることを自らの責務として、完全に説明責任を果たすリーダーシップが必要なのだ。

4 **意識に基づく集合的行動（ＡＢＣ）は部分と全体のフィードバック・ループを完成させる**。今日我々が資本主義で直面している進化の敷居は、新しい調整メカニズムの誕生に関係がある。それは既存の三つのメカニズム（階層制、市場、交渉）を補完し、システム全体が自らを見、感じ取り、再生する能力を育てる調整メカニズムである。我々はこの新しい能力を意識に基づく集合的行動（ＡＢＣ）と呼ぶ。それは、システムが自らを見つめ、出現しようとしているものを感じ取り、行動によって未来を探る（プロトタイピング）能力を高める場から生まれる。

経済エコ・システムの主要なプレーヤーが集まって、自分たちを見、感じ取り、再生できるような場は、今日の社会のどこにあるだろうか。そういう場はない。これは重要な組織機構上の盲点だ。我々は社会全体として今日の現実への理解を共有する場さえ作ろうとしていない。個別に理解を深め、戦略を練るための場は**多数**ある。どんな利益団体でも自分たちの縦割りの組織の中ではそういう独自の場を考え出している。だが、我々は共に感じ取り、共通の理解と意志を見出すための場を持っていない。

未来を見る――意識に基づく集合的行動（ABC）

4・0の経済革命はあちこちで起きている。我々はその方向に向かっており、現在進行中の多くの例にそれを見ることができる。サッカー場だけではないのだ。

だが問題は、（1）これらの初期の例の多くは、意図的にではなく偶然生まれたものであること、（2）マクロまたはムンド（グローバル）規模ではなく、ミクロまたはメソ（中間）規模であることだ。このことについては、最終章で詳しく論じる。

進行中のABCによる調整の一例がオハイオ州にある。病院へのチェックリストの導入が、ミスや医療事故を削減する革新的な方法になったケースだ。離陸前の飛行機のパイロットのように、患者に手術を行う前に外科医と手術チームがチェックリストを使う。研究から、病院へのチェックリストの導入で最初はミスのリスクが低下するが、エラー率はその後徐々に元の水準近くまで戻ることがわかった。そのパターンに気づいたオハイオ州の産婦人科医、マーク・パーネス博士は、別の方法を考案した。チェックリストを使う代わりに手術室に運びこまれる患者と直接会話をするのだ。手術チーム全員が参加して、患者本人と簡単な「チェックイン会話」を行う。驚くことに、この方法はチェックリストを用いる単純な方法より持続的にエラー率を下げる効果がある。[63]

我々はこの例は、**システムが自らを見る**能力を妨げている**覆いを引き剥がす**という点で、非常に興味深く重要な意味を持つと考える。この場合のシステムは患者も含めて手術室にいる全員だ。システムが自らを見るようになれば、グループの各メンバーが患者を含めた他者の目で状況を見られるようにする会話が促される。この意識を生み出すことと、ほかの利害関係者の目でシステムを見ることは、すべての根底からのシステムの転換においてレバレッジとなるポイントである。

8　所有——所有と最善の社会的用途とのつながりを取り戻す

経済の発達とともに所有構造も進化する。このことは、特にインターネットの発達で顕在化してきた。オープンソースのウィキペディアやクリエイティブ・コモンズの新しい著作権モデル[64]は、オンライン海賊行為防止法案（ＳＯＰＡ：Stop Online Piracy Act）や知的財産保護法案（ＰＩＰＡ：Protect IP Act）と対立する。所有権はいくつもの権利と責任を束ねたものだ。あらゆる権利と同じように、所有権もその**正当性**に応じて社会的状況の中で発生し、進化し、変化する。すべての正当性は、コミュニティの人々が権利と責任のバランスが公正であると感じることから生じる。

0・0から3・0への旅——自由なアクセス、国有、私有、混合所有、コモンズ（共有資源）

財産権は、法的に執行できる権利と責任の束である。権利には（1）アクセス、（2）使用、（3）管理、（4）排除、そして（5）譲渡（売る権利）に関するものがある。これら五つの要素は所有権の束を構成する五本の棒と考えられる。そして、所有権は、スペクトラムと見ることができる。一方の端は一本の棒（一つの権利）しか持っておらず、反対側の端は五本すべてを持っている。これらの権利のすべてを個人が持つことも、集合体が持つこともある。表5は所有の形態が自由なアクセスから国有、私有、混合所有、そして共有へと進化してきた様子を説明している。

0・0経済では、ほとんどの資産はコミュニティ全体によって共有されていたが、私有財産と

表5　経済段階ごとの財産権の進化

経済	財産権	財の種類	権利と責任の束	制度化
0.0	自由なアクセス	コモン・プール財：海洋漁業資源、大気（排除不可能、競合性）	なし	共同所有
1.0	国の財産権	公共財：国防（排除不可能、非競合性）	国家によって割り当てられる財産権	国有：四年ごとの選挙
2.0	私的財産権	私的財：食糧、衣類、住居（排除可能、競合性）	私的財産権は市場で交換可能（アクセス、利用、管理、排除、売る権利）	私的所有：四半期ごとの業績
3.0	混合（公‐私）財産権	混合財（公‐私）：エコ‐システム・サービス（排除可能、排除不可能、競合性）	市場によって管理され部分的に交換される混合財産権（アクセス、利用、管理、排除、売る権利）	混合‐利害関係者所有（利益団体）
4.0	コモンズに基づく財産権	共有財：漁業資源、エコ‐システム・サービス（排除不可能、競合性）	財産権は信託に基づく共同所有者、利害関係者、受託者によって共同管理される（アクセス、利用、管理、排除、共同耕作）	共有エコ‐システム所有（受託者が将来の世代を含むシステム全体を代表する）

見なされていたものもいくつかあった。共有資産の例は、空気の質、海洋漁業資源、**アルメンデ**（Allmende）――村人が共同で農業に利用した地域の入会地を意味するドイツ語――などのコモン・プール財だ。アルメンデのような共同利用地は、ヨーロッパを含め世界各地に地域独自の形で存続している。(65)

1・0経済では、国家や民間団体に付与されたもっと形式化された財産権が現れた。国有財産の例には、アメリカの国立公園などがある。国家は、特に**公共財**の生産に関して、重要な経済プレーヤーとして登場した。公共財の例には、国防、ワールド・ワイド・ウェブなどのITインフラがある。公共財の主要な特徴は、誰もが利用できること（非排除的）と、誰かが消費しても他の人の便益が減らないことである。

2・0経済では、**私的所有**優位への大きな転換が起きた。私的所有は経済と社会の発達の全段階に存在したが、公共政策と経済発展の思考の形成に私有財産の概念がこれほど大きく影響を与えたことはなかった。私的所有の成功物語には二つの波があった。第一の波はローマ帝国時代のキケロの議論にさかのぼる古代の所有の**占有論**に基づいていた。この理論はヨーロッパではほぼ産業革命に至るまで、私有財産についての理解と議論を支配してきた。その基礎は次のようなものである。世界はそもそもすべての人間に与えられていた。そして誰であれ最初に所有を主張した者が法的な権利を有し、それにともなって国家の保護を受ける。この見方の主な原理は次のようなものだ。（1）すべての人間がすべての財産の所有権を共有しているという出発点。（2）最初に占有することによって個々の所有権が決まる。（3）私的所有には、後からやってきた所有物が少ない者を養う社会的責任がともなう。（4）国家が私的財産の所有権に介入できるのは、社会の福祉がリスクにさらされているときだけである。(66)

占有論のパラダイムは、一六八九年に出版されたジョン・ロックの『統治二論』★の「第二論」で異議を申し立てられた。ロックは後に財産の**労働価値説**と呼ばれる概念を唱える。ロックの主な主張は、人間は自分の身体を所有しており、したがって自分の労働の成果を所有する、ということだ。この考え方は、いくつかの文化的前提を変えた。以前は富の蓄積は強欲として批判されたが、労働価値説では富は人々の労働に対する神からのほうびと見られるようになった。労働価値説は、貧困は怠惰の結果だとする議論の土台も創り出し、国家が社会全体の福祉のために私的財産権に介入する能力を弱体化させた。

私的財産権は第一次、第二次産業革命の時代を通して、サクセスストーリーになった。だが、前にも論じたように、成長と物質的富の蓄積の成功は、負の外部性という代価をともなった。貧困と過剰な環境負荷だ。これらの負の外部性への社会の対応として、ほかの利害関係者の利益を反映させた各種の制度的革新が生まれた（社会保障、公教育、環境立法、建築基準、官民パートナーシップなど）。だが、経済3・0の革新は、どれ一つとして、今日我々が直面している三つの主要な分断を防ぐことはできなかった。これらの分断は、共有地の悲劇――コモン・プール財の悲劇とも言える――に直接起因する。(67) コモン・プール資源には、水、表土、きれいな空気、エネルギー、種などの生態系コモンズ、信頼、ソフトウエア、社会ネットワークなどの社会的コモンズ、知識、知恵、学習インフラなどの文化的コモンズがある。

今日の危機は、我々のコモンズの危機である。三つの分断が表しているのは、現在の財産権構造が助長する数多くの意図しない負の外部性による我々のコモンズへの大規模な攻撃だ。4・0経済を作り上げるには、財産権の本質について再考し、新しい形に変えていく必要がある。

二一世紀のネットワーク化された社会では、価値は広く分散した人間同士の関係から生じる。

★ 『完訳　統治二論』（ジョン・ロック著、加藤節訳、岩波文庫、2010年）

それにもかかわらず、二一世紀のグローバルな世界というより一七世紀のイギリス社会であるかのようなきわめて個人主義的な理論に財産権の基礎を置くことに、何の利益があるのだろう。今必要なのは、私的財産権を次の進化の段階へ進めて成功物語を続けさせることだ。次の進化の段階とは、コモンズの受託者と複数の利害関係者に、エコ - システムと未来のユーザー世代の幸福の管理者《スチュワード》としての責任を負わせる、コモンズに基づく新しい型の財産権だ。(68)

4・0を探して

次の命題を検討することから、4・0の所有についての議論を始めよう。

▼すべての所有の形態は社会的構成概念である

すべての所有の形態は社会的構成概念であるため、正当性があると感じられることが必須である。人口が少なく生産は小規模・個別的で、資源は無限だと思われていたロックの世界では、個人の私的財産権の枠組みで考えることはきわめて合理的だった。二一世紀の世界は、人口が七〇億に膨らみ、共創的生産の大規模分散ネットワークと協働的消費が現れる一方で、資源不足とコモンズの枯渇が進んでいる。個人の財産権の優越に固執することが時代遅れで、今日の真のニーズと対立する時代に入ったのだ。

どのような形のものであれ、私的財産権には、その製品やサービスの負の外部性の影響を被る可能性があるほかの利害関係者に対する責任も負わせるべきだという認識が高まっている。たとえば、ドイツ憲法の基本的原則の一つはこう述べている。「財産には義務がともなう。その行使は、公共の利益にも資するべきである」(69)。これは、憲法によって私的財産権と社会全体の福祉とのバランスを取ろうとする試みの例である。しかし、個人財産権が第一次および第二次産業革命に火をつけたように、共創的生産と協働的消費を特徴とする第三次産業革命に火をつける可能性がある、コモンズに基づく財産権の真の強化はまだ起きていない。

財産権についての理解をもう時代遅れになった思考回路に閉じ込めている二つの神話がある。

神話1　**効率が良いのは私的財産権だけで、それ以外の形態は効率が良くない**。確かに、私的財産権が大成功を収め、近代資本主義2・0と3・0の繁栄に欠かせない要素であったことは変わらない事実だ。だが、ほかの形態の財産権はすべて効果的ではないと言うのは間違っている。次の三つの例は、個人の私的財産権の優越性を評価し直す必要があることを示唆している。(1) GDPの大半が国有企業によって生み出されている中国の経済的成功。[70] (2) 企業、政府、労働組合が緊密に協力した結果、二〇〇八年の経済危機からどの国よりも早く回復したドイツ。(3) 地球規模の生態系コモンズの全般的な劣化――これは、希少資源の過剰使用に対する透明性と説明責任を生じさせる財産権がないことを反映している。

神話2　**所有に第三の形態はない**。二つ目の神話は、所有には公的と私的の二つの形しかなく、三つ目の形はない、というものだ。実際、過去数十年の言説の多くは、国と民間の財産権の相互関係を利用して、地域コミュニティから彼らのコモンズに関係する事実上の所有権を奪ってきた特殊利益団体の非倫理的な同盟が牛耳ってきた。たとえば、途上国の農民は繁殖能力を失った遺伝子組み換えのハイブリッド種子に依存するようになっている。かつてはコミュニティの共有財産であった種が、公共財（国家の所有）であると宣言され、その後私的財（モンサントなどの多国籍企業が所有）にされた。そして何もわからないうちに、インドなどの多くの農民は、種子を再生産して共有するという伝統的な方法が使えなくなってしまった。モンサントが地域の種子のコピーについて特許を取得したからだ。かつては文化的・経済的慣行であったこと（農民による種の共有）が、訴追される恐れがある違法行為になり、農民はモンサントのＧＭＯ（遺伝子組み換え生物）に頼るか、法を破るかのどちらかを選ぶしかなくなった。その結果、インドで過去一六年間に二五万人の農民が自殺するという、歴史始まって以来最大の記録的な自殺の頻発を引き起こした。インドのメディアはこれを「遺伝子操作による大虐殺」と呼んだが、欧米メディア、特にアメリカのメディアは見て見ぬふりをしつづけている。(71)

▼コモンズに基づく財産権が必要である

ピーター・バーンズは著書『資本主義３・０』★で、既存の国の財産権と私的財産権に加えてコモンズに基づく財産権という第三のカテゴリーを作ることを提案している。コモンズに基づく財産権は、未来の世代を含むエコ‐システムのすべての利害関係者グループに対して責任を持ち、全体の管理者として行動する信託と受託者を通して制度化されるだろう。金銭的な利益は、国有の場合は政府、私有の場合は利害関係者のものになるが、コモンズの場合、利益は関係のあるコミュニティのすべての市民のものになる。実質的な「市民配当」である。

信託に基づくコミュニティ財産権の特徴の一つは、短期的な収益によって動かされがちな企業や、短期的・中期的な特殊利益（次の選挙の準備など）によって動かされがちな政府のような行動をしないことだ。信託とその独立した受託者は、彼らが次の世代のために管理する特定のコモンズの長期

★　Peter Barnes, *Capitalism 3.0: A Guide to Reclaiming the Commons* (San Francisco: Berrett-Koehler Publishers, 2006)

的な持続可能性に責任を持つ。[72]

共同所有は増えている

信託などの形の共有財産権の例は数多くある。インターネットへの接続と利用は、今日の日常生活に欠かせないものになった。出現しつつある所有権のさまざまな形は、まだ自らの存在を十分に意識していないが、多くの顔を持つグローバルな動きの一部をなしている。この4・0の共有を基礎とする新しい種類の所有は、古いビジネスの方法を破壊する力を秘めている。『ニューヨーク・タイムズ』紙にマーク・レヴァインはこう書いている。「所有に対する共有《シェアリング》は、8トラックに対するiPod、炭鉱に対するソーラーパネルみたいなものだ。共有はクリーンで、さわやかで、スマートで、ポストモダンだ。所有は退屈で、利己的、小心で、遅れている」[73]

同じようなことを作家のレイチェル・ボッツマンはこう言っている。「私はモノはいりません。欲しいのはモノが満たすニーズや経験です！　こういう考えが、使用が所有を打ち負かす大きな変化を後押ししています。いずれ革命と呼ばれるようになるでしょう。社会が大きな課題に直面して、一人ひとりがモノを手に入れて使うことから、共同財の再発見へと向かうとてつもない転換を起こそうとしているのです」[74]

そのとてつもない転換の初期段階の例をいくつか挙げよう。二〇〇〇年にマサチューセッツ州ケンブリッジで誕生したカーシェアリング・サービスのジップカー（Zipcar）は、二〇一二年には六七万人の会員を擁するまでになった。一九九七年創設のネットフリックス（Netflix）では、二三〇〇万人の会員がＤＶＤへのアクセスを共有している。ジムライド（Zimride）は車の合い乗りを目的とするＭＩＴのソーシャルネットワークで、学生や教職員が車の合い乗りをコーディネートしている。ドイツの「パワーショッピング・パーティー」では、八〇〇人以上が集まるパーティーで女性が洋服を交換している。「買う」から「利用する」へ移行する消費者はますます増えている。ボッツマンはこの現象をコラボレーティブ（協働的）消費と呼んでいる。[75]

ダイムラーのカーシェアリング会社、カー・トゥー・ゴー（Car2go）は、ブリティッシュコロンビア州バンクーバー、テキサス州オースティン、ワシントンDC、サンディエゴ、アムステルダム、ウィーン、リヨン、ドイツではハンブルク、デュッセルドルフ、ウルムで事業を展開している。同社CEO、ローベルト・ヘンリッヒは言う。「最初は、特に若い人たちが試してみようとしましたね。〔今では〕学生、会社員、自営業者、起業家、高齢者など、社会のあらゆる層の人が参加しています」。[76]これらすべての例で、消費者は車やDVD、道具などを所有する代わりに、それらの資源を共有している。

コミュニティが運営に当たる都市農業も増えている。イギリスで始まったランドシェア・プロジェクトは、土地はあるが利用する時間や興味がない人と、野菜や果物を栽培したい人とをつないでいる。二〇〇九年に始まり、三年後には会員が七万一〇〇〇人に増えたランドシェアは、地元で食糧を生産したいという思いを、ソーシャルネットワークの創造と組み合わせた。インタラクティブな地図とウェブサイトが各地の栽培者のネットワークを作り出している。個人や家族会員のほかに、学校や老人ホームも参加している。

このアイデアをさらに高い次元に引き上げたのが、ウエストヨークシャーのトッドモーデンという町だ。二〇一八年までに野菜、果物、卵を自給できるようにすることを目標に掲げている。警察署の前でニンジンが栽培され、運河沿いの道にラズベリーやあんず、りんごが植えられ、医師の診療所の横でブラックカラントやレッドカラント、イチゴが実っている。すべての生産物は無料だ。[77]

トッドモーデンに触発されたほかの町も、「驚くべき食べ物《インクレディブル・エディブル》」モデルに参加するようになり、無料の農産物を地元で生産するだけでなく、町に新しいコミュニティ感覚も生み出している。アトランタに本拠を置くカーペット・メーカーのインターフェース社は、カーペットの所有権は持ったまま、顧客に月極め料金で製品を使用してもらう。このサービスを、傷んだカーペットタイルを同社が交換する（そしてリサイクルする）システムと組み合わせることによって、カーペット交換の必要性を最大八〇パーセント減らすことができる。

4・0の共同所有の形は製品や資源のレベルにとどまらない。資本主義ではあらゆる資産の中でも最も重要と思われるもの、すなわち産業資本にまで共同所有が適用されている。

その好例を挙げよう。世界的な自動車部品メーカーのボッシュは世界六〇カ国以上に三五〇以上の子会社を擁し、従業員は三〇万人を超える。二〇一一年の収益はおよそ五四〇億ユーロだった。その所有権の九二パーセントは、慈善団体であるボッシュ財団が持っていて、配当の一部を受け取っている。

もう一つのモデルは、所有権が会社で働く人々によって分散所有されている、従業員所有企業である。モンドラゴン・コーポレーションは、スペインのバスク自治州に本拠を置く従業員協同組合の集合体である。二〇一一年には八万三〇〇〇人の従業員を擁し、一四七億ユーロの収益をあげた。モンドラゴンの協同組合は高い従業員参加の文化とビジネスモデルによって経営されており、二五六の各種の協同組合企業から成る協働的なエコ‐システムを築き上げることができた。協同組合は労働メンバーによって所有され、権力は一人一票の原則に基づいている。[78]

世界では、合計一〇億人が組合員‐顧客、従業員‐参加者、あるいはその両方として協同組合に参加している。二〇〇八年には上位三〇〇組合で一兆六〇〇〇億USドルの収益をあげた。これは世界経済第九位の国のＧＤＰに匹敵する額である。[79]

最後に忘れてはならないのは、インターネットだ。利用者は二一億人以上、地球の全人口の三分の一に迫る数である。中央集権的な統治を持たないインターネットは、二つの原則に基づいて運営されている。（1）インターネット・プロトコル（ＩＰ）・アドレスと、（2）ドメイン・ネームのシステムである。インターネット・エンジニアリング・タスク・フォース（ＩＥＴＦ）が基本プロトコル（ＩＰｖ４とＩＰｖ６）を標準化している。ＩＥＴＦは、さまざまな国の参加者が緩やかに結びついた組織で、技術に関する専門知識を提供すれば誰でも参加できる。[80]

未来を見る――コモンズの所有権と受託管理責任《スチュワードシップ》を取り戻す

所有の形態が、自由なアクセスから、国有、私有、混合所有へと進化し、そこからさらに共有資源（コモンズ）に基づく財産権へと進もうとしていることは、今日の地球規模の変化の核心である。多くの協働的なコモンズや分散所有が自然発生的に現れつつあるが、今後数十年の間に社会を襲うことが予想される三つの分断の甚大な影響を無視することもできない。激しい破壊的混乱が起こり、我々は今日の主流の組織機構やシステムにおける財産権の構造を一から考え直さざるを得なくなるだろう。システムの周縁部で新しい形の財産権を実験するだけでは不十分だし、コモンズの再生能力に影響を及ぼすあらゆる主流のシステムで、所有権を再考し再建するよう迫られるだろう。

今日の資本主義の危機は、自然、労働、資本をコモディティと考える時代遅れの2・0と3・0の経済思想の枠組みの危機である。このコモディティのフィクションを信じることで、資本の蓄積と産業労働の組織化が容易になったが、二〇〇年もたたないうちに、地球が何億年もかけて蓄積した化石燃料をほぼ燃やし尽くすことも許してしまった。

すべてがコモディティなら、取って、作って、売って、使って、捨てて、また別のものを買えばいい。我々はまさにそういうことをやってきた。私的財産権は、コモディティとあまり分散されていないシステムにとっては素晴らしい。だが、複雑な分散したコモンズに私的財産権が適用されれば、多くの問題が派生する。

環境的分断（過剰使用）、社会的分断（不平等と貧困）、精神的 - 文化的分断（抑うつ）の直接の原因は、地球と人間とお金をコモディティと考える経済的思考モデルにある。だが、地球も人間もコモディティではない。地球は我々が作ったのではない。与えられたものなのだ。我々の役割は、ただ「取って、作って、売って、使って、捨てる」のではなく、我々に与えられたものを、受け取ったときと同じか、もっと良い状態で次の世代に渡す良きスチュワード（受託管理者）であることだ。

我々は今、このまま集合的に負の外部性を作り出しつづければ、我々を取り巻く環境的・社会的・精神的エコ - システムがもうその外部性を吸収できなくなるという歴史の転換点に立っている。壁は目前に迫っている。その証拠に、グローバルな社会が直面する破壊的混乱の発生率が増えている。今という時は、進化の行方を決める重要な瞬間である。目を覚まし、方向転換をすることを選択するか、起こっていることを無視し、我々が生きている間にも何十億という人々に影響を及ぼす破滅的な失敗への衝突コースを取りつづけるか、どちらかだ。

これが、経済と経済思想の進化を検討した結果見えてくる危機である。

結論と実践

この章では、第2章で論じた八つの構造的断絶の根底にある盲点に光を当てた。我々にこれらの構造的断絶を繰り返し再現させるのは何なのか。それは、意思決定者が相変わらず行動の拠り所としている時代遅れの経済的思考の枠組みとパラダイムである。

ここでは、第2章で論じた断絶の根底にある八つの主要な経済的思考の概念——自然、労働、資本、技術、リーダーシップ、消費、統治、所有——の進化を詳しく検討した。経済的思考の再現を通してわかったのは、これらの主要概念がどれも同じ旅をしてきたことだ（表3を参照）。それは、共同（0・0）から国家中心（1・0）、自由市場（2・0）、そして利害関係者または社会的市場（3・0）的な思考のパラダイムへと移行してきて、今後すべての人を幸福にする意図的なエコ - システム経済（4・0）へと進化するかもしれない経済的思考の跡をたどるメタな旅に従って、これらの主要な概念の本質を定義し直す旅である。さまざまな経済的パラダイムを経過するこの旅は、人間の意識が伝統的意識（1・0）、エゴ - システム意識（2・0）から利害関係者意識（3・0）、エコ - システム意識へと覚醒する物語として語ることができる。

つまり、経済的思考と我々の経済の進化は、意識の進化の後を追う。新しい経済の真髄は、経済的思考をエゴ - システム意識からエコ - システム意識へと転換することだ。この章を通して、我々は八つの問題分野、いうなれば鍼のツボについて、この転換が起きていることを立証してきた。これらの鍼のツボの物語とは、要するに、コモンズを管理し、金融資本の流

リーダーシップ	消費	調整	所有
独裁的	伝統的	中央による計画	国有
インセンティブ	消費主義	市場と競争	私有
参加型	選択的意識的消費	ネットワークと交渉	混合
共創的	協働的意識的消費	ABC：意識に基づく集合的行動	コモンズ：共有アクセス

れを変えて個人と集団の起業家精神や創造性、福利の真の源に向かわせることができる、より賢明でより良い方法を開発するために、土地と労働、資本についてのコモディティのフィクションを乗り越える物語である。

ジャーナリングのための問い

表6を経済進化のマトリックス（表3）の簡易版として使って、自分が属する組織を次の五つのステップで評価する。

1　列ごとに、自分が属する組織や状況で現在支配的な活動モデルを最もよく表している欄（1・0、2・0、3・0、または4・0）をチェックする。

2　チェックした欄をすべてつないで**今の現実の線**を引く。

3　今後一〇～二〇年の最大の課題に取り組むために起こる必要がある未来に最もふさわしい活動モデルは何だろうか。別の色を使って、列ごとに一つの欄をチェックする。

4　二番目の色を使って、二組目のチェックした欄を結んで**出現する未来の線**を引く。

5　今の現実の線と出現する未来の線を比べる。二つは違っているだろうか。もしそうなら、どこが違い、それは何を意味するのだろうか。

表6　組織の評価

	自然	労働	資本	技術
1.0	資源	農奴制	人間	道具
2.0	コモディティ	コモディティ	産業	機械
3.0	規制を受けるコモディティ	規制を受けるコモディティ	金融	システム中心の自動化
4.0	エコ - システム、コモンズ	起業家精神	文化的、創造性	人間中心

サークルでの会話

1　以上の作業を個別に終わらせたら、自分の答えが今後どういう意味を持つかを各自がグループ全員に話す。

2　自分の仕事や生活の現在の状況で、4・0型の活動モデルを探るための面白いプロトタイプとして、どういうものが考えられるか。

第4章

源――意図と意識につながる

本章では、「今日の現実という氷山」の最も深いレベルについて議論する。我々が「源」または意図と意識のレベルと呼ぶ部分だ。氷山の目に見えるレベルは、水面から上に出ている領域である。我々はこれを社会の「表面に表れた症状」と見る（第1章を参照）。目に見える症状の下には、今日の世界文明が突き当たっているシステムの限界を作り出している構造的断絶がある（第2章を参照）。第3章では、これらの構造的な問題を引き起こした経済的思考のパラダイムについて考察し、経済進化のマトリックス（表3を参照）にまとめた。この章では、社会的現実を作り出す源のレベル、つまり出現しようとしている未来の源とつながるにはどうすればよいかを探っていく。

盲点Ⅲ――源

一九九六年に、MITの同僚で友人のピーター・センゲから、香港で中国人の禅僧、ナン・ファイジン師と交わした会話のことを聞いた。

中国では師は、仏教、道教、儒教を統合した偉大な学者とされている。私は師にこう質問した。産業化時代は、人類が自らを破壊してしまうような重大な環境問題を引き起こそうとしているのでしょうか、私たちはこれらの問題を理解し、産業化社会の仕組みを変える方法を見つけなければならないのでしょうか、と。師は、必ずしもそうではないと考えていた。そのような見方では見ていなかった。もっと深い次元で物事を見ていた。そしてこう言った。「**世界が取り組まなければならない問題はただ一つです。それは精神《マインド》と物質を再統合することです**」。そう、確かにこう言われた。「精神《マインド》と物質の再統合」と。(1)

私(オットー)はこの言葉を聞いたとき、私を覆って現実を深く見通せないようにしていたベールを刺し貫かれたように感じた。その瞬間、私の目に浮かんだのは、表面には社会的病理が今の症状となって現れ、水面下にはこれらの症状を発生させているより深い源を持つ社会的な土壌だった。

もし表面に表れたすべての症状が、今のところ我々が「源」と呼んでいる深いレベルとの分断の結果だとすればどうだろう。

社会的な土壌――我々がグローバルなコミュニティとして具現化しているさまざまなレベルの集合的な行為――についての議論に、「精神と物質の再統合」はどういう意味を持つのだろう。現在の課題に立ち向かうために「行動」と「気づき《アウェアネス》」を再統合するという意味だろうか。システム全体のレベルで、結果と行動と思考が循環するフィードバック・ループを閉じる必要があるという意味だろうか。

精神と物質についての会話

三年後の一九九九年秋、私は香港でナン師にインタビューをする機会を得た。師は、二〇世紀には社会と生命を統合する柱となる文化思想が欠けていると言い、世界は技術とお金に駆られた物質主義にますます深くはまり込もうとしていると考えていた。しかし、新しい精神性の芽生えも見ていた。「必ずこの方向、精神性の方向に進むでしょう。しかしこの道は、過去の東洋の道でも西洋の道でもない、新しい精神性の道になるのです。自然科学と哲学を組み合わせたようなものになるでしょう」。だが、この新しい精神性は人間性のより深い次元と深く結びついたものになる、と彼は考えていた。「いつも同じ問いに立ち返るのです。人生の目的とは何か。人生の価値とは何か。我々はなぜ存在するのか」

その日のインタビューの後、師の弟子たちから、師は最近、孔子の二大書の一つである「大学」の新しい解釈を出版したばかりだと聞いた。その解説でナン師は、リーダーが最善の仕事をするためには、リーダーシップの意識の七つの状態にアクセスすることを学ばなければならないと指摘している。「大学」の核心的な部分は、マクロからミクロへ、そしてまたマクロに戻るUの実践プロセスのように読める。

いにしえの人は、優れた徳で世界をくまなく照らしたいと思えば
　まず自分の国をよく治めた。
自分の国をよく治めたいと思えば
　まず自分の家族の調和を図った。

家族をよく調和させたいと思えば
　まず自分の人格を豊かにした。
自分の人格を豊かにしたいと思えば
　まず自分の心を正しく整えた。
自分の心を正しく整えたいと思えば
　まず思考において誠実であろうとした。
思考において誠実であろうとすれば
　まず自分の意識を最大限広げた。
その意識の広がりは、根底にある精神と物質の母体《マトリックス》の探究の中に横たわっている。
根底にある精神と物質の母体を探れば
　意識は完全なものになる。
意識が完全になれば、思考は誠実になる。
思考が誠実になれば、心は正しく整う。
心が正しく整えば、人格は豊かになる。
人格が豊かになれば、家族は調和する。
家族が調和すれば、国は正しく治められる。
国が正しく治められれば、天の下の万物は調和する。(2)

孔子の教えは、権威に抗うことではなく、良きフォロワーシップを強調していると理解されることが多いが、ナン師は「大学」をそういう風に解釈するべきではないと言う。「大事な部分は、自分を実際に理解すること、自分が開いていくプロセスを理解することなのです」

リーダーシップの道（タオ）

その後で、一〇人余りの師の弟子たちも加わって大きな食卓を囲んだ。おいしい食事を楽しみながら会話が弾んだ。唱和し、瞑想し、笑い、たばこを吸い、飲み、修行の方法や科学から植物の感情についての研究まで話題は尽きなかった。

私は通訳のジャオ教授の助けを借りて、その日の午後の師の話を私が正しく理解しているかどうかを師に確かめた。私なりに要約し、部分的に拡大してこう言った。二〇世紀の盲点は、社会的現実が**存在として起きてくる**プロセスを見る能力、言い換えれば自分たちの行動がどこを起点としているのかを理解する能力が我々に欠けていることに関係がある。通常我々は、自分たちを取り巻く社会的現実を、自分たちの外側にあって自分たちとは切り離されたものと思っている。盲点とは、そもそも社会的現実を生み出しているのは**我々自身**であるとわかっていないこと、そして我々一人ひとりの意識と意図が自分たちの周りの社会的現実にどのように影響を与えているかを理解していないことである。この盲点に光を当てるために我々はナン師が「大学」の新解釈で見出したリーダーシップの七つの瞑想的状態を実践しなければならない、と。

ナン師はこの解釈に同意した。私はその後も社会的現実創造のこの流れはどこに源があるのかという同じ問いを、言い方を変えて質問しつづけた。ナン師は、源は「精神と思考」だと答えた。だが私は食い下がった。「精神と思考はどこに源があるのでしょうか」。ナン師はそれに応えて意識の覚醒と自己の様々なレベルについて語った。私の最後の質問は自己の源についてだった。「小さな自己（self）と大きな自己（Self）の源はどこにあるのでしょうか」。大文字Sで始まるSelfは我々の最高の可能性を意味する。ナン師は「小さな自己と大きな自己の源は同じです」と答え、次のように続けた。

どちらも源は同じです。宇宙全体が一つの大きな自己（Self）なのです。宗教を信じる人はそれを神と呼びます。哲学者は自然の法則と呼びます。科学者はエネルギーと呼びます。仏教徒はアートマ（最も内側）と呼びます。中国人は道《タオ》と呼びます。アラブ人はアラーと呼びます。ですから、ある意味で、どの文化も究極の何かがあると知っているのです。宗教家はこれを神のようなものに人格化します。ですから、神は超自然的で、あらゆる超越的な能力を持っている、とされます。それが宗教です。哲学者は論理を使って分析します。科学者は物理的な研究などを通してあらゆることに大きな自己を発見しようとします。人間の文化をよく観察すれば、それは宗教とともに始まったと言われます。そのうち人々は宗教に疑いを持ちはじめ、宗教を研究しはじめます。そして哲学が出てきます。でも疑いは残ります。哲学では理由と論理がすべてです。抽象的すぎて、現実的ではありません。そこで実験を求めるようになり、科学が登場して進化しました。西洋文明はこういう風に発達してきました。宗教から哲学へ、そして自然科学へ。宗教も科学も哲学もすべて、この大きな自己を、命の源を探そうとしているのです。この大きな自己は、元は一つだったのです。すべてが一つの中にあるのです。

それからナン師は小さな自己と大きな自己の違いを語った。「ですから、修行のため、仏教を学ぶために最初にすることは、〔小さな〕自己の見方を捨てる努力をすることです。無我の境地に達する〔小さな自己を手放す〕ことができれば、大きな自己の状態に達します。思いやり、慈愛などはみな大きな自己から生まれます。その大きな自己からは、利己心は生まれないのです[3]」

私はナン師や弟子たちとの出会いから深い感動と感銘を受けた。精神と物質の乖離を克服する決め手は大きな自己と関係があると感じた。では、これらの源について学びを深めるには、何が必要なのだろう。

認知科学の盲点

この問いに導かれて、私は二〇〇〇年に認知科学者の故フランシスコ・ヴァレラとパリの研究室で会った。ヴァレラは同世代の最も優れた科学者・思想家の一人だ。U理論を築き上げるうえで最も重要だったインタビューをいくつか挙げるとすれば、私がヴァレラに行った何回かのインタビューはその中に入るだろう。

一九九六年に行った初めてのインタビューで、ヴァレラは重要な洞察を語った。「問題は、脳や生物学について十分にわかっていないということではない。経験についてあまりわかっていないことが問題なのだ。……西洋の盲点は、そのような秩序立ったアプローチがないことだった。私はそれをもっと明快な現象論的手法として説明しようと思う。誰もみな経験についてはわかっていると思っているが、私はそうは思わない[4]」

二〇〇〇年のインタビューでは最初に、この問題についてさらに掘り下げて考察したかと尋ねた。彼は一九九六年の出会い以来、ずっとこの問題に最大の関心を向けてきたと答え、書棚から『ジャーナル・オブ・コンシャスネス・スタディーズ』の特集号を取り出した。

それを指さして、ヴァレラは言った。「こんなテーマの本は、三、四年前には考えられなかった」。彼は、経験を理解するうえでの盲点を克服する方法のうち、現象学、心理学的内観、瞑想法が重要だと考え、これらを研究して統合しようとしてきたと説明した。三つの方法はどれも、自覚的になる基本的なプロセスに個人を導くという。彼はその意識に目覚める基本的なプロセスを、**保留する、視座を転換する、手放す**という三つの敷居を越える一連の流れとして統合した(5)。

彼がこの三つの敷居と、それを越えることで我々の注意の向け方がどのように変わるかについて説明したとき、私は一瞬でその意味を理解した。同じような意識や注意の向け方の転換がグループやチームで、あるいは合宿でのワークショップで起きるのを私は目にしていた。チームや組織の仕事の目的が、革新的な対応や集合的な創造性を必要とする複雑な課題に立ち向かうことである場合に、これらの段階が現れる。

1 **保留する**。判断と思考の古い習慣を止めて保留することは、その仕事の第一段階の前提となる。そのためには、習慣的なパターンをやめ、注意を向けはじめることが必要だ。

2 **視座を転換する**。過去のパターンとダウンローディングの習慣を保留した後、異なる角度から現実を見る必要がある。そのためには、ほかの人の意見と経験に耳を傾け、それらを複数の視点から今の現実を見ることの一部として取り込まなければならない。

3 **手放す**。そしてもし幸運なら、「静寂」の深遠な瞬間が訪れる。古い自己を手放し、別の在り方の段階、本当の自分と生きる目的に気づかせてくれる状態とつながることができる瞬間である。そのためには、針の穴に直面したとき、本質的でないものすべてを手放し、抱えている荷物を降ろさければならない。このより深い状態に入れば、共創的な流れから機能することができる。

ヴァレラとのこの会話は、種か贈り物のように感じられた。今思えば、この種から生まれたのが、U理論を要約した枠組みである社会進化のマトリックスであると言えるだろう。社会進化のマトリックスは、U理論の真髄である「源とつながること」を、精神と物質の再統合についてのナン師の言葉に結びつけるものだ。

社会進化のマトリックス

U理論の中心的な考え方の一つは、形は注意の向け方や意識からつくられるということだ。我々の行動の起点となっている内面の場を変えることによって、現実を変えることができるのだ。社会進化のマトリックス（それ以外のこの本の中身も）は、このことが個人（注意を向ける）、グループ（会話をする）、組織機構（組織化する）、グローバルなシステム（調整する）ではどのような形をとるかを表している。表7はこれらのさまざまな社会的な領域（ミクロ、メソ、マクロ、ムンド）が内面の場、つまり意識の質によって変化する様子を示している。

意識の向け方が現実に与える影響を理解する第一歩は、我々が個人のレベルでどう行動しているかを見ることだ。例として、聞き方について考えてみよう。レベル1の聞き方の質を、ダウンローディングと呼ぶ。お決まりのやり方だ。聞き手は言われていることを耳で聞くが、すでに知っていることを再確認しているだけだ。例には事欠かない。たとえば（1）古い理論に固執して新しい課題を見ようとしない、（2）古い枠組みや過去の経験にこだわって未来の機会を感じようとしない、などがそうだ。

レベル2の聞き方は、事実に耳を傾ける。優れた科学者はこれを実践している。現実についての既存の解釈にこだわらずに、データ自体に語らせる。事実が自分の理論や考え方と矛盾していても、事実を聞き取ろうとする。事実に耳を傾けることで、人は世界の現実の細部につながることができる。

だがこの聞き方に欠けているのは、社会の複雑性の内側に入り込むことだ。これは、共感的な傾聴と呼んでいるレベル3で起こる。共感的な傾聴によって、個人は他者の視点から現実を見て、他者の状況を感じ取ることができるようになる。双方が合意するという意味ではなく、お互いの視点を認め、尊重することができるということだ。共感的な傾聴とは、他の利害関係者の視点から見ることを意味する。

レベル4は生成的な聴き方である。生成的な聴き方とは、出現しつつある未来の可能性が「着地」、または姿を現すことができるような、深い注意が向いた場を作ることを意味する。優れたコーチはこれを行っている。彼らは、出現しつつある未来の自己につながる

マクロ： **組織化する** （組織機構）	ムンド： **調整する** （グローバルなシステム）
中央集権的支配： 階層制に基づいて組織化する	階層制：命令する
分権化： 違いに基づいて組織化する	市場：競争する
分散化／ネットワーク化： 利益団体を中心に組織化する:	交渉による対話： 協力する
エコ‐システム： 出現するものを中心に組織化する	意識に基づく集合的行動： 共創造する

のを促すように、じっくりと耳を傾ける。この能力を説明するのに、「フローの中にいる」ジャズのアンサンブルの例を使うこともある。一人ひとりの奏者が全体に耳を傾け、現れ出てくるパターンにみなが同時にそれぞれの楽器を同調させることができるとき、彼らは新しい何かを全員で共創することができる。

　聞き方がレベル１（浅い）からレベル４（深い）に移行するとともに、聞き手の意識の領域は、保留する（レベル２への入り口）から視座を転換する（共感的な聴き方への入り口）へ、そして手放す（生成的な聴き方への入り口）という転換点を通過する。表７の三列目から五列目までは、この開放のプロセスがグループ（会話）、組織機構（組織化）、エコ - システムまたは社会（調整）でどのように行われるかを示している。

４・０社会への敷居を越える

　とはいえ、社会と経済のシステムを４・０の段階に移行させるということは、やはりとてつもない挑戦だ。

表7　社会進化のマトリックス

場： 意識の構造	ミクロ： 意識を向ける （個人）	メソ： 会話をする （グループ）
1.0： 習慣的な意識	聞き方1： 習慣化した思考を ダウンローディングする	ダウン[illegible]ディング： 習慣[illegible]ところから語る
保留する 2.0： エゴ - システム意識	聞き方2： 事実に耳を傾ける、 開かれた思考	[illegible]論： 違いを明らかに するところから語る
視座を転換する 3.0： 利害関係者意識	聴き方3： 共感的、開[illegible]	対話： 他者と自己に 問いかけることから語る
手放す 4.0： エコ - システム意識	[illegible]れた存在	集合的創造性： 進行していることから語る

いくつものレベルの内省的なメタ認知の敷居を越えなければならない。個人としては、自分の注意の向け方に注意を向けること（自己認知）を始めなければならない。チームとしては、自分たちの会話や対話について話し合うことを始めなければならない。企業の場合は、組織化を組織すること（ネットワークのネットワーク、エコ・システム）を始めなければならない。エコ・システムとしては、調整の仕方を調整すること（自覚に基づく集合的行動のシステム、または意識に基づく集合的行動（ABC））、を始めなければならない。

これらの各レベルの敷居で、内省的な転換が求められる。**自分の注意の向け方に注意を向ける**とは、自分自身を見るために、観察の視線を曲げることを意味する。**自分たちの会話について会話をする**とは、会話の関心の視線を曲げてグループがグループ自身を見ることができるようにすることを意味する。**組織化を組織する**とは、エコ・システム規模の自己組織化を、もっと意図的で、流動的で、自覚的なものにする条件を作り出すことを意味する。**調整の仕方を調整する**とは、プレーヤーのコミュニティが自らを見て、既存の調整メカニズムのポートフォリオを必要に応じて調整する――たとえば、ある業界の協力と競争の境界線を引き直すなど――ことができるようなメタレベルを創り出すことを意味する。

この敷居を越えるには、エゴ・システムからエコ・システムの自覚と意識への移行を[illegible]るソーシャルテクノロジー、ツール、手法、リーダーシップの実践が必要である[illegible]

結論と実践――マトリックスを再統合する

この後の章では、次のそれぞれの転換に応じて表7の列を展開した社会テクノロジーを紹介する。

1 個人――私から我々へ（第5章）
2 関係――エゴからエコへ（第6章）
3 組織機構――階層制（ヒエラルキー）からエコ - システムへ（第7章）
4 能力開発――古い形態からグローバルな行動を起こすためのリーダーシップスクールの創造へ（第8章）

それぞれの旅は、さまざまなものを深く開いていくプロセスである。この旅の本質は、我々をナン師の新しい孔子の解釈に立ち返らせる。その文章によれば、それは、外側の場（世界、国、家族）から内側の場である個人の心、個人の思考、そしてその土台である精神と物質のマトリックスの探究にまで及ぶ意識へと進む旅である。

この探求からまた新しい衝動が生まれ、新しくなった気づき、思考、心、家族、さらには刷新した国、そして究極的には刷新した世界を通して、再び現実に戻ってくる。

ナン師たちが投げかける問いは、精神と物質の相互関係をもっとよく見るよう我々を誘う。我々の意識は社会の形を具現化する道筋にどのような影響を及ぼし、世界を作り出す方法をどのように決定づけるのか。社会進化のレベル1と2では、社会的な場は物質と精神の分離の上に成り立っている。レベル4では、これらの境界が崩れ、共創的な可能性の新しい場が開く。その場から、未来の存在（プレゼンス）が始まる。

ジャーナリングのための問い

表8を社会進化のマトリックスの簡易版として使い、次の問いに答えてあなたの現在の状況を評価する。

1 あなたは各レベルの聞き方にそれぞれ自分の時間の何パーセントを使っていますか。何パーセントと書き留めてください。

2 あなたは各レベルの会話にそれぞれ自分の時間の何パーセントを使っていますか。

3 あなたが属する組織は、集権的、分散型、ネットワーク型、エコ‐システム構造それぞれに基づいて組織化するのに、あなたの時間の何パーセントを使わせていますか。

4 あなたは階層制、競争、利害関係者の交渉、またはＡＢＣ（意識に基づく集合的行動）それぞれのメカニズムを通して全体とつながることに、自分の時間の何パーセントを使っていますか。

5 色の違うペンで表に、どのような未来を望むかを（パーセントで）書き入れてください。

6 二組の値を比較し、そのギャップに注目し、解消するためのアイデアを考えてください。

サークルでの会話

1 前記の六つの質問に答えたら、サークルの各メンバーに自分の状況についての洞察、疑問、意図を発表してもらう。

2 現在の自分の状況を望ましいものに変える4・0型の行動を探るための面白い小さなプロトタイプとして、どんなものが考えられますか。

表 8　自己評価

意識	ミクロ： 聞く	メソ： 会話をする	マクロ： 組織化する	ムンド： 調整する
1.0： 習慣的	レベル1： ダウンロー ディング	ダウンロー ディング	中央集権的 な支配	中央からの計画
2.0： エゴ‐ システム	レベル2： 事実に耳を 傾ける	討論	分散型	市場と競争
3.0： 利害関係者	レベル3： 共感的	対話	ネットワーク化	交渉と対話
4.0： エコ‐ システム	レベル4： 生成的	集合的 創造性	エコ‐システム 構造	ABC： 全体から見る／ 行動する

第5章 個人の転換を導く――「私」から「我々」へ

未来の領域へ足を踏み入れる第一歩は、自分の内面のひびが入り始めているところに注意を向けることである。そのひびを追っていくには、古いものを手放すこと、そして感じることはできても実際に出現するのを目にするまではよくわからない何かが「育つのにまかせる」ことが必要だ。新しいものがまだはっきりと見えないのに行動を起こさなければならないこの瞬間は、深い淵を飛び越えるような感覚だ。地を蹴ったその瞬間、向こう側に着地できるかどうかはまったくわからない。

人間としての我々は、**本当の自分になる**旅の途上にある。自分自身への旅、本来あるべき大きなSの自己（Self）への旅には答えがなく、障害や混乱、挫折に満ちているが、ブレークスルーもまた起きる。本質的には、大きなSの自己の深い源とのつながりを探す旅なのだ。

人は綱である

一九世紀の哲学者、フリードリヒ・ニーチェは、人間の現状と未来において可能な状態[1]との間にある緊張を見出した。一八八三年に『ツァラトゥストラはこう言った★』でこう書いている。

> 人は綱である。野獣と超人の間に張られた綱、深い淵の上に渡された綱である。
> 渡るのは危うい、渡っている途中は危うい、振り返るのも
> 身を震わせ立ち止まるのも危うい。
> 人間の素晴らしいところは、橋であり、終点ではないところだ。
> 人間の愛されるところは、彼が移りゆくものであり、落ちてゆくものであるところだ。
> 私は、落ちていくほかにどう生きればよいかわからない人を愛する。なぜなら、彼らは渡ってゆく人であるからだ(2)。

我々は深い淵に渡された綱だ。橋であり、終点ではない。向こう側へ渡ることを強くイメージさせる。ニーチェがこの一節を書いたとき、読者や同僚はもとより友人でさえ、彼の語る深い実存の危機を理解した人は一人もいなかった。誰も彼の言わんとすることの見当がつかなかった。彼の死から三〇年以上後、ナチが彼の著作を悪用しはじめたとき、ナチが理解していなかったことは言うまでもない。ニーチェの著作は人間の意識が覚醒する際の破壊的混乱またはひびが入り始めた、その始まりを告げている。彼は深い淵を見た。そして彼自身は自分の旅で淵を越えることはできなかった。

今日ではもはや深い淵の存在は、人間の思考を死と再生の縁にまで導いて、一三〇年前に二〇世紀の哲学の大いなる転換を予見し種を蒔いた一人の哲学者だけの特異な経験ではなくなった。二一世紀の始まりに、おそらく人間の歴史で初めて、**生命を持った深い淵の存在**——死にゆく世界と生

★　『ツァラトゥストラはこう言った』（ニーチェ著、氷上英廣訳、岩波書店、1967年ほか邦訳書多数）

まれようとしている世界が同時に存在する——が、文化やセクター、世代を超えた多くの人々が広く共有する経験になった。それは、コミュニティをはじめ、省庁、グローバル企業、NGO、国連機関など、現実を見ている人々があらゆるところで経験している。

その感覚は関係性、組織機構、システムにもあてはまるが、それにもまして、小さなsの自己から大きなSの自己への旅という個人レベルで感じられていることである。

壁を突き破る

先日駐車場の隅で、芽生えた若木がアスファルトの層を突き破って顔を出しているのを見た。あり得ないようなことを目撃すると、いったいどうやってと思わずにはいられない。

このイメージは、今日多くの人々が行っていることの本質をとらえている。至るところで、素晴らしい個人やコミュニティが、自分たちの人間性の深い源につながるために、圧制とトラウマの壁を打ち破ってきたのを目にする。これらのブレークスルーを可能にし、繰り返し「奇跡」を起こさせる条件とは何なのだろう。

可能性の条件

我々が観察の視線を自分自身から遠ざけ、身の回りの外の世界に向けている限り、本当の自分を知ることはできない。真の自己を発見するためには、**科学的な観察の視線を曲げて**、観察をしている**自己**に向けなければならない。つまり、視線を発している**源**に向けるのだ。フランシスコ・ヴァレラはこれを「自覚的になるための核心的プロセス」と表現した。彼の言う「保留する」、「視座を転換する」、「手放す」の三つの姿勢がそれであり、Uプロセスの下降線に相当する。

本章以降の章では、観察の視線を曲げる動きを追っていく。本章では個人の、第6章では関係性の、第7章では組織機構の、第8章では社会の変容を取り上げる。そして、我々が転換《インバージョン》（ドイツ語ではUmstülpung）と呼ぶ変容――社会的な土壌の内側を外に、外側を内に完全にひっくり返して反転させるこの深い開放のプロセス――の新しいメタ・パターンを詳しく論じる。

第4章の社会進化のマトリックスについての議論では、四種類の聞き方を識別した。

聞き方1（習慣的）――古い評価判断を投影する。
聞き方2（事実に耳を傾ける）――観察の視線を自分の周囲の世界に向ける。
聞き方3（共感的）――他者の視点を取り込み、他者の目で自分自身を見る（視線を曲げる）。
聴き方4（生成的）――全体と出現しつつある新しいものから傾聴し、さらに観察の視線を大きなSの自己の深い源に向ける。

ベルリンで注意を向ける意識の視線を曲げる

以上のような聞き方の質の変化が、プレゼンシング・インスティテュートの上級実践者向けプログラムで起きた。二〇一二年六月に、二年間にわたるプログラムの最後のモジュールで、一九カ国から七二人の実践者がベルリンに集まった。同僚のデイナ・カニンガムが、意識の視線を曲げることが持つ力をまざまざと見せてくれた、特に感動的だった経験を次のように振り返っている。

私たちのグループにいたユダヤ系の人の何人かはホロコーストで家族を亡くしていました。グループにはドイツ系の人たちもいました。ベルリンで一週間を共に過ごし、とりわけホロコースト記念碑を訪れたことは、多くのメンバーにつらいけれども重要な記憶を呼び覚ましました。ある夜、グループの何人かが夕食に集まり、ベルリンにいることの意味について話し合っていました。ドイツ人、ユダヤ系アメリカ人、それにアフリカ系アメリカ人（私）で、みんな女性でした。とても仲の良いドイツ人の友人の一人が、ドイツ人として経験してきた苦しみを語りはじめました。世界中から白い目で見られていると感じるというのです。彼女はドイツ社会が過去と真正面から取り組む決意を持っていることについて話をしました。彼女は子どものころ非常に生々しい歴史の授業を受けて恐怖を覚えた記憶があります。その経験から、まだ歴史の悲惨さに向き合う用意ができていないかもしれない子どもには早すぎることもあるのではないか、と疑問を呈したのです。

彼女の話を聞くうちに、私は激しい怒りがこみ上げてくるのを感じました。私の頭に浮かんでくるのはただ一つのことでした。私が知っているユダヤ人の子どもたちは幼いころからそれに向き合わ**ざるを得ない**、ということでした。なぜならホロコーストの恐怖は家族の歴史そのものであるから、ということです。そのことから私は白人のアメリカ人の友人との会話を思い出しました。彼女たちは、自分の子どもたちがアメリカの人種差別についての残酷な事実を受け止められるようになるまでは、子どもたちがそういうことに触れないように守ってやらなければならないと思っていたのです。一方の私は、自分の子どもたちに「黒人差別からの交通取り締まり」のことを説明しておかなければなりませんでした。しょっちゅう警察官に停車を命じられる父親のことを犯罪者だと思わないようにです。私はアフリカ系だというだけで根拠のない差別的な憎悪を投げかけられはじめたころから、自己防衛として胸の内に怒りを育てるようになりました。

だから、私はそれ以上友人の経験を黙って聞いていられませんでした。「そうかしら？」私は憤然と声を上げました。「ユダヤ人の子どもが恐ろしい真実を聞かされるのは何歳から？生まれたときからじゃないの？」そして私は自分の子どもたちに人種差別について話をしたときのつらい経験をぶちまけました。私はしばらく話しつづけました。ようやく自分の言葉の影響を確かめようと彼女の方を振り向くと、彼女は一言も発せず、とても悲しそうに座っていました。私は我に返りました。私の配慮が足りなかったことが彼女を傷つけたことがはっきりとわかりました。私はとても申し訳なく思い、開かれた心で彼女の話を聞かなかったことを後悔し、思いやりが欠けていたことを謝りました。そして彼女に、この歴史の痛みに向き合うことで生じるジレンマを解決するもっと良い方法としてどんなことを提案するかと尋ねました。彼女の答えは賢明で人間的でした。誰もが癒しを得られるような対話の様式を作り出そうというのです。

このやりとりを通じて、私と友人が心を閉ざして非難し合うお決まりの反応を超えて進むとともに、会話は急速にレベル１（礼儀正しく同調的）からレベル２（非難と対決）へ、そしてレベル３（内省とつながり）へと移行しました。でも、それで終わったわけではありません。私はその夜、帰ってきてからアメリカにいる息子に電話をかけ、その日の出来事を話しました。私にはまだ、あのやりとりの気まずさが残っていました。友人の悲しそうな顔が忘れられませんでした。何かが私の中で動き始めていましたが、それが何かはまだわかりませんでした。

次の日、すべてがはっきりしました。七二人の変革者のグループ全体が、根底からの場の転換を経験したのです。ユダヤ人もドイツ人も、アメリカ人、アフリカ人、ラテンアメリカ人、オーストラリア人も、こういうグループでこれまでに誰も経験したことがないような深く、生々しく、無防備で、本質的なレベルでお互いと自分自身とにつながることができたのです。

オットーが、ベルリンにいるという経験に私たちを引き戻すかたちで、会話の口火を切りました。彼はベルリンにいることは彼にとって感情を揺さぶられる経験だと語り、生の感情をさらけ出そうとする彼の態度が、壁にひびを入れました。突然みなが自分の個人的な話をしはじめました。ユダヤ系アメリカ人女性、ゲイル・ジェイコブズの話に私は深く感動しました。彼女の母親は死の収容所からの生還者で、収容所では言語に絶する恐怖に直面したのですが、子どもたちに語って聞かせたのは、収容所が解放されたとき、通りに並んだドイツ人がすすり泣くのを見たという記憶だけだったというのです。彼女の母が自分に対してあんなにも残虐な罪を犯した国の国民の人間性だけに光をあてることを選んだということに、私は息をのむ思いでした。

次々に物語が語られていくうちに、部屋の中の聞き方はいっそう深まり、信じられないような会話が自然に展開しはじめました。私たち一人ひとりが自分の人生の旅を、それまでとは違う、より集合的な角度から見られるようになる場の転換が起きたのです。核心から語る、自分の無知から語る、個人としての私と集合としての我々を通して語るというフロー体験がありました。物語の多くは、個人的な深い苦しみについてでしたが、集合的な傾聴によってホールドされた部屋の中では、物語は力強い癒しの瞬間に変化したのです。

もう一人の参加者の、イスラエル出身のイシャイ・ユヴァルは次のように語っている。

その前日、私たちはホロコースト記念碑を訪れ、小グループで感情的な経験を語り合っていました。夜になって、少人数のコーチングのグループが夕食に集まりました。全員が自分の気持ちを話しました。その週、直接顔を合わせる最後の機会だったのです。

翌朝のある時点でオットーが立ち上がり、私たちはこうしてユダヤ人の同僚、ホロコースト生存者さえも共にベルリンに集まったのだから、その意味についてもう一度、心に浮かぶことをさらけ出そうと呼びかけました。みな次々に立ち上がり、苦しみや残虐行為、記憶する必要性について、一時間以上話を続けました。私は部屋にいたユダヤ人同胞が会話に加わるだろうと思って周りを見まわしました。最初、誰も会話に加わりませんでした。そのとき思ったのです。こういう種類の議論は、犠牲者の声が聞こえない限り続けるべきではないと。だから私は、普段そういうことはしないのですが、手を挙げてマイクを回してもらいました。私は隅の方に座っていましたが、そこからグループの環の中へ出ていく一〇歩は、とても長い旅のように感じました。

そのとき起きたことは、私のその後を決定づけた瞬間でした。周囲の時間の流れがゆっくりとしはじめました。苦労して言葉や文章を紡ぎ出す必要はありませんでした。自然に次から次へと、正しい順序で言葉があふれ出てきたのです。私の周りのたくさんの顔が、耳を澄ませ、心からの共感と深い理解と愛を発しているのを感じました。気が楽になり、グループの前で、ホロコーストの犠牲者たちが虐殺されるまで、恐怖の中でも人間としての尊厳を保つために毎日苦闘していたことを話すことができました。被害者たちの多くは人間性や愛では救われないと思い知り、生き残るための毎日の闘いでは怒りや攻撃性、憎しみの方がまだ役に立つかもしれないと考えるようになりました。イスラエル人の私は、こういう遺産の中に生まれてきたのです。何事にも気を許さず強くあるためには、頼れるのは自分しかない。私は兵士としての自分に誇りを持っていました。必要なら人を殺すよう訓練されていました。自分の家族と同胞を守れること、無力ではないこと、母の両親や伯母のように残虐な殺人者のなすがままではないことをありがたく思っていました。しかし時は流れ、気がつくと私たちイスラエル人はほかの人たちに対して力を持っていたのです。そして厄介な問いを突き付けられています。我々は力を行使せずに、安全を保てるほど強いのだろうか。疑念と憎しみはひとまず措き、心を開き、敵に真の和平を提案するときが来たのだろうか。それとも、敵に自分たちの人間性をさらけ出すのは、考えが甘いのだろうか。むしろ危険なのだろうか。

話しながらサークルを見まわしたとき、私は全体に属し、つながっていると感じました。サークルから出た後もずっと、皆から発せられる深い傾聴と共感の光に包まれていました。しばらくして、広いホールの反対側にいた若いユダヤ系アメリカ人の女性が立ち上がり、歌を歌っていいかと尋ねました。その歌は、一九四四年にパレスチナを出発して、ハンガリーのユダヤ人救出作戦のためにユーゴスラビアにパラシュート降下し、ハンガリー国境でナチに捕らえられ、拷問を受けて殺された若い勇敢なユダヤ人女性が書いた歌でした。

ああ、神さま、神さま
どうか止めないでください
砂と海を
水のさざめきを
空の稲妻を

私たちの祈りを……[3]

イシャイは続ける。

彼女がやわらかな声で感情を込めて歌うのを聞き、私は思わずホールの反対側で立ち上がり、いっしょに歌わずにいられませんでした。それ以来、あの歌を聞くたびに、私の心は震えます。見知らぬ土地にいるかのように、思ってもみなかった感動を覚えるのです。あの素晴らしい女性やグループ全体とつながったあの貴重な瞬間を、決して忘れることはないでしょう。[4]

歌を歌ったニューヨークの若い女性、アントワネット・クラツキーは、この出来事を彼女の視点から次のように語っている。

私はユダヤ人学校に通っていた一二歳のときに、ナチス占領下のハンガリーからユダヤ人を救出しようとして二三歳でナチスに殺された若い女性、ハンナ・セネシュのことを学びました。二六歳で、七二人の変革者たちといっしょに座っていた私は、それぞれが語る個人的な物語に深く耳を傾けながら、私の中にひびが入って開いていくのを感じていました。誰かが話をするたびに、ひび割れが広がるのを感じました。痛みが語られるたびに、癒しの希望の光が射すたびに、胸の中で心臓の鼓動が強まるのを感じました。私は、賛歌が、ハンナの祈りが、自分では気づかなかった私のルーツから立ち上がるのを感じました。言葉が私の心に飛び込んできて、メロディーが体中の血管を駆け巡るのを感じ、地震でも起きたかのように私を立ち上がらせたのです。世界はこの部屋にある。過去も、現在も、未来も。この歌を歌うために私の人生の一瞬一瞬を生きてきたように感じました。何年も私が話すこともなかった言語で書かれた歌詞が、涙とともに流れだし、一つ一つの言葉が強くなっていきました。窓からたくさんの声が注ぎ込み、部屋は光と音で満たされていくようでした。ハンナが私たちといっしょにベルリンにいるのを感じました。歌が終わりました。歌は電流のように私の中を通っていったのです。私は崩れるように椅子に座りこみ、完璧にホールドされていると感じていました。[5]

しばらくして、ベトナムとブータン出身のトー・ハ・ヴィンが立ち上がって、ティク・ナット・ハンの詩を紹介した。トーは「この詩の題は『どうか私を本当の名前で呼んでください★』です」と言って、この詩をいつも身近に感じられるように書きとめていた手帳をポケットから取り出した。そして読みはじめた。

私が明日旅立つだろうとは言わないでください——
今日でもまだたどり着く途中なのだから

よく見てください。私はあらゆる瞬間にどこかにたどり着く
春の枝のつぼみになるために
新しい巣で歌を覚えようとしている
まだ弱々しい翼の小さな鳥になるために
花の芯にいる幼虫になるために

★　『微笑みを生きる——“気づき”の瞑想と実践』（ティク・ナット・ハン著、池田久代訳、春秋社、2011年）に収録

石の中に隠れている宝石になるために
私はまだたどり着く途中だ、笑い、そして泣くために
恐れるため、希望を持つために
私の心臓の律動は、生きとし生けるものの
生と死

私は川面で変態するカゲロウだ
そして、急降下して
カゲロウをのみ込む鳥だ

私は透明な池の水の中を
楽しげに泳ぐカエルだ
そして、静かにカエルを食べる
蛇だ

私は骨と皮だけにやせこけて
竹のような脚をしたウガンダの子どもだ
そして、ひそかにウガンダに武器を売る
武器商人だ

私は小さな難民船の
一二歳の少女だ
海賊に犯されて
大海に身を投げた少女だ
そして私は海賊だ
私の心はまだ、見ることも愛することも
できない

私は政治局員だ
大きな権力を手中に収めた
そして私は、強制労働収容所でゆっくりと死んでゆくわが同胞へ
「血の負債」を返さなければならない人間だ

私の喜びは春のよう
その暖かさで地上を花で満たす
私の痛みは涙の川のよう
あまりに大きなその流れは四つの海を満たす

どうか私を本当の名前で呼んでください

私の泣き声と笑いが同時に聞けるように
私の喜びと痛みが一つであることが見えるように

どうか私を本当の名前で呼んでください
私が目覚めることができるように
そして私の心の扉が、思いやりの扉が
開け放たれたままでいられるように[6]

静寂が訪れた。トーは座った。そこにいるすべての人が、お互いを隔てている壁が消えていくのを感じた。時間の流れが遅くなり、そのときの我々の経験を浮かびあがらせた。我々はさまざまな角度から状況を経験しはじめた。私は少女だ。海賊だ。子どもだ。武器商人だ。私はホロコーストの犠牲者であり加害者だ。私はあなたの中にいる。あなたは私の中にいる。私は「我々」を感じはじめる。「我々」とは、私の中にある私ではない何かだ。我々を共にこの地球に遣わしたのは何だろう。我々はなぜここにいるのだろう。デイナは言う。

私が最も深く心を打たれたのは、兵士、暴行やネグレクトを耐えて生きのびた人、ホロコーストから生還したユダヤ人の子孫、そして世界中からの非難に直面した若いドイツ人、こういう生きるか死ぬかを左右する敵であった人間や自分に暴力を働いた側の人間である他者に対して、人々が示したつながりと慈愛のレベルでした。前日の夜には私は思考だけでなく心も開くことができなかったことに気づきました。ゲイルの次の言葉がそのときの私の中を貫いたのです。「私は六三歳です。私は生まれてこの方、ユダヤ人として、私はこの世の中で一人きりだ、もし私や家族に何か起きたら誰も助けてくれない、と考えて生きてきました。今、ベルリンのこの部屋で、私は一人ではないことがわかります(7)」

条件1――観察の視線を曲げる

ベルリンで起きたような根底からの集合的移行を起こさせる条件は何だろう。芽生えた若木が頭上のアスファルトを突き破ったり、ムーブメントがベルリンの壁を壊したりするのを可能にするものは何だろう。

おそらく第一にして最も重要な条件は、観察の視線を曲げることに関係があるだろう。デイナにそれが起きたのは、友人の悲しそうな顔を見て、その原因は自分が習慣的な方法で反応したことだと気づいたときだった。イシャイにそれが起きたのは、彼が会話に参加して、予想もしなかった形で言葉が流れはじめたときだった。思わず立ち上がり、何年も聞いたことも思い出したこともなかった歌を歌ったアントワネットにもそれが起きた。

どの人も同じ、開いていく社会的文法を語っていた。お互いを隔て、自分自身の人間性の深層も切り離していたアスファルトの壁にひびを入れることに関する文法だ。どの人も、意識の視線をその源に向ける物語を語っている。視線は最初、外の世界に向かって放たれ（レベル2）、次に自己に向かって曲げられ（レベル3）、自己の源、今、この瞬間に存在する自己の源を見つけた（レベル4）。意識の視線を曲げてその源に向けること、これが場を移行させる第一の条件だ。

条件2——心の中の影を抱きとめるためのホールドされた空間

可能性の第二の条件は、ホールドされた空間に関するものだ。視線を曲げることは、心から傾聴する真の聴き方が作り出す社会的にホールドされた空間で起きる。デイナは友人の痛みを感じた瞬間に、注意の矛先を自分に向けた。イシャイは「私の周りのたくさんの顔が、耳を澄ませ、心からの共感と深い理解と愛の光を発しているのを感じ」たとき、勇気を出して行動する力を得た。そのときアントワネットは「それぞれの心がホールドしているものの真の存在を感じた」という。

ホールドされる空間を育てることで、社会的な土壌の転換が促され、思考と心が開きはじめる。ベルリンで作り出されたホールドされる場は、その六カ月前の小さな集会で作られはじめていた。七二人の上級クラスの各参加者は、二年の間、この小さなコーチングのサークルに毎月集まっていた。目的は、各人の個人的な、そして仕事上での旅のためのレベル4の聴き方の環境を提供することだった。ゲイルはこの頃を振り返って言う。

六カ月前にコーチングのグループで集まったときに、私は〔ベルリンに〕行くことと、その機会を利用して私が生まれた場所を訪れることについての不安をみんなに話しました。私が生まれたのはダッハウ近くの強制移住者収容所で、私の両親はそこで解放されたのです。

自分でも何を言うつもりかわからないうちに、私はベルリンへ行く、私が生まれたところに初めて家族を連れていく、と話していました。私は泣きはじめました。グループのみんなもいっしょに長い時間、すすり泣きました。そのときグループには、癒しについての驚くべき知が生まれていました。私だけではなく世界も、戦争と大虐殺から受けた私たちの集合的なトラウマを癒す必要があるということがわかったのです。

私はそこでドイツ人であるオットーと、仏教徒であるベトナム人のトーと韓国系のジュリアの二人、正統派ユダヤ教徒でイスラエル人のイシャイ、元軍人のジム、ひと世代若いアントワネットとともに座っていました。……彼らは私をホールドしてくれる空間となってくれました。……私は地球の転換を感じました。私は自分のＤＮＡと私の毎日の人生の中に、ホロコーストの傷を抱えて生きてきました。ようやくそのエネルギーを何かほかのものに変容できる可能性が見えてきたのです。(8)

コーチングのグループでのその経験の後、我々はみなであの壁を超越したつながりの瞬間を胸に抱きつづけ、六カ月後にベルリンに到着した。何かが起こりたがっていると私（オットー）が感じたのは、あのコーチングのサークルでの出来事があったからだ。その朝、私が立ち上がって会を始め、ホールドされている空間を作り出そうとしたのは、部屋の中に我々のサークルの存在があったからだ。ゲイルやイシャイや他の人々とのつながりをまざまざと感じたからだ。

「あの朝、クラスのみんなといっしょにいる間に場が移行しました」とゲイルはホールドされている場の質を指して言う。「私たちはお互いに対して開かれ、一つになっていました。**世界を癒すために何が必要なのかを見るために、私たちは集合的に心の中の影を抱きしめる必要がある**ように感じました。そのとき私の恐れは、消えていました」(9)

Healing（癒し）、***health***（健康）と***holy***（聖なる）の語幹はどれも「完全なものにする」という意味の***hal***である。ベルリンでの経験は、それまで我々が知らなかった集合的なレベルで、全体性を回復するためのホールドされた空間を作り出した。我々は集合的に、世界を癒すのに必要なものを垣間見るために、心の中の影を抱きしめる必要があったのだ。

条件3――端まで行って手放す

可能性の三番目の条件は、深い淵の端まで行き、手放し、未知なるものに身を乗り出し、そして跳躍することである。イシャイが彼らしくもなくマイクを手に取ったとき、彼はその跳躍をした。アントワネットもゲイルも、ほかの多くの人も跳んだ。ホールドされた場は我々を端まで行くことを可能にし、引き戻すことはない。

端まで行く条件には二つの形がある。まず、既知のものから未知のものへと崖から跳ばなければならないときがある。一方で、何かが現れはじめていることを感じるときは、そこから飛び出すのではなく、出現したがっているものと共に留まらなければならないこともある。どちらの場合も、現実や自己、場の深層とつながることへの深い信頼が関係してくる。端まで行くことは、古いものにしがみつかず、手放し、我々を通して現れたがっているものへと身を乗り出すことを意味する。そしてマルティン・ブーバーが見事に表現したように、「**それ**が望む形で、現実にする」勇気を持つことだ。[10]

ベルリンの上級クラスの話は、少人数のコーチングのサークルで、手放すことと迎え入れること、そして死と再生の存在によって人々がつながり合った一つの例だ。それは世界中で始まっている、さまざまな顔と形と実践法を伴う運動である。次に、もう一つの感動的な例を見てみよう。

マインドフルネス（瞑想）に基づくストレス低減法

ジョン・カバット＝ジンはマサチューセッツ大学医学大学院の医学名誉教授で、同大学院のストレス低減クリニックと医療・ヘルスケア・社会のためのマインドフルネス研究センターの創設者である。ストレス低減クリニックの基盤であるプログラムのマインドフルネスストレス低減法（MBSR）の開発者でもある。同クリニックは一九七九年の創設以来、二万人以上の患者を訓練してきた。MBSRのプログラムは世界中の七二〇以上の医学校や病院、健康管理システム、独立のクリニックで採用されており、特定の医学、精神医学、社会的状況を対象とする、MBSRをモデルにしたマインドフルネスに基づく介入が数多く生まれている。MBSRの成功は、二一世紀の幕開けに健康と認知科学におけるマインドフルネスへの関心を高めた主な原動力の一つである（図9を参照）。ではMBSRの成功物語はどのように生まれたのだろう。今では何十万人もの人に影響を与えてはいるが、三〇年前には誰も聞いたことのなかったこの運動はどこから始まったのだろう。

マインドフルネスへの関心を急速に高めている原動力として、（1）古いパラダイムの危機、（2）医学、臨床応用、マインドフルネスを融合した新しい医療へのアプローチの先駆けとなったMBSRのような介入の成功、（3）長年にわたってフィールドに種を蒔いてきたヘルスケア専門職のためのMBSR訓練プログラム、（4）マインドフルネス研究センターの創設とこの勢いを科学的研究成果として発表し、医学の新しい分野と新しい活発な研究コミュニティを育てるのを助けた継続的な研究などが挙げられる。ジョンは次のように振り返っている。

二〇〇〇年にマインド・アンド・ライフ・インスティテュートがインドのダラムサラで主催した会議で、ダライ・ラマと心理学者、神経科学者、学者、瞑想者のグループが集まって、破壊的な感情と、そこからしばしば生じる個人と社会への重大な害を軽減するために何ができるかを探った。そのときのダライ・ラマの発言には驚かされたが、いかにも彼らしい発言ではあった。ダライ・ラマは科学者たちに、こういう感情のエネルギーに対処し、転換するための仏教的でない、非宗教的な方法を考え出してほしいと言ったのである。確かに仏教は、**苦痛をもたらす感情**を理解する精緻な方法については多くを提供できるかもしれない。たとえば、僧院などは何百年、何千年もの間、こうした問題に巧みに対処する方法として、さまざまな瞑想法を実践してきた。役に立つことがわかっている仏教の解釈や手法は何であれ利用すればよいが、本当の希望は、そういうものと欧米の文化、精神の理解、そして特に感情や感情表現、感情の抑制などについての科学的な理解が組み合わされ、融合された、真に普遍的で非宗教的なアプローチにある、というのだ。……

会議では、ダライ・ラマが求めたことをほぼ実践するアプローチが、二一年前からクリニックや病院で行われていることも指摘された。マインドフルネスをベースにしたストレス低減法と、それから派生したマインドフルネスに基づくさまざまな取り組みのことだ。……

もちろん参加者の多くは、ＭＢＳＲやその他

図９　マインドフルネスに関する研究出版件数、1980 ～ 2011 年

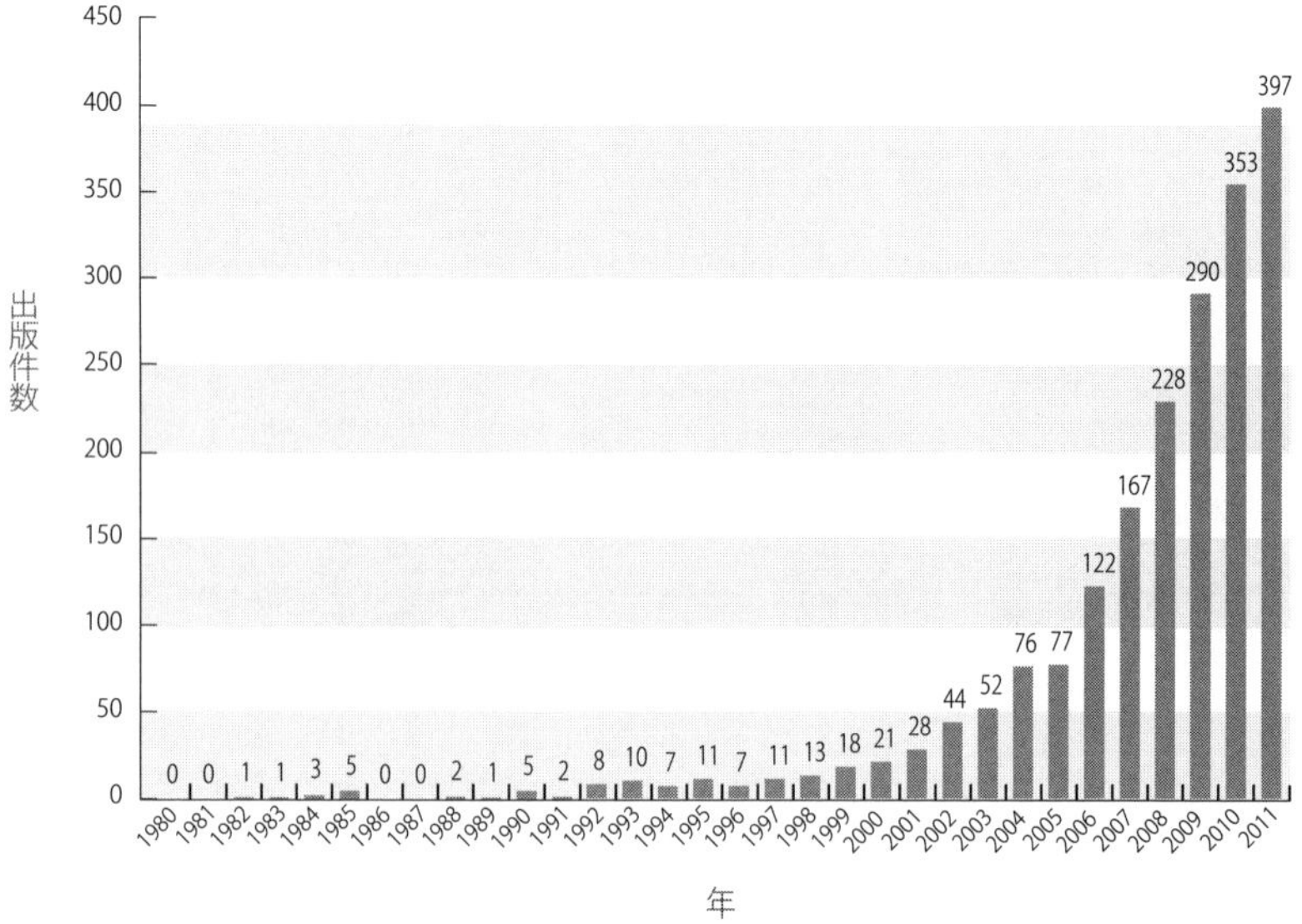

カリフォルニア大学ロサンゼルス校、セメル神経科学・人間行動研究所、カズンズ精神神経免疫学センター、デービッド・ブラックMPH, PhD作成。

出典：J.M.G. Williams and J. Kabat-Zinn, eds., *Mindfulness: Diverse Perspectives on Its Meaning, Origins, and Applications* (London: Routledge, 2013), 2.

のマインドフルネスに基づく取り組みが、仏の法〔ブッダの基本的な教え〕の普遍的な表現に深く根差していること、そのカリキュラムは精神と身体の状態への気づき、特に、反応的な感情への気づきを養うことと、そういう感情が起きたときに反射的に反応するのではなく、意識的に対応するための具体的な手法を特徴としていることをよく知っていた。(11)

ジョンは、学生のころからの自分の旅をこう語っている。「MITの大学院の学生になってからもずっと考えつづけていました。『私のなすべき仕事（大文字Jで始まるJob）は何か』と。いわば、この地上で私に『カルマとして与えられた任務』です。でも、答えらしきものは浮かんでこなかった。これは私にとっての謎であり、何年もの間、昼も夜も続く人生の糸のようになりました。『私は自分の人生で何をすればいいのだろう』。私は自問しつづけました。『お金を払ってでもしたいほど好きなことは何だろう』」

彼は科学が大好きだったし、MITの論文指導教授でノーベル賞受賞者のサルバドール・ルリアと、著名な科学者である自分の父を失望させることになるとわかっていたが、分子生物学の道を進むのは自分の運命ではないと自覚していた。一九七九年、ジョンは生計を立てる道（job）と自分が本質的な目的と感じること（Job）とを、時代のニーズに合うようにつなぐための正しい道をまだ探していた。二週間の瞑想合宿に出かけたのは、そんなときだった。ジョンは語る。

合宿の一〇日目ごろのある午後、部屋で座っているときに、私は「ビジョン」を見ました。一〇秒くらい続いたと思います。何と呼べばいいかよくわからないので、ビジョンと呼んでいます。細部まではっきりしていて、鮮やかなほとんど必然とも思えるつながりとその意味が瞬時に見えたように感じました。幻とか思考の流れのように浮かんできたのではありません。そういうものとはまったく違います。今でもきちんと説明できませんが、その必要も感じません。

すぐに実施できるモデルがひらめきましたが、それだけではありません。基本的なアイデアがしっかりしていて、かつ一つのテスト環境に導入できる場合に、長期的にはどういうことが起こり得るかが、一瞬で理解できたのです。つまり、これが科学的・臨床的研究の新しい分野を生むきっかけになり、国中、世界中の病院や保健センターやクリニックに広がり、何千人もの実践家に適切な生計の手段を提供できるだろうということです。とても奇妙な経験だったので誰にも話しませんでした。でもあの合宿の後、私は自分のカルマとしての任務が何であるかがよりよく理解できるようになりました。とても説得力がある体験だったので、私は心の底から全力で取り組むことにしました。

瞑想合宿の後、病院へ戻ったジョンは、一次医療、ペインクリニック、整形外科の各部長である三人の医師と個別に面会し、彼らが自分の仕事をどう思っているか、それぞれの診療科の患者との取り組みで成功したこと、病院での患者の経験に欠けているかもしれないことについて話を聞いた。

何パーセントくらいの患者の手助けになれていると思うかと聞くと、一〇~二〇パーセントという答えが返ってきました。私は驚いて、ほかの患者はどうなるのかと聞きました。自分の力で回復するか、まったく回復しないかのどちらかだというのです。

私は、医療制度が患者のためにできること、またはできないことの補完として、患者がもっとよく自己ケアできるようなプログラムを考えていて、仏教の瞑想から仏教的な要素を除いたようなものとヨガを土台にして、比較的集中的な訓練を行うものになると思うが、それが患者にとって適切である場合はそういうプログラムを患者に紹介してもいいかどうか尋ねました。するとても、とてもポジティブな反応が返ってきました。この話し合いに力を得て、私は病院の外来診療部の支援の下にプログラムを創設することを提案しました。八週間のコースで、医師が患者を診ていて、治療が効果をあげていないと感じたり、医療システムの隙間からこぼれ落ちていると判断したりした場合に、患者にプログラムを紹介する、というものです。こうして一九七九年にMBSRが誕生しました。[12]

ジョンと彼のチームは何年もの間、さまざまな患者グループとともに病院の地下の窓のない部屋で作業をした。最初はほとんど気づかなかったが、彼らが病院でやっていたことは、それまでにない医学のパラダイムを生むホールドされた空間になった。MBSRアプローチについてジョンはこう説明している。「患者が抱えている問題、診断、病気はさまざまですが、その人独自の全体性を理解するよう全力を尽くします。私たちの考え方では、人は息をしている限り、どこが悪くても『悪いところ』より『良いところ』の方が多い、という言い方をよくします。このプロセスでは参加者一人ひとりを、患者、診断名、直さなければならない問題を抱えた誰かとしてではなく、全人的な人間として接するよう全力を尽くします」

ジョンの物語は、情熱のある市民の小さなグループが成し遂げ得ることの素晴らしい例だ。我々がベルリンの物語で目の当たりにしたのと同じ支援的な条件も、いくつか示されている。もちろん、観察の視線を曲げることも、マインドフルネスの実践法すべてで起きる。だが、瞑想合宿から帰ってきたジョンに裂け目に身を乗り出させ、跳躍させたのは、どのようなホールドされた空間だったのだろうか。ジョンは振り返る。「私が跳ぼうと決心したのは、長年瞑想の探究と実践を続けてきたこともありますが、科学者としての訓練を受けてきたので、医療と医学の言語と思考に慣れていたという理由もあります」(13)。やはり、この瞬間のための種は何年もかけて発芽していたのだ。

自分を未来への媒体にする

ジョンの物語は、深い淵（私のなすべき仕事は何か）、手放すこと（科学でのキャリア）、そして深い淵を越えること（自分の心に従う）を体現している。合宿での経験と三人の医師との会話は、彼が開いたところ、ひびが入ったところを見て、そこに現れてきた道を進むことを助けた。マインドフルネスと科学における長年の実践が、彼に機会が姿を見せた瞬間を感じ取り、現実のものにする自信を与えてくれた。中心メンバーたちと地下の窓のない部屋で何年も仕事をすることが、数年後には世界中に広がることになる根底からの革命の種を共創造するためのホールドされた空間を作りだした。

ベルリンでの経験とジョンの物語には共通の特徴がある。アスファルトのように固い習慣化された行動と思考の表面の構造を突き破る人間の精神だ。こういうブレークスルーの瞬間に、新しいものが生まれはじめる。このプロセスを見ると、面白いことに気づく。はじめに特定の人たちを通って、場がその空間に入ってくるのだ。場が、生まれ出るために、まるでこれらの人々を選んでいるかのように。ジョンもその一人だ。彼が門を開き、媒体になった。それによって、次の人々の輪がそれにつながることができた。そして次々につながりが広がっていった。ここで我々は、淵の向こう側から現れつつあるものへの媒体になる方法を学んでいるのだ。

この章では創造性と人間性と自己の深い源につながるための、これまでになかった方法を紹介してきた。具体的な例は数例しか挙げていないが、ここで探ってきた可能性の条件、つまり注意を向ける視線を曲げ、ホールドされる空間を耕し、死の縁まで行き、そして自らが出現したがっている未来の媒体に変化するということは、世界中の至るところで起きているのが観察できる。それが創発の社会的文法であり、ジョンのような変革者と話しているときに感じることだ。自分たちを癒しが世界に起こるための媒体として機能させるために、ゲイルの言葉を借りれば、ベルリンで我々が集合的に心の中の影を抱きしめたときに経験したことだ。

結論と実践——二一の原則

過去数十年間に起きた興味深い展開の一つは、個人と組織機構の力のバランスが少しずつ個人の方に移ってきたことだ。起業家のニック・ハナウアーはこう述べている。

私が好きな言葉の一つに、文化人類学者のマーガレット・ミードが言った次のような言葉があります。「強いコミットメントのある小さな市民グループが世界を変えることができるということを決して疑ってはならない。実際、世界を変えてきたのはそれだけなのである」。まったくその通りだと思います。五人もいればほとんどどんなことでもできるのです。一人だけでは難しい。でも、その一人にほかの四人か五人が加われば、力が生まれます。内在的なもの、手の届きそうなところにあるほとんど何でも実現する力が、不意に生まれるのです。起業家精神はこれに尽きると思います。説得力のあるビジョンと力を生み出すことなのです。(14)

ハナウアーは、世界で起きている重要な転換によって、市民の小グループが世界の行方にますます大きな影響を与えるようになると言う。ジョンと彼のチーム、そしてそこから次々に広がるさざ波を思い出してみよう。幸いにも、世界には情熱と明確な意図を持った集合的起業家精神という形の膨大な可能性が眠っている。だが、この眠っている力を目覚めさせてグローバルなムーブメントに転化させるためには、もっと体系的に取り組む必要がある。この章の結論として、紹介してきた物語が実証する、我々一人ひとりの小さな自己から大きな自己への旅、「私」から「我々」への旅を助けてくれる一二の原則と実践を挙げてみよう。これらには著者らと同僚たちの蓄積してきたさまざまな経験が反映されている。

1　**説教より実践**。口で説くのではなく実践によってUを使う。聴くことから始める。他者と自分自身と全体の声に耳を傾ける。生命が自分にやれと呼びかけることに耳を澄ませる。人々とその人がいる場でつながり、その視点からひびが入っているところや開いてきているところを探す。その人たちの力になるよう努める。

2　**ひたすら観察する――観察と傾聴の達人になる**。Uプロセスは、科学の核心である「データに語らせる」を、外の領域（三人称の視点）から、人間の経験のより深遠なレベル（二人称と一人称の視点）に広げる。データに語らせるという方法を客観的な外部のデータに適用する（開かれた思考を通して）だけでなく、共感的、間主観的なデータにも（開かれた心を通して）、自己についての知識の超主観的領域にも（開かれた意志を通して）適用するのだ。これら三種類のデータすべてに注意を向けるには、研ぎ澄まされた観察と傾聴のスキルが必要だ。深いレベルの傾聴の影響は非常に大きい。社会的現実創造のプロセスの溶接の炎のように働く。我々を世界とお互いと自分自身から分離し続けている習慣的なかかわり方の壁を溶かすことができる。

3 **器として、自分の意図とつながる。**サンタフェ研究所の経済学者、ブライアン・アーサーは、我々が研究で行ったインタビューでこう言ったことがある。「意図は強力な力だというのは、正しい言い方ではありません。それが**唯一の**力なのです」[15]。人生の旅の意図とつながることができれば、「私は何者なのか」「私は何のためにここにいるのか」「私の仕事（work）を人生を使って成すべき仕事（Work）に、なりわい（job）を使命（Job）につなげるにはどうすればよいのか」という問いに縦糸が通る。より深いところの、自分にとって不可欠なものとつながるほど、そして自分が何の役に立ちたいのかが明確になるほど、出現しようとしているその未来に命を与えるための器として行動することができる。

4 **ひびが開いていくときは、そこにとどまる――「今」という場からつながり、行動する。**2と3の原則（ひたすら観察、意図）を使えば、高いレベルの在り方と意欲に、水平にも垂直にもつながることができる。機会が姿を現すときは、時間の流れが遅くなり、未来の可能性の領域へのひび割れが開いていくように感じることがよくある。こういう瞬間には勇気も必要だが、最も重要なのは完全に注意を払うことだ。そういう瞬間が起きたときは、そこにとどまり、それとつながり、**今**――つまり出現したがっているもの――から**行動する。**それは別の言い方をすれば、自分が大切な未来の機会とつながりはじめていることに気づいたら、まずイエスと言い、それから**行動する。**それが可能かどうかを問うのは、それからだ。

5 **心に従う――愛することをし、していることを愛する。**前にも書いたが、スティーブ・ジョブズは最高の仕事をする唯一の方法は、自分が愛することをし、自分のしていることを愛することだと言った。それが、出現しようとしている未来への道につながる唯一の確かな方法だ。自分のポートフォリオの中のプロジェクトや活動の少なくとも一部を、自分が愛することをするのに充てることだ。この要素が欠けていると、自分の道を見失ったり、ほかの人の人生を生きたりすることになりかねない。

6 **つねに宇宙《ユニバース》と対話する。**アラン・ウェバーが言うように「宇宙は頼りになるところ」だ。これは重要な指針である。宇宙、言い換えれば我々を取り巻く大きな状況が、有益なフィードバックを返してくれるという意味だ。このフィードバックにはさまざまな形がある。嫌なフィードバックもあるが、アイデアをさらに進化させるのに役立つフィードバックの要素を特定し、耳を傾けることを学ぶ必要がある。

7 **旅を支えてくれる深い傾聴のホールドされた空間を作り出す。**最も重要なリーダーシップのツールは自分の大きな自己（Self）、自分の最高の未来の可能性にアクセスする能力である。出現する大きな自己にアクセスする能力を強化する最も効果的な二つのメカニズムは、自己修養の実践と深い傾聴に基づくサークル・ワークだ。日々の自己修養の実践は、外からの雑音をすべて締めだし、自分にとって本質的なことだけに集中する静寂や瞑想の時間を取ることを意味するが、さまざまな形の中から自分にとって最も効果があるものを選べばよい。肝心なのは、毎日実行することだ。サークル・ワークはふつう参加者が七人までの小グループで、年に数回集まって、各メンバーの人生や仕事の啓示や旅に注意を向け、深く傾聴することを通してお互いをサポートし合う。(16)

8 **ひたすら繰り返す。**Uの左側の「ひたすら観察する」に対応するのは、右側の「ひたすら繰り返す」だ。出現しつつあるのが見えることを実行し、それに適応することだ。あなたの生活では、新しいことを行動によって探るためにひたすら実践することができる窓のない地下室はどこにあるだろうか。

9 **未来の場につながるひび割れに気づく。** あらゆる変化は状況の中で起きる。それは個人の状況であることも、関係性、組織、地球規模の状況であることもある。ひびが入っているところに注意を向けるには、システムと自己の周縁部を探る必要がある。うまくいけば、これらの周縁部で、出現したがっている未来の可能性の場を感じ取ることができる。

10 **利害関係者に合わせて異なる言語を使う。** 複雑なシステムでイノベーションを起こすには、多くの言語に通じ、さまざまな利害関係者と**彼ら**にとって重要な争点についてつながる必要がある。複雑な問題には複雑な解決策が求められる。一つのことにしか焦点を合わせないアプローチは必ずと言ってよいほど失敗する。そうならないためには、どんな変化を起こすにも、お互いを必要とするすべての関係者が参加することに関心をもてるように問題の定義を拡げ、深めるやり方を習得する必要がある。

11 **他者（ほかの利害関係者）を変えたいと思うなら、まず自分を変える覚悟がなければならない。** システムを変える必要があるが、そのために階層を利用することができない場合、最も影響力があるのはほかの利害関係者との関係性の質だ。それを築き、強化しなければならない。それには、**まず**自分自身を変える覚悟が要る。

12 **決して、決して諦めない。あなたは一人ではない。** あらゆるイノベーションと再生の深遠な旅は、非常な忍耐力を必要とする。重要なアイデアが現実の世界で何らかの具体的な形を生み出すまでには、何年間も取り組んでは失敗すること、つまりは練習が必要であることが多い。決して諦めないことだ。つねに失敗から何が学べるかを探り、立ち上がり、もう一度やってみることだ。試みが失敗してやる気をなくすのは、エネルギーの無駄だ。自分自身（と、ほかの人々）の評価・判断の声、諦め・皮肉の声、恐れの声にとらわれることになる。変化を主導するために最も必要なものは、勇気だ。端まで行き、未知のものに跳び込む勇気だ。その勇気は、我々を自分の存在の深い次元――本当の自己――につなげる重要な側面である。勇気は、我々は一人ではないという信頼に宿る。あるいは、ある経験豊かな変革者が言ったように、「集合体は必ず結果を出す」。

ジャーナリングのための問い

静かな時間を取り、日誌に次の一六の質問への答えを記録する。一つの質問に、一～二分をかける。

1 あなたの生活と仕事の中で、死につつある、または終わりつつあるのは何で、生まれたがっているのは何ですか。

2 あなたにとって、自分の最高の可能性を実現するのに手を貸してくれた「守護天使」は誰ですか。

3 今、未来の可能性へのひびが入って開きつつあると感じるのは、どこですか。

4 今の仕事や個人的な生活のどんなところに最も苛立ちを覚えますか。

5 あなたにとって最も重要なエネルギーの源は何ですか。あなたが愛することは何ですか。

6 ヘリコプターから見下ろすように、自分自身を観察してください。職業上の旅と個人の旅の今の段階で、しようとしていることは何ですか。

7　あなたが属するコミュニティ／組織／団体の旅を、上空から観察してください。あなたたちの集合的な旅の中で現在の段階でしようとしていることは何ですか。

8　以上の質問への答えを見て、どういう質問を自分自身に問う必要があると思いますか。

9　今の自分の状況を、旅を始めたころの若い自分の視点から眺めてください。その若者は、あなたに何と言うでしょうか。

10　人生の最後の瞬間、旅立ちのときまで早送りできると想像してください。そしてあなたの人生の旅の全体を振り返ってください。そのとき、何を見たいと思うでしょうか。この地球にどういう足跡を残したいと思うでしょうか。

11　その未来の視点から、あなたの未来の大きな自己（Self）は、今の小さな自己（self）にどんなアドバイスをするでしょうか。

12　では、現在に戻り、あなたが作り出したいもの、今後三〜四年のビジョンと意図を結晶化してください。自分自身と仕事に、どんなビジョンと意図を持っていますか。個人の生活、職業生活、社会生活で作り出したい未来の中心的な要素は何ですか。浮かんできたイメージと要素を、できるだけ具体的に説明してください。

13　あなたのビジョンを実現するためには、何を手放さなければならないでしょうか。死ななければならない古いものは何ですか。脱ぎ捨てる必要がある「古い皮」（行動、思考プロセスなど）はどんなものですか。

14　今後三カ月の間に、実際に何かをすることによって「新しいもの」を発見できるような、意図された未来のマイクロコズム（縮図）のプロトタイプを作るとしたら、それはどのようなものになるでしょうか。

15　あなたの最高の未来の可能性を現実にするのを手助けしてくれるのは誰でしょうか。

16　あなたの最高の意図を現実にするプロジェクトに取り組むとしたら、明日からの三日間にどういう現実的な第一歩を踏み出しますか。

サークルでの会話

グループの各メンバーに、この一六の質問への答えを記録してみて浮かびあがってきた最も有意義なことを話してもらう。深く傾聴し、会話の流れに委ねる。

第6章 関係性の転換を導く——エゴからエコへ

次の革命は、関係性に関するものである必要がある。社会と経済のシステム全体でコミュニケーションの質を変容させる革命である。その転換を起こさせるためには、会話における意識の視線を曲げて、その源に向ける必要がある。他者をただ見るのではなく、他者の目と全体の目を通して自分自身を見る方法を身につけなければならない。

エコ‐システム経済に移行するうえで我々が直面する最大の課題は、明確な意図を持ち、効果的で共創的なやり方で集合的に行動することである。私（オットー）はこの数年間、MITのジョン・スターマン教授が考案した気候変動シミュレーション・ゲームに参加した企業幹部を観察してきた。グループを数人ずつのチームに分けて、各チームに現在行われている国連主導の二酸化炭素排出量に関する交渉での主要国グループを割り当てる。交渉担当者たちが合意したことは、実際の気候データを使ったシミュレーション・モデルに入力される。予想される気候の変化が計算されると、交渉担当者は二回目の交渉のテーブルにつく。これを三回か四回繰り返した後、彼らが集合的に下した決定から必然的に導かれる世界の気候に対する破滅的な影響が発表される。[1] その後で、グループは学んだことについて深く思索する。

三つの障害——否定、諦め・皮肉、落ち込み

私は、交渉後の振り返りの時間の間に、参加者たちが、自分たちの行動の結果を深く受け止めることを妨げる三つの習慣的な行動を示すことに気づいた。(1)否定、(2)諦め・皮肉、そして(3)落ち込みである。

現実回避の戦略で最もよく見られるのは、否定である。我々は「緊急」の問題で自らを忙しくして、本当は最も切迫した問題であるかもしれないことに注意を向ける時間がない状態にする。タイタニック号のデッキチェアを並べなおすのに忙しいのだ。

第二の反応は諦め・皮肉である。合意がもたらす結果が一旦明らかになると、諦め・皮肉は安易な道だ。批判的な人は、自分の行動の結果と自分自身との間に距離を置く。「どっちみち世界は破滅するんだ。**私**が何をしても関係ない」というわけだ。

しかし、この二つの現実回避戦略に対処したとしても、まだ三つ目の戦略が待っている。落ち込むことは我々に、集合的に現実を違う機能の仕方に移行させる力を持たせないようにする。諦め・皮肉が心のレベルで、否定が思考のレベルで小さな自己(self)と大きな自己(Self)を切り離すように、落ち込みは意志のレベルで切り離す。すると、その空洞に疑いや怒り、恐れが忍び込む。恐れは、なじみのあるものを手放すのを妨げる。それが役に立たず、我々を引き止めているとわかっているとしてもだ。

会話が世界を作る

これらの三種類の現実回避に対処する方法を身につけるには、内省と、注意を向ける視線を曲げて自分自身に戻す会話が必要だ。これを会話4・0と呼ぶ。前章のベルリンの物語で語られたような、集合的な心の中の影を抱きしめ、眠っている我々の創造性の宝庫を解放する会話である。これについては後述する。

今日の最大の問題は、気候変動のような複雑な問題を、従来型の会話で解決しようとして、わかりきった結果を生んでいることだ。二〇〇九年のコペンハーゲンでの気候会議の崩壊とＭＩＴの気候シミュレーション・ゲームは、無数の例の中の二つである。

医療、教育、エネルギー、持続可能性など、今日の複雑なシステムはすべて、個人と集合体の両方を対象としている。後者には主に政府が介在する。したがって、社会のシステムの中で利害関係者がどのようにコミュニケーションしているかを示す図10では、一方では個人と集合体が分化し、もう一方では供給者と消費者が分化している。会話の四つのレベルは、四つの輪で表現されている。いちばん外の輪で表現されている最も一般的な種類の会話は次の性質を持つ。

1　一方的で直線的
2　包摂性と透明性が低い
3　少数の幸福に奉仕する意図によって組織化されている

図の中心には、最も稀で貴重な種類の会話があり、未来の変化の主要な鍼のツボを提供している。

それらは次の性質を持つ。

1　多方向的で循環的
2　包摂性と透明性が高い
3　すべての人の幸福に奉仕する意図によって組織化されている

レベル1——一方的、一方通行のダウンローディング、操作

レベル1のコミュニケーションは、一方向的で一方通行のダウンローディングであり、相手の幸福に奉仕するのではなく、相手を操作しようとする意図がある。ビジネスや選挙運動での企業コミュニケーションやプロによるコミュニケーションの戦略のほとんどは、この様式で計画されている。市場調査では、市民と消費者のコミュニティを細かなターゲットグループに分け、それに合わせたメッセージとコミュニケーション戦略の集中砲火を浴びせる。消費者や市民に毎日襲いかかるコマーシャルの洪水は、信じられないほどの量だ。一九九三年のある研究に

図10　経済システムにおける利害関係者コミュニケーションの4つのレベル

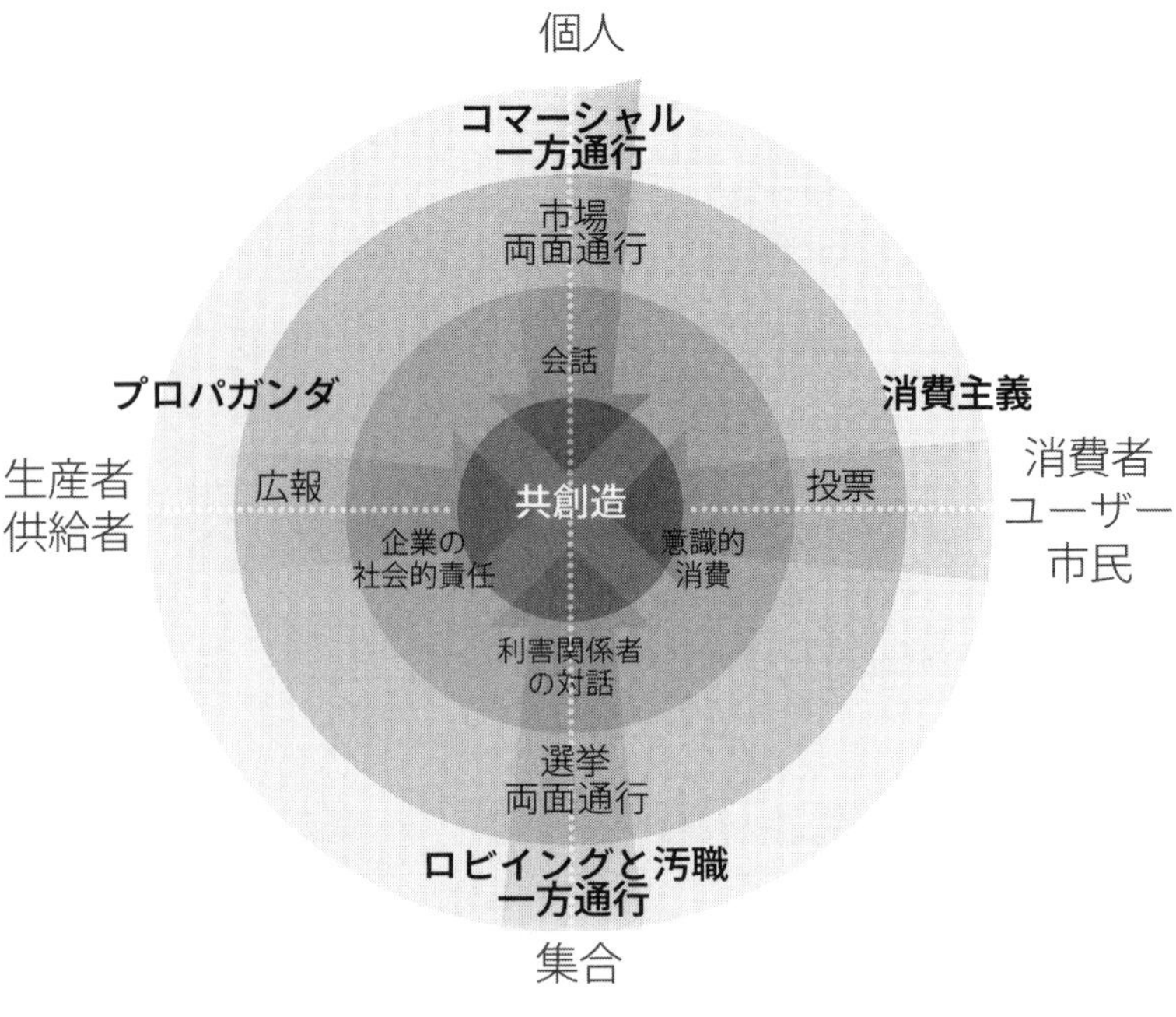

よると、アメリカの子どもは平均して一年に二万回、コマーシャルを見ているという。平均的なアメリカ人は生まれてから六五歳までに、二〇〇万回コマーシャルを見ている。

一方通行のコミュニケーションは「売り込む」ことしか眼中にない。狙った相手に何かを買わせたり、特定の投票行動を起こさせたりすることに集中する。だが、その相手には言い返す機会がない。ロビイストや特殊利益団体も同じように行動している。彼らの影響力は、特権的なアクセスやほかの関係当事者を会話から排除することに基づいていることが多い。

レベル2――双方向的、両面通行の議論、視点の交換

レベル2の利害関係者のコミュニケーションは、情報の提供と受け取りを意図した双方向的で両面通行の議論であり、応答またはフィードバックのメカニズムがある。市場では買い手は自分のお金で言い返す。民主的な選挙では、有権者は投票によって言い返す。どちらも双方向コミュニケーションの良い例だ。

レベル3――多数の利害関係者による対話――他者の目を通して自分を見る

レベル3の利害関係者のコミュニケーションは、内省、学習、対話を特徴とする複数の当事者間の会話を特徴とする。(2) 対話は、相手の目を通して、そして全体の状況において自分を見る会話である。円卓会議や「ワールドカフェ」から、双方向のソーシャルメディアまで、さまざまな例がある。会話がうまく機能するには、形態とプロセスとホールドされている場が必要だ。ナトゥーラ（自然派化粧品メーカー）やナイキ、ユニリーバなどのように、レベル3のコミュニケーションを取り入れてその恩恵を受けている企業もある。

たとえば、有機栽培野菜や果物の国際流通を手掛けるオランダのエオスタは、最も早く気候問題に対する施策を打ち出し、堆肥化可能な包装を使いはじめた企業の一つでもある。同社は顧客に製品の向こう側にある「見えない」プロセスを見てほしいと考えている。消費者は、一つひとつの製品につけられた三桁のコードを使って、エオスタのウェブサイトで生産者にアクセスすることができる。たとえば、マンゴーについている565というコードを入力すると、ブルキナファソのゾンゴ氏のページが現れ、消費者がコメントをすれば返事が書き込まれる。消費者がバリューチェーン全体の状況の中の自分を見ることができるこの仕組みは、レベル3のコミュニケーションの素晴らしい例だ。

多数の利害関係者間で行われるコミュニケーションのそのほかの例には、アメリカのニューイングランド地方で開かれている、市民が地域の問題を議論するタウンホール・ミーティングや、気候変動枠組条約などの国連の取り組みがある。これらのコミュニケーションがうまく機能するためには、それを可能にするテクノロジーとファシリテーションが必要だ。

結局、これらのアプローチはすべて同じ結果を生んでいる。システムの中の利害関係者がほかの利害関係者や、より大きな全体の状況に自分たちを置いて見てみることを促しているのだ。これらの分散したコミュニティが、より大きな絵の一部としての**自分自身を見る**ことができるように、注意を向ける視線を曲げている。

レベル4――共創的なエコ‐システムのイノベーション――エゴとエコの境界線を薄れさせる

レベル4の利害関係者間でのコミュニケーションは、多様なプレーヤーのグループが、エゴ‐システム意識をエコ‐システム意識に変えることによって未来を感じ取り、共に創造するのを助ける多方向的、共創造的な会話である。例として、世界ダム委員会やサステイナブル・フード・ラボなどの変革的なマルチステークホルダー・プロセスがある。これらについては後の章で詳しく論じる(3)。こうしたプロセスは、目覚ましい成果をあげているだけでなく、マインドセットと意識の覚醒においても、エゴ - システム意識からエコ - システム意識への転換、自分の幸福に価値を置くマインドセットから、パートナーや全体の幸福も尊重するマインドセットへの変化をもたらしている。

レバレッジポイント

非常に力づけられるレベル4のイノベーションの例はいくつかあるが、システムをより良く機能するように移行させるために最大の効果が得られるレバレッジポイントが今日どこにあるかは明白だ。

1　レベル1のコミュニケーションの有害な層（賄賂、政治献金、コマーシャル、今日の社会のコミュニケーション経路を毒しているそのほかのプロパガンダや操作）をなくす必要がある。

2　エコ - システムのパートナーが集まって、自分たちのエコ - システムの未来を共に感じ取り、プロトタイプを作り、共創造できるような、レベル4の共創的な利害関係者の関係性の新しい領域を築く必要がある。

問題は、どうやってそれを行うかだ。これらのレベル4の共創造の場を作り、規模を拡大できる能力を身につけるにはどうすればよいのか。そのインスピレーションを与えてくれる三つの物語を次に紹介しよう。

▼ガールスカウト──アリゾナ・カクタス‐パイン連盟（ACPC）

ACPCのCEO、タマラ・ウッドベリーは、ガールスカウトを、難しい社会的な問題のイノベーションに女性リーダーが重要な役割を果たすと考える、より大きな地球規模のムーブメントの一環ととらえている。彼女は二〇〇五年以来、プレゼンシング・インスティテュートのファシリテーター、ベス・ジャンダノアとその同僚のグレニファー・ギレスピーとともにサークル・オブ・ホールネスというプロセスを実験している。狙いは、連盟とより大きなアリゾナ州のコミュニティの中で、全体性と幸福の質的実践に深く潜ることだ。一八人のサークルを構成するのは、ガールスカウトのスタッフとボランティアのほか、実業界や非営利組織、市民活動のリーダーで、男性、女性、若者や高齢者もいる（一〇代後半から八〇代前半まで）。社会的・民族的なバックグラウンドもさまざまな人々である。

二〇一二年一〇月、全体性と幸福の経験と研究に浸る一日を過ごした後、グループは自分が学びのプロセスのどの段階にいるかに言及しながら自己紹介を始めた。グループには行動を起こしたいという強い衝動があったが、もう一方ではスピードを落として自らの中で出現したがっていることに耳を傾ける必要もあった。ベスとグレニファーはその二つの間に緊張があると感じた。突破の瞬間が訪れたのはそのときだ。国際的な建設用重機メーカーの元CEOのジョンが、行動にはやるその場の空気を一変させたときだった。彼はゆっくりとした調子で、慈善事業家になったばかりのころの苦労を語りはじめた。ジョンの話の質がグループの聴き方を開き、好奇心と空間の広がりを呼び起こした。

しばらくして、ACPC役員のキャロル・アッカーソンが話しはじめた。キャロルは、複雑な問題をわかりやすく概念化して明確な言葉で説明する能力に長けている。このときは、合理的なアプローチを取らずに、一瞬沈黙して言った。「私はいつも頭でしゃべるんですが、今回は、あまり居心地が良くなくても、私もみなさんもペースを落として、心で聴いたり話したりすることが重要だと思います。私は新しい感覚が体の中に起きているのを感じます。それはこういう意味ではないでしょうか。私たちが行動に飛び込むのを我慢することができたら、新しい可能性が現れる、と」

グループの上に深い静寂が下りてきた。みなで静かに座っている中で誰かが言った。「素晴らしいわ。いったい何が起きているのかしら」。グレニファーは静かに答えた。「グループの集まりの最初のころには、静寂が奇妙に感じられることはよくあります。みんなでもっと深いところに下りていくにつれ、『沈黙は金』という得がたい経験を集合体として持つことができるのです。この沈黙とともにしばらく座っていましょう。そしてその力に委ねましょう」。ベスはそういうときのことを、「私と集合体が内面で**再編成されている**ような、何か変容したような」体験と表現する。キャロルは後に、こう言った。「私は、ガールスカウトの創設者のジュリエット・ゴードン・ロウがあの部屋にいるような気がしました」

この沈黙に続いた会話は、グループがそれまでに考えたこともなかったアイデアが出てきて、生き生きと弾んだ。彼らはACPCの「トレードマークである」会話（雰囲気とプロセス）と物語（ユニークな指針と実践の内容）をどう定義できるかを探りはじめた。そしてそのミーティングで、「愛の経験を生成する会話を創造する」ことをACPCのユニークな未来の能力の一つとすることにした。

▼気候変動に関する会話を転換する

プレゼンシング・インスティテュート・アフリカの共同創設者、マーティン・カルング＝バンダは次のような話をしてくれた。

二〇〇九年一二月のコペンハーゲン気候変動会議では、気候変動のさまざまな問題に緊急かつ大胆に取り組む国際的な合意とコミットメントに至ることができませんでした。そのため、会議後には、世界は自らを裏切ったのだという見方や感覚が漂っていました。多くの人や組織にとって、コペンハーゲン会議は気候変動の議論と開発の思考と実践の間の断絶をもさらけ出したものだったのです。

二〇一〇年半ば、「気候と開発知識ネットワーク（CDKN）」は気候変動と開発のつながりを強化する方法について考えはじめました。気候と開発のつながりに新しい命を吹き込むイベントを企画するために、いくつかの組織が集まり連合を作りました。この考え方が結晶化したのが、二〇一一年四月にオックスフォードで開催されたCDKNアクション・ラボ・イベントです。

イベントの準備は、さまざまなセクターのプロセスデザイナーとファシリテーターのグループが主導しました。その意図は、七〇以上の国の公共、民間、市民社会セクターからの二〇〇人の参加者が、気候変動と開発が結びつく部分で実行可能なアイデアを生み出すことができるイベントを作り上げることでした。参加者の経験と専門知識がオンラインのツールを通して集められました。課題の重要な側面に光を当てられるようなゲストスピーカーを探しました。ファシリテーターは四カ月にわたって毎週オンライン会議を開き、イベントの主催・実行のプロセスを設計し、テストしました。

開催場所のオックスフォード大学は、ブレークスルーを起こす思考に求められる空間と雰囲気を提供できることを考慮して慎重に選ばれました。人間の相互作用とシステム思考のベストプラクティスを活用し、プログラムの設計に取り入れました。プロセス全体を、全体での会話と小グループでの議論と個人の内省の時間を組み合わせて構成しました。参加者の創造性を最大限に引き出すために、彫刻や素描、絵、システム・ゲーム、ジャーナリングなどの創造的プロセスのさまざまなツールやテクニックを用いました。

会議は、フィールドを感じ取りながら過ごす三日間で幕を開けました。気候変動の厳しい現実をできる限り理解し、共有するのです。次に、参加者はオックスフォード植物園を訪れ、一時間の深い内省を行いました。内省の指針として二つの問いを設定しました。「本質的でないものすべてを保留するとしたら、私の最善の大きな自己（Self）はどういう人間になるだろうか」と「生命は、未来の世界を変えるために、私／私たちに何をするよう求めているのだろうか」。内省の時間が終わり、二〇〇人の参加者は全体会議場に戻りました。二〇〇人のグループが、長い間いっしょに共通の課題に対する解決策を探していた小さなグループのように感じられました。

みな驚くほど自然に、静寂の一時間から湧きあがってきたお互いの洞察に聴き入りました。そこで語られた言葉の多くは、讃美歌集の同じページをそれぞれが歌っているかのように聞こえました。何が危機にさらされているかを感じ取ることで私たちは一つになりました。お互いに口に出しては言いませんでしたが、一時間の内省の時間を通して、共通の未来を垣間見たように思われました。この経験は、コペンハーゲンで失望した後、新しい希望の感覚をもたらしました。ガーナからの参加者のウィンフレッドはこう言いました。「コペンハーゲンの結果で意欲をなくしていましたが、世界を変えるのに政治家である必要はないことがわかりました。今度は私たちが政治家たちにリーダーシップを提供する番です」

参加者は関心と仕事および組織の注力している所に基づいて小グループに分かれ、共に描く共通の未来が着地できる滑走路を作る方法として二六のプロトタイプを協力して考え出しました。四日間のイベントから現れたさまざまな協働関係やネットワークも、同じくらい意義深いものでした(4)。

マーティンの話で非常に興味深いのは、否定や諦め・皮肉、落ち込む声が変容したことだ。これらのネットワークはその後、気候変動問題への最先端の対処法になるいくつかの取り組みを実行している。これらはＣＤＫＮのウェブサイト、http://cdkn.org/ で見ることができる。

オックスフォードでの会議から出てきた有望な進展の一つに、ガーナの副大統領、閣僚、国会議員その他の最高レベルのリーダーが参加して二〇一二年に行われた同じような試みがある。これらのリーダーたちに、気候変動が彼ら自身にとって何を意味するかについて内省するよう求めたのだ。気候変動の影響を描いた地元の学生たちによる演劇と、ガーナ国民がリーダーたちに行動を起こすよう求めるドキュメンタリーを見てもらった。官房長官は次のように述べている。「それまでずっと、我々は気候変動を日常の仕事からかけ離れた問題と見ていました。政府の手段を使って、子どもたちのために未来を変えなければなりません。この問題をどうしてこんなに長い間ほったらかしにすることができたのでしょう」。今日までに、さらに四〇〇人以上の政府の官僚が同じようなプロセスに参加し、地域での変革に取り組んでいる(5)。

▼ELIAS──新しいリーダーがさまざまな分野でイノベーションを起こす

三つ目の物語は、マサチューセッツ州ケンブリッジが舞台である。二〇〇四年ごろ、著者らは苛立ちを覚えるようになった。大局をよく見れば、まずまずの成果をあげているプロジェクトもあったが、三つの大きな分断については真の影響を与えているとは言えないことに気づいたのだ。また、我々の仕事の大半は、個々の組織の内部で起きていることに力を注ぐものだったが、社会が抱える最大の問題は、組織と個人の間、異なるセクター、システムと市民の間にあることが多いということにも気づいた。

ある日、友人のピーター・センゲとデイナ・カニンガムと話をしていたとき、我々はついに何らかの行動を起こすことを決意した。長年共に仕事をしてきた主な組織のいくつかに、オットーが話をしに行くことにした。二〇〇五年からオットーはこれらの組織の主要な利害関係者と会い、我々が考えていたELIASの創設パートナーとしての参加を呼びかけるために、次のように課題を提示した。

確かに、未来が何をもたらすのかわかりませんが、一つだけよくわかっていることがあります。未来のリーダーが過去に例のない深刻な破壊や破綻、混乱に直面する時代に入りつつある、ということです。だから、今重要なことは、今後一〇年から二〇年に主要なリーダーの地位に就く人々をどう育てるか、彼らがシステムやセクターを越えてどれくらいよくネットワークを築けているか、彼らがどれくらい聴く能力に優れているか、問題を機会に変える創造性を持っているか、です。死活的に重要なこれらの能力を単独で養成できる組織はないのだから、実験をしてみませんか。あなたの組織の最も潜在力の高いリーダーの何人かに、一年に四、五週間、政府や実業界、非営利セクターの若いリーダーたちのグローバルなグループに加わって、彼らが属するシステムと彼ら自身の周縁部を探る経験をすることを勧めるつもりはありませんか。

驚いたことに、一人を除いて全員がイエスと言った。

二〇〇六年三月、オックスファム、WWF、ユニリーバ、BASF、日産、ユニセフ、InWEnt（ブラジル）、インドネシア財務省などのELIASのパートナー組織から二七人の潜在力の高い若いリーダーが、共感知、共啓発、共創造のUプロセスに沿ったイノベーションと学びの旅を始めた。本業を続けながら、我々とともに、深く感じ取るための旅や、利害関係者の対話、戦略合宿、デザインスタジオ、行動によって未来を探るための短いサイクルでのアイデアのプロトタイピングといったイノベーションのための新しいツールを考えたり使い方を学んだりした。

旅が終わるころには、次のような成果があがった。

1　個人に深い変容が生じた。
2　グループ内の関係性と外に及ぶ関係性が大きく変化した。
3　さまざまな新しいアプローチを示すプロトタイプが生まれた。非常に面白いものもあった。それ以外のものも、誰にとっても貴重な学びの体験であるように思えた。

しかし、誰も予想していなかったのは、この小さな苗のようなミニ・エコ・システム、あるいはミニ・プロトタイプが、数年間のうちに本当に素晴らしいグローバルなイノベーションの生態系に成長したことだ。誰も取りたてて大声で宣伝したわけではないが、これらの取り組みは有機体のように何度も再現され、今では何十もの組織と何千人もの人が新しい協働のプラットフォームを共に創造しつづけている。

いくつかの例を挙げよう。

▼ELIASプロトタイプ——グローバルな革新の生態系

・南アフリカからの参加者たちの「サンベルト・チーム」は、二酸化炭素排出削減と農村コミュニティの経済成長と福祉の増進のために、分散型の民主的発電モデルを使って、社会から見捨てられていたコミュニティに太陽光発電と風力発電を普及させる方法を探ろうとした。このプロジェクトが世界的なNGOの戦略上の優先順位を変え、その結果、ジャスト・エナジー社という社会的使命に基づく会社が創設された。南アフリカで事業を展開する同社は、急成長する再生可能エネルギー市場に参入しようとする地域コミュニティを支援している。(6)

・インドネシアでは、インドネシア商業省のELIASフェローが、Uプロセスを応用して持続可能な砂糖生産に関する新しい政策を立案した。彼は政策立案プロセスにすべての主要な利害関係者を参加させようと考えた。結果は素晴らしかった。歴史上初めて、商業省の政策決定が農民などのバリューチェーンに連なる人々からの激しい抗議や暴動を引き起こさなかった。今では多くの省庁で、ほかのコモディティのための政策や持続可能な生産のための基準にも同じアプローチが用いられている。

・インドネシアではまた、ELIAS(今ではIDEASと呼ばれている)モデルに基づいて、三つのセクターからの参加者を対象にしたU理論を土台としたリーダーシップ・プログラムが発足し、すべてのセクターから三〇人のリーダーが参加している。彼らはいくつかのプロトタイプ作りに取り組んでいるが、その一つであるボジョヌゴロのケースを後で取り上げる。IDEASインドネシアのプログラムの修了者は約一〇〇人で、二〇一三年春から四回目のプログラムが始まっている。

・GIZ（ドイツ開発協力省）のELIASフェローは、南アフリカとインドネシアの若いリーダーたちとともに気候変動と戦うためのラボを立ち上げた。

・二〇一二年に、ELIASとIDEASをモデルにした中国で初めてのIDEASプログラムが始動し、上級官僚や中国国営企業幹部が参加している。世界最大級の国営企業のいくつかと協働する二回目のIDEAS中国のプログラムは、二〇一三年に始まる。

・MITでは、二人のELIASフェローが組んで、後にMIT CoLab（Community Innovators Lab）となる協働的な研究ベンチャーを創始した。その後CoLabは、MITの都市研究計画学部の学生のための、現場主義の行動学習を柱にしたイノベーションのホットスポットとして注目されるようになり、U理論に関連する手法を実践している。

ELIASに触発された取り組みもある。ナミビアの妊産婦保健イニシアティブと、コーラル・トライアングル・イニシアティブ（CTI）はその例だ。CTIは、持続可能な漁法を収益共有と経済機会に結びつけた六カ国条約という成果を生み出した。[7] ELIASのネットワークで非常に興味深いことは、アイデアと取り組みを絶え間なく生み出しつづけているところだ。[8]

では、ELIASのプロジェクトから、共創的な起業の取り組みのためのプレゼンシングのプラットフォームを作ることについて、我々が学んだことは何だろう。

▼五つの学びの体験

ＥＬＩＡＳは我々が根強く持っている前提の多くに異議を唱えた。第一に気づいたことは、ＥＬＩＡＳはおそらくこれまでで最も強力で影響力のある取り組みだろうが、クライアント主導の関係性から生まれたのではないということだ。誰かに頼まれたのではない。我々の深い苛立ちと意欲から生まれたのだ。

第二に、多数の利害関係者がかかわる仕事のほとんどは「問題解決」中心の枠組みでとらえられているが、これが限界を定めているのかもしれないことがわかった。「エネルギーは意識についてくる」を指針にするべきだ。問題を解決することや隙間を埋めることしか考えていないマインドセットは、創造性を制限してしまう。我々の場合、多様なシステム、セクター、文化から若く潜在力の高い変革者を集め、彼らのシステムの周縁部にある、フィルターを通さないさまざまな生の経験に放り込み、黙考と内省の優れた実践法を教え、彼らが共に見たり体験したりしたことの意味を考えさせるだけだ。そこから面白い新しいアイデアが出てくるのは間違いない。それを支えるインフラがあれば、そしてリーダーたちに自分が信じることのプロトタイプを作る機会が与えられれば、こういうプロセスの結果は強力なものになる。

第三に、個人のスキルやツールは、たいてい過大評価されているということがわかった。方法やツールはＥＬＩＡＳの旅の非常に重要な部分であり、これらがなければプロジェクトは成功しなかっただろうが、最も重要なのは我々がたどった深い旅であることも明白だ。ばらばらだった個人が変革者たちの共創的なネットワークの一部になった。あの旅は、人々がこれまでとは異なるところ、もっとリラックスした、静かで、英気に満ちた、集中力が高まったところから行動するのを助ける**意欲にあふれるつながりの場**を目覚めさせたようだった。このつながりの炎に火をつけるのは、今日のあらゆる教育とリーダーシップの核心であり、真髄である。それ以外のものはすべて二次的だ。ＥＬＩＡＳの場合、プログラムが終わった後も炎はずっと燃えている。外に向かって火花を散らし、さまざまな分野にも飛び火しているのを目にする。全体として、我々は今日でもまだ十分に理解できていない集合的創造力と、カルマとしてのつながりの源に触れたように感じる。

四番目に学んだことは、イノベーション、リーダーシップ、学習のセクター横断的なプラットフォームには質の高いホールドされた場が必要だということだ。そのホールドされた空間は、プロセス、人、場所、目的で成り立っている。最も重要な構成要素はいつも同じだ。成功をもたらすために全力を尽くすコミットメントを持った何人かの人々だ。そういう人は一人か二人しかいないかもしれない。だが、四、五人いれば、山を動かすことができるかもしれないのだ。

五番目に、誰もが支持できる未来の可能性への開口部であるひび割れに注意を向けることを学んだ。すべてのセクター横断的プラットフォームは同じ問題に悩まされる。そこで必要とされる人たちは、すでに今所属している組織機構の仕事で手いっぱいだということだ。多数の利害関係者がかかわるプラットフォームで、議論は盛んでもほとんど実行がともなわないのはそのせいだ。したがって、セクター横断的、組織横断的なイノベーションのためのプラットフォームを成功させる唯一のチャンスは、参加する個人とその人が所属する組織機構のすべてがきわめて高い価値を置くテーマを選ぶことだ。

▼共創的な経済を育てる

ＥＬＩＡＳ、ＣＤＫＮアクション・ラボ・イベント、ガールスカウト－ＡＣＰＣリーダーシップ・サークルが教えてくれることはほかにもある。

その一――協力と競争の境界線を引き直す。資本主義２・０は競争の論理で成り立っている。３・０経済はそれに政府の措置を加えた（その例が福祉国家）。今日我々は、市場と政府が同時に失敗することを特徴とする課題に直面している。これらの問題に対応するには、すべてのセクターによる市場前協力の場を導入して、競争と協力の境界線を引き直すことが必要だろう。

その二――競争と協力の境界線を引き直す最も効率的な方法は、ビジネスと社会にすでにあるエコ－システムの中に、共創造のための場またはプラットフォームを構築することだ。エコ－システムとは、社会的システムとそれらを支える社会や生態系、文化の状況を合わせたものである。たとえば、教育システム、医療システム、食糧システム、エネルギー・システム、各種のビジネス・システムなどがその例だ。あるエコ－システムの利害関係者が、何らかの希少資源（コモンズ）を共有している場合、それを使いすぎることではなく、保存し持続させることが全員にとって重要な利益になる。

その三――エコ－システムのイノベーションのプラットフォームと場は、利害関係者が協働関係をエゴ－システム意識からエコ－システム意識に変えるのを促す新しい社会テクノロジーを必要としている。そういう社会テクノロジーの一つが、Ｕ理論だ。Ｕ理論の観点からは、次の五種類の革新インフラを築くことが鍵となる。

1 **共始動のためのインフラ**。多様な利害関係者がかかわるプロジェクトで成功しているものは、同じ基盤の上に築かれている。それは、所属するコミュニティで信頼されている一人か二、三人の地元のリーダーの無条件の献身だ。エコ - システムが細かく分断されている場合、プロジェクトを共始動させる中核グループは、エコ - システム全体の多様性を反映していなければならない。

2 **共感知のためのインフラ**。エゴ - システム意識からエコ - システム意識へとマインドセットを変える最もシンプルで効果的なメカニズムは、人をシステムの端（エッジ）へと感じ取る旅に連れていくことだ。そこでは他者の視点、特に最も端に追いやられている人々の視点からシステムを見ることができるようになる。シャドーイングや利害関係者のインタビューも、参加者が多くの利害関係者の観点と、全体の視点からシステムを見ることを学ぶのによい活動だ。[9] 最も不足しているものが、共感知のための効果的なインフラである。

3 **共に触発し合うためのインフラ**。分散したリーダーシップの領域でますますパワフルになっているレバレッジポイントは、意思決定者が個人としても集合としても、自分の知の深い源とつながるのを助けるマインドフルネスとプレゼンシングの手法の活用である。

4 **プロトタイピング、または行動することによって未来を探るためのインフラ**。プロトタイピングはプロセスだ。知らないことについて心配することをやめ、知っていることについて行動しはじめる。プロトタイピングのプロセスを成功させるには、意図を同じくする献身的な中核グループ、支援的な利害関係者とユーザーのネットワーク、具体的な「0・8プロトタイプ」（不完全だが、システム内のパートナーからのフィードバックを引き出すようなプロトタイプ）、利害関係者からのフィードバックを取り入れて前進するという中核グループの固い決意、そして、すべてのプロトタイプを見て、教訓を見定め、機能していない部分を取り除き、機能している部分を強化するという見直しのセッションが必要だ。

5 **共進化のためのインフラ**。小規模で現場型のプロトタイプのイニシアティブは種である。リーダーはシステムのある部分を選んでその種を導入したり、支援したりすることができる。これらの取り組みをより大きなシステムの文脈で育て、維持し、規模を拡大し、進化させるには、リーダーたちが職能や職位、組織の壁を越えて学ぶことと、現場でイノベーションに取り組むことが求められる。また、このような支援を提供するには、最上層部のチームが自らのエゴ-システム意識をエコ-システム意識に変えるリーダーシップの旅を進めるのを助けるインフラも必要だ。

結論と実践

Uプロセスの実践を通して我々は、ダウンローディングのパターンを打ち破り、個人を彼らの大きな自己（Self）に結びつかせることが、共創造の開かれたプロセスにとって絶対に必要であることを学んだ。多様な利害関係者のグループをUの旅に導くことで、次のような会話の段階に従って会話の視線を曲げることができる。

レベル1――順応、自分がすでに持っている評価・判断を他者に投影したり、確認したりする。
レベル2――対立、利害関係者が異なる角度から問題を見るとき、異なる見方が浮上する。

レベル3——結合、これらの異なる見方を同時に持ち、それによって意識の視線を曲げて、観察している自己に向ける——システムがそれ自体を見ることができるようにする（対話）。
レベル4——共創的なフロー——意識の視線を曲げて、創造性と自己の源に向ける——システムがその出現しようとしている未来の自己（Self）につながることができるようにする。

ツール——利害関係者へのインタビュー

これまでの章では、最後に読者が章の内容と自分の仕事や生活との関連を探るためのツールとして、答えを日誌（ジャーナル）に記録する問いを掲げてきた。この章では、別のツールを提案したい。利害関係者へのインタビューである。利害関係者へのインタビューの目的は、自分にとって最も重要な利害関係者の視点から自分の仕事を見る能力を養うことだ。この章で我々が力説してきた感じ取るためのツールの一例だ。詳細は、www.presencing.com/tools/u-browser で見ることができる。

オンラインで見ることができない読者のために、概略を示そう。——あなたの人生や仕事で本当に重要な利害関係者を三人から五人選ぶ。一人ひとりと会話をして、次の七つの質問をする（状況によって必要であれば、問いを修正する）。

1 あなたが自分の仕事で達成しようとしていることは何ですか。その仕事に私はどんな貢献をしているでしょうか。
2 私の貢献があなたの役に立ったときの例を一つ挙げてください。
3 私の貢献があなたの仕事に役立ったかどうかを、どんな基準で測っていますか。
4 私の影響力や責任の範囲の中で、今後三、四カ月の間にもし変えることができれば、あなたにとって最大の価値を生むことを二つ挙げてください。
5 過去に、私たち二人がいっしょに効果的に働くのを難しくした問題は何でしょうか。
6 今後の私たちの協働に関して、あなたが見たいと思う最高の未来とはどういうものでしょうか。
7 その望ましい未来の可能性への道に私たちを押し出すための、最初の現実的なステップは何でしょうか。

サークルでの会話

1 利害関係者へのインタビューから得た重要な洞察を一人ひとりに話してもらう。
2 現れてきたいくつかのテーマについて内省する。
3 前章のベルリンの話やこの章で紹介したベス・ジャンダノアの話で起きたような社会的な土壌の移行を経験したときのことについて、サークルで共有したい人に話をしてもらう。社会的な土壌がある状態からもう一つの状態に変わるのをあなたが見たときのこと——社会的な場で、人々のお互いとのかかわり方がどう変化したか、自分の何が変わったか、など気づいたことを話す。

第7章

組織の転換を導く――エコ‐システム経済を目指して

次の社会的な革命は組織機構に起こらなければならない。組織的な注意を向ける視線を曲げ、その矛先を源に向けるよう促す革命である。その源こそ、組織機構のシステムが自らを観察し、再生させることができる場所である。

リーダーシップの場を移行させる

属しているシステムの重要な要素が縦割りで分離した中で機能しているとしたら、何をすればいいだろうか。答えは、「そのばらばらの要素を結びつける」だ。**リーダーシップの場を中心から周縁部に移動させる**、つまり、一つの場から多くの場へ移動させるのだ。そして、より分散型で直接的、対話的な方法で意味の理解が促されるように、これらの場をつなげる。

今日、多くの組織で、リーダーシップの場を中央の一カ所から周縁部の多くの場所に移行させるプロセスが進行している。このプロセスを牽引するのは、グローバル化、インターネットの興隆、それに分散・分権的な組織化を可能にする新しい情報・通信技術の融合だ。このプロセスの最初の波が起きたのは、グローバル企業や組織が、機能や事業部門、地理に応じて意思決定のプロセスを分散しはじめたときだ。

そして今、第二の波がリーダーシップの中心をさらに移行させている。意思決定はさらに外側へ、組織の境界線を越えて押し出されている。このプロセスはさまざまな名で呼ばれている。たとえば、拡張事業体、イノベーション・エコ‐システム、クラウドソーシング、群知能などだ。今日、組織で起きていることは、以前、グローバル化した世界の国民国家でも起きたことだ。組織も国民国家も、**大きな問題を解決するには小さすぎる、小さな問題を解決するには大きすぎる**ようになった。

その結果、古いモデルの転換が起きた。利害関係者間の共創的な関係の構築が組織化の新しいエコ‐システム・モデルの中心になるように、ピラミッドの上下が反転したのだ。

組織機構の転換

組織機構の転換のさまざまな例について論じる前に、組織機構の権力と組織化の、四つの主な論理を簡単に復習しておこう。

転換という概念を通して、1・0から4・0への旅の跡をたどってゆく。転換《インバージョン》というのは、ドイツ語の***Umstülpung***（ひっくり返す、さかさまにする）の訳だ。オットーがドイツで、ドイツ人前衛芸術家、ヨーゼフ・ボイスの作品を研究しているときに、この概念に出会った。転換の最も簡単な例はこうだ。靴下の片方を手に持ち、もう一方の手をその中に入れ、つま先をつかんで、完全に裏返しになるまで引っ張る。その動きを完了することが、転換、Umstülpungだ。

組織機構の場の構造の転換にも、同じ考え方が適用される。ここでは、権力の配置を反転させることを意味する。これから紹介する四つの図は、そのプロセスを図式化したものだ。ピラミッドの頂点（1・0）にあった権力の源が底辺に近づき（2・0）、さらに周縁部（3・0）、システムの周囲の領域（4・0）へと移行する。その結果起きる構造の変容の旅は、完全なる転換を特徴としている。

1・0構造では、権力はピラミッドの頂点にある。組織構造は、中央集権的でトップダウンだ（図11）。調整は、階層制と中央集権的な規制または計画を通して機能する。1・0構造は、頂点の中核グループが非常に優秀で、組織が比較的小規模である限りは、うまく機能する。組織や企業が成長しはじめると、意思決定を市場や市民に近づけるために、分権化することが必要になる。その結果生まれる2・0構造は、階層制と競争を特徴とする。

2・0構造では、分権化によって、権力の源が周縁部で行われている実際の仕事の近くに移動することが可能になる。調整は市場と

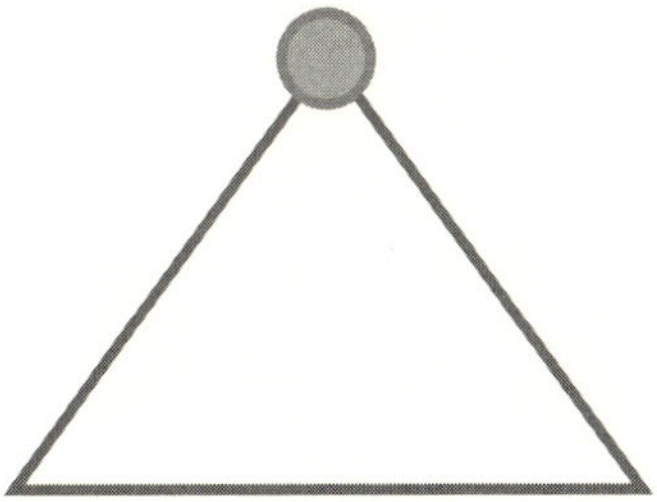

図11　構造1.0
ピラミッド。権力は中央集権化され頂点に存在する。図の実線は伝統的な垂直型リーダーシップ構造を示している。

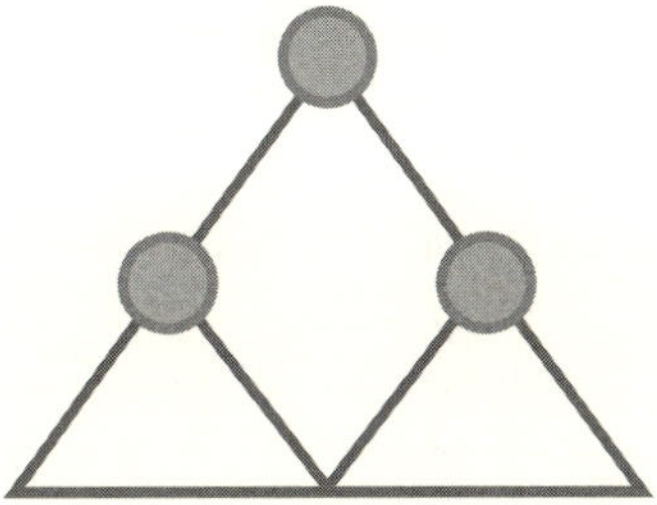

図12　構造2.0
分権化。権力の源が底辺に近づく。

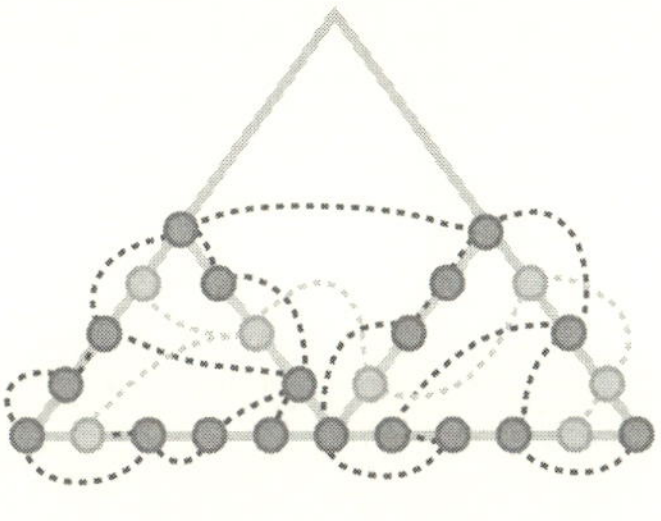

図13　構造3.0
ネットワーク化。権力の源が関係に基づくようになる。図の点線は、階層構造ではないネットワーク化された関係に基づくリーダーシップを示している。

競争を通して行われ、焦点はインプットからアウトプットへ移る。その結果生まれるのは、市場と消費者、またはコミュニティと市民に近いところで意思決定が行われる、機能または事業部門別に分化した構造である（図12）。2・0構造の良いところは、その部署や組織単位のすべてが、起業的独立性を持っていること。悪いところは、それぞれの組織単位の間の空間を管理する者がいないということだ。

そこで3・0構造が登場する。力の源はさらに頂点から遠ざかり、従来の組織の境界線を越えた**外側**から力が生じるようになる。その結果、構造がフラット化し、ネットワーク型の組織が出現する。調整は、利害関係者や利益団体の間の交渉と対話を通して行われ、権力は、境界を越えたプレーヤー間の関係から生じる（図13）。

3・0構造の良いところは、ネットワーク化されたつながりだ。悪いところは、既得権の増大である。特殊利益団体は、全体の福利を犠牲にしても、自己利益に資するようにコネのネットワークを使う。たとえば、ウォール街（自分たちが冒したリスクのつけを納税者に払わせる）、モンサント（インドの農民から文化的財産権を奪う）、巨大エネルギー企業（気候変動について、消費者を惑わせる擬似科学に資金を提供する）、医療業界（医療費を法外に高く保つ）、労働組合（失業した非組合員の福利にほとんど注意を払わないことが多い）、環境保護組織（保護地域のコミュニティの福利にほとんど注意を払わないことが多い）などがその例だ[1]。

4・0構造では、力の源はエコ-システム全体の中の個人や組織機構の間の共創造関係が作り出す**周囲の領域**に移動する。調整は、出現しつつある全体に向けられた共有の意識を通して行われる。4・0では力は、あるエコ-システムの成員の単なるエゴ的な存在（私の中の私）からではなく、全体の存在（私の中の私たち）から生まれる。図14は、1・0から3・0への階層のフラット化が、底辺の下へと続く様子を表している。さかさまになったピラミッドの底辺の下のU字型の領域は、思考と心と意志を開くことによって変容した関係性の空間を表している。

1・0から4・0への旅は、二つの意味で転換の物語である。第一に、力の源が頂上と中心（1・0）から底辺／周縁部（2・0）、組織の境界線の外側（3・0）、そして組織を取り巻くエコ - システム（4・0）へ転換する物語である。この旅は、閉じていたピラミッド（1・0）が完全に転換する（4・0）まで、深く開かれていくプロセスだ。

第二に、精神と物質の再統合に関する転換という側面だ。1・0のシステムを決定づける特徴は、精神と物質の分離である。リーダーシップの力は頂上から生じ、頂上からピラミッドの底辺までの距離、つまり精神（統治する、導く）と物質（第一線での仕事）の距離は最大になる。その後の旅で、システム（ピラミッド）の頂点から底辺までの距離は次のように縮小し、変化する。2・0構造では、縦方向の分離は、分権化と部門化を通してある程度縮小する。3・0構造では、システムの底辺での水平方向のネットワークによる組織化によって、縦方向の分離はさらに縮まる。ネットワークによる組織化は、縦の距離を縮めるには効果的だが、習慣的なマインドセットを変えるにはあまり効果がない。4・0への最終的な移行は、それまでピラミッドであったものの底辺から、かつてのピラミッドの底辺の下の「負の空間」、つまり、エゴ - システム意識からエコ - システム意識への移行を促すためにシステムが自らを観察できるようにする空間への移行である。自らに対して本当に意識的

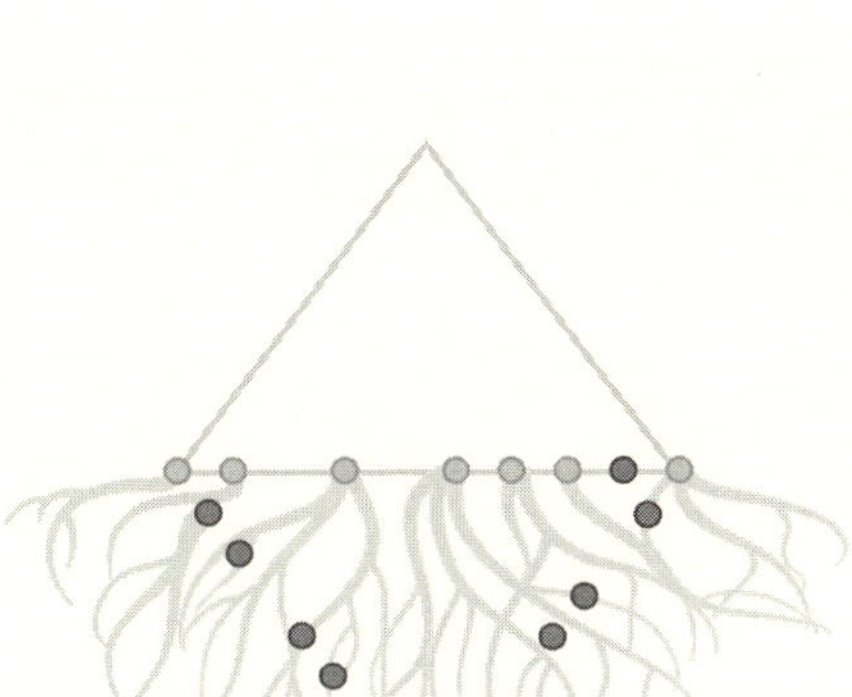

図14　構造4.0
転換したピラミッド。関係性をエゴ的（私の中の私）からエコ的（私の中の私たち）に変容させる。

であろうとするシステムやコミュニティは、かつて底辺の下にあった負の空間を耕さなければならない。言い換えれば、出現しつつある新しい4・0型の組織化の土台となるシステムである社会的な場の土壌を耕さなければならない。

したがって、組織機構の転換は、力の源を頂点/中心から周りを取り巻く領域へ移行させる徹底的な開放のプロセスと表現することができる。また、ピラミッド構造を、「意識を向ける」「会話をする」「組織化する」「統合する」といった社会的な場の土台となるプロセスを育むU字型のホールドされている空間へと転換することによって、システムにおけるリーダーシップと第一線の仕事との間にある精神-物質の垂直方向の分離を克服する物語として語ることもできる。

セクターを超えた4・0革命を主導する

個人と関係性の変革は重要だが、今日の社会のさまざまなシステムを構成する主要な組織機構の変容に成功しない限り、これまでの章で論じてきたどの変革の取り組みも目の前の世界規模の課題に何の影響も与えられないことは、誰でもわかっている。

企業	NGO	銀行
中央集権的：階層制：オーナー主導	プログラム中心：反応主導	伝統的金融：オーナー主導
分権化：事業部：株主および目標主導	政策中心：アドボカシーおよびキャンペーン主導	カジノ金融：投機主導
マトリックスまたはネットワーク：利害関係者主導	戦略的イニシアティブ中心：利害関係者主導	社会的責任金融：利害関係者主導
共創的エコ-システム：意図主導	エコ-システム中心：意図主導	変革的エコ-システム金融：意図主導

組織機構の変容は、4・0への前進を促すことによって達成される。それには階層制と競争の古いメカニズムに取って代わったり、補完したりする組織機構の転換のプロセスが必要だ。対話的、共創的な関係を耕すことで、それぞれのエコ - システムの利害関係者がシステム全体に及ぶイノベーションを行うことができるようになる。

この章では、我々の世代に求められている組織機構の変容を導く発展的なロードマップを描く。将来を見据えて積極的に取り組むこともできるし、外部からの苛酷な破壊的混乱や衝撃に見舞われつづけた後に、子どもたちに託すこともできる。これは何年もかけて醸成されてきた変容だ。4・0への旅は、場所やセクター、文化によって異なる形で何世紀も続いてきたプロセスの次の段階なのだ。4・0革命は、中国や南米、アフリカでは欧米とは異なる様相を呈するだろう。医療、教育、エネルギー、農業などの各システムでも、それぞれ違ったものになるだろう。だが我々の経験からは、どんな部門やシステムも、基本的には同じ課題に取り組んできたと言える。それは全体性から行動する能力を養うということだ。

表9に、この章の概略を示した。1・0から出現しつつある4・0の可能性まで、社会のシステムすべてが類似した道を

表9　各セクターにおける今日の組織機構の変容

段階	政府	医療	学校
1.0 伝統的意識： 階層制	支配的な国家	インプットと権威中心： 組織機構主導	インプットと権威中心： 教師主導
2.0 エゴ - システム意識： 市場と競争	休眠状態の国家	アウトプット中心： 管理医療主導	アウトプット中心： テスト主導
3.0 利害関係者意識： ネットワークと交渉	福祉国家	患者中心： ニーズ主導 病因論	生徒中心： 学習主導
4.0 エコ - システム意識： 意識に基づく 集合的行動（ABC）	4D：直接的、 分散型、 民主的、 会話的	市民中心： 幸福主導 健康生成論	起業家精神中心： 共感知と共創造 主導

通ってきたことがよくわかる。この章ではこれ以降、どのようにして各システムをエゴ - システム意識からエコ - システム意識へと移行させるか、言い換えれば、特定の利益に基づく組織化から共通の利益に基づく組織化へと移行させるにはどうすればよいかに焦点を合わせていく。これらのシステムをこんなにも長い間、隔ててきた縦割りの壁は、4・0へ向かう旅が進むにつれ、徐々にではあるが必ず開かれるだろう。

政府と民主主義4・0――
直接的、分散型、デジタル、対話型

政府4・0への旅は次のような段階を追う組織機構の変化である。

1・0――中央集権的な統治者中心のシステム（**朕は国家なり**――「国家とは私のことである」）
2・0――抽象的、分化した機械のような官僚制（マックス・ウェーバーの言うような）
3・0――市民により多くの注意を向けるネットワーク化された政府
4・0――市民とつながり、市民を力をづけ、共に全体を形づくるように機能する、分散した直接的、対話型システム

政府4・0へのこの旅は、次のように移行する民主主義4・0への旅と密接に結びついている。

1・0――一つの党による民主主義（中央集権的）

2・0――複数の党による間接的（議会制）民主主義
3・0――参加型の間接的（議会制）民主主義
4・0――参加型の4D（直接的、分散型、デジタル、対話型）民主主義

民主主義4・0に転換するには、権力の源を中央の習慣的な行動から周縁部のコミュニティの現実的なニーズと期待へ、トップダウンのリーダーシップから新しいことを共に感じ取り共に形づくる共有プロセスへと移行させることが必要だ。

そういう出現しつつある未来の一端を見せてくれる二つの事例を紹介しよう。

インドネシア、東ジャワ州ボジョヌゴロ――民主主義の場を4・0に転換する

MITでオットーが座長を務めるIDEASインドネシアのプログラムは、システム思考とプレゼンシングに基づき、政府、企業、NGOの有望なリーダーが集まる多様なグループを、社会と自己の端まで行って深く没入する旅に導く九カ月のイノベーションの旅である。プログラムの後半では、参加者は行動によって未来を探るイニシアティブのプロトタイプを企画する。最近のプログラムから生まれたあるプロトタイプは、政府の汚職の問題に取り組むものだった。

ボジョヌゴロ県のスヨト知事がリーダーとなって作り上げたプロトタイプは、同県の汚職を減らし、行政サービスの質を向上させることを目標としていた。インドネシアは政府1・0から2・0への移行として、二〇〇五年に、中央政府による意思決定モデルから、四〇〇の県と直接選挙で選ばれる県知事の力を強化したより分権的なモデルへ移行した。

ボジョヌゴロは東ジャワ州のそういう県の一つだが、かつては高い汚職率と低いサービスの質で

知られていた。ところが、二〇一一年と二〇一二年に行われたさまざまな面からの質の評価では、ボジョヌゴロは全国ランキング**上位一〇県**に入り、低い汚職率と高いサービスの質に対して各種の権威ある賞を受けた。何が起きたのだろうか。

二〇一〇年にMITのIDEASインドネシアのプログラムを修了したスヨト知事は、既成の利益団体の支援をまったく受けずに知事に選出された。自前の選挙資金も支援の当てもない彼にチャンスを与えようとする人は誰もいなかった。しかし彼は、彼にできる唯一のことをした。村へ出かけていって、人々の話に耳を傾けたのだ。予想に反して彼は勝利し、現職から知事の座を奪った。二〇一二年の選挙では、対立候補が業界からの強力な支援を受け（同県には国内有数の石油貯留層がある）、豊富な資金を反スヨト広告キャンペーンに投入したにもかかわらず、さらに差を広げて再選を果たした。もう一度問いたい。何が起きていたのだろう。大企業の後ろ盾もない人が、石油業界のような強力な既得権益に対抗して出馬し、勝つことができたのはなぜだろう。

スヨト知事は、就任初日に県の全公務員を招集し、総会を開いた。幹部の多くは、選挙期間中に反スヨト運動に積極的に参加していたため、失職を覚悟していた。スヨトは演説で二つの重要なメッセージを表明した。一つは、全員が職にとどまるということだった。そして、うしろを振り返るのではなく前を向きたい、過去とは違う未来を築きたいと言った。もう一つのメッセージは、公務員たちにしてほしくない三つのことを伝えていた。（1）どんなお金も受け取らない。（2）仕事の不満を言わない。（3）「これは私の仕事ではない」「これは私の責任ではない」と言わない。

これを聞いた公務員たちは驚いた。礼儀正しく聞いてはいたが、スヨトが本気で言っていると信じる人はほとんどいなかった。参加していた何人かによると、おそらく八割くらいの人は疑っていたという。何といっても、ほとんどの公務員や政治家は、今の地位を「買う」ために借金をしていたから、返済するために賄賂が必要だったのだ。

では、知事は、どう見ても彼に不利な経済的事情の中で、どのようにして周囲の疑い深い人々のマインドセットを変えることに成功したのだろうか。彼は最初に、三つの重要な行動を起こした。まず彼は、してはならない三つのことを伝えつづけ、日々この原則を自分の行動で表しつづけた。たとえば、知事公邸では、自分と家族は狭い客用の部分を使い、公式の客に（ときには運転手にも）広い部分を提供した。この異例の行動で彼は、公邸は彼個人のものではなく、それまでの知事や後に続くすべての人と同じく彼も客人として滞在しているだけであることを示した。

次に、コアチームと共に一連の集中的なリーダーシップ合宿を行った。これは、古いマインドセットを手放し、新しいインスピレーションや意図、アイデンティティに波長を合わせることに役立った。

第三に、人々と公務員との間のフィードバック・ループを閉じることに取りかかった。四つの単純な仕組みを活性化させたのである。

1　**携帯メール**。自分の携帯電話番号を市民に公開し、いつでもメールを送ってよいと言った。それ以来彼は、毎日数百通のメールを受け取っている。自分で回答することも多い。それ以外は、担当部署の長に転送している。すべての公務員は市民からのメッセージに一、二日以内に回答することになっている。

2　**開かれたドア**。誰でも、いつでも、知事の執務室に入ることができる。

3　**タウンホール・ミーティング**。毎週金曜日の午後、タウンホール・ミーティングを開いて、コミュニティの対話を行う。市民は誰でも参加でき、すべての上級公務員が参加を義務づけられている。私（オットー）はこのミーティングの一つに参加した。最初に一人の農民が問題を提起した。肥料が手に入らないという。彼が座ると、マイクが農業部長に回された。部長は問題の状況を説明し、解決するためにできそうなことを挙げた。部長は少し言い訳がましかったが、次の週また同じ人々や知事と顔を合わせなければならないことはわかっていた。だから彼には一週間で問題を解決した方がよいということはわかっていた。次に、イスラム教徒の女性用のスカーフ、ヒジャブを身につけた二〇代の女性が進み出た。彼女は教師で、村での教育のために本が必要だと言った。教えたい教科には女子生徒向けの性教育が含まれていたが、教材が手に入らないという。彼女はまったく恐れたりためらったりする様子もなく、そのリクエストを最後まで述べた（私は、これは世界最大のムスリム国でのタウンホール・ミーティングだということを自分に言い聞かせなければならなかった）。知事はそれに応えて、必要な教材を探す方法を教えた。その日、アメリカ有数の石油企業が知事の執務室に来て、コミュニティを支援するために何かできることはないかと尋ねたという。知事はその教師にプログラムの概要を彼に提出すると同時に、石油会社にも直接、要請するよう勧めた。彼女が必要な支援を得ることは間違いなかった。それでも、もし石油会社や知事のスタッフからの反応が予想に反して遅れるようなことがあれば、もう一度、ミーティングで彼に訴えればよかった。コミュニティの人々が村の若い女性と知事のやりとりを聞いていた。みなが聞いていたことによって、彼女のイニシアティブは、コミュニティの正当なプロジェクトになったのである。

4

村の訪問。知事は**毎日**幹部を村に連れていき、同じような対話を現地で行っている。

これらの四つの仕組みが意味するところは何だろう。それは傾聴だ。地方政府の役人が、市民の日常の経験に耳を傾ける。さまざまな市民のグループがお互いの話を聞く。コミュニティが自らに耳を傾ける（対話）。

私はこれらのさまざまな種類の聴き方がすべてのフィードバック・ループを閉じるのを見たとき、思った。「すごいぞ。これこそ、今日の欧米や世界のほかのところの民主主義的な組織機構に欠けているものじゃないか」。欧米では、選挙で選ばれた公職者は、ありったけの時間をロビイストや選挙資金を出してくれる利益団体の話を聞くのに費やしている。たとえばアメリカでは、国会議員は時間の五〇パーセントを次の選挙の資金調達に使っている。このシステムは、立法者を市民の真のニーズを聞くことから遠ざけることによって成り立っている。それに対してボジョヌゴロの話は、その有害なサイクルを断ち切り（「してはならない三つのこと」）、四つの直接的なフィードバック・ループを確立させることによって機能していた。二〇一一年に可決された二〇一一年法律二三号の発布は、四つの直接的フィードバック・ループがボジョヌゴロだけでなく、インドネシア全体の国レベルでも、より大きな意味を持って確立され、適用されることの証である。これも、リーダーがどれほど効果的に有権者の声を聞くことができるかを示す優れた例である。また、リーダーが独立を保ち、健全で堅実であれば、政党にもうまく対処できることを証明している。

一言で言えば、ボジョヌゴロでは、主として1・0の段階の政府と民主主義の場が、初期の4・0の要素を持つ3・0といえる段階へ大きく移行したのだ。その移行によって政府がより直接的、分散型、デジタル、対話型になり、民主主義の形が深まった。私はタウンホールでの集会の最後に話をするよう求められたとき、そのコミュニティの存在を感じた。生々しく現実感のある経験だった。一瞬、私はコミュニティの力を感じた。これは、今、ほとんどの場所で恐ろしいほど使われていない力だ。欧米の民主主義は、４-Ｄの市民とのつながりを大幅に強化しなければ、間もなく一九七五年にある米軍大佐が北ベトナムの大佐と議論したときに直面したのと同じ状況に陥るだろう。米軍大佐は言った。「我々は戦場では負けていない」。北ベトナムの大佐はしばらく考えた後、こう答えた。「そうかもしれないが、**そんなことは意味がない**」(2)

今日の課題にとっての意味を失わないためには、民主主義の組織機構と政府を4・0に進めなければならない。ボジョヌゴロのような例はそのための発想の種を与えてくれる。もう一つの政府4・0のための発想の種は、ブラジル発だ。

▼ブラジル——国家遺産局を変革する

アレクサンドラ・レシュケはルラ大統領の任期中、ブラジルの国家遺産局（SPU）長官を務めた。就任したとき、彼女は前政権が組織に無関心だったために組織が時代遅れになってきていると感じた。また組織内部のコミュニケーションの在り方が、人間関係を損なっていることにも気づいた。彼女はこれを組織の変革に火をつけるためのレバレッジポイントと見た。この戦略は大きな成功を収め、八年が過ぎた今もレシュケが始めた改革はまだはっきりと感じられる。彼女はどのようなことを、どのように行ったのだろう。

非常に大きな権力を持つ地位にある女性として、レシュケはあえて、彼女の言うところの「女性らしいリーダーシップ・スタイル」を選び、会話のサークルを通した意思決定を推奨した。こうしてSPUの新しい時代が始まった。

狙いは、感じていることや考えていることを言わない人たちを、それ自体が協働と生成的な行動の場になるような会話をするように変えることだった。当時のコミュニケーションの習慣を変えるプロセスを導入し、静寂と瞑想の時間をサークルでの会話の前に取るようにした。そして直ちに初めてのSPU全国戦略マネジメント会議の準備に取りかかった。二〇〇四年初めに開催された会議には、SPUの一五〇年の歴史上初めて、ブラジリアのすべてのリーダーといくつかのSPUのパートナーが集まった。

SPUは数年間で、組織の構造そのものを権威主義的なピラミッド型モデルから会話のサークルへと変えることに成功した。「時代遅れ」だったSPUが、二〇〇七年には優れた公的機関と認識されるようになった。社会のさまざまなセクターを集めて、アマゾン川沿いの何千というコミュニティに土地の権利の正規化を約束する革新的で合法的な参加型の方法を創造した[3]。

レシュケは、彼女の旅は次の三つの教訓にまとめられるという。（1）ほかと異なることを恐れない、（2）人を信じる、（3）協力に投資する。「私たちは〈人として〉いっしょに行動しました。その結果、制度ができたのです[4]」。彼女の学びは、SPUの人々が自分たちの集合的な未来を共に形成する新しい方法として、真の会話と共感的な聴き方の価値を活かそうとする意欲から生まれた。

もう一つの興味深い例は、ブラジルのポルトアレグレ市が一九八九年からほかに先駆けて導入した参加型の予算編成モデルだ。市民が公共支出プロジェクトについての議論、特定、優先順位付けに参加できる。このモデルは多くの人にインスピレーションを与え、ブラジルの一四〇以上の自治体で再現されている。世界銀行の研究によれば、これによりコミュニティのニーズに即した社会的サービスが行われるようになったという。しかし、最も端に追いやられた人々〈貧困層や若者〉の参加が不十分であることと、プロセスが既得権者に乗っ取られやすいという点で批判もされている[5]。

世界で最も効率的な政府と公共サービスを持つ二つの地域は、東・東南アジアの儒教文化圏〈シンガポール、韓国、日本、中国、台湾、ベトナム〉と、北欧である。北欧諸国〈デンマーク、スウェーデン、フィンランド、そしてある程度はノルウェーも〉とシンガポールは、政府の効率、教育、医療、競争力、福祉では最上位にランクされている。一九九〇年代にソ連の崩壊で東側の市場が消えたとき、北欧諸国は最悪の状況に見舞われ、3・0の福祉国家モデルは厳しい財政危機に瀕した。だが、その後これらの国とその公共セクターは市民の起業家精神と独創性を強化することに焦点を合わせ、無駄をそぎ落として改善し、透明性をさらに高めた政府のモデルで再浮上した(6)（詳しくは、この章の後の方で出てくるデンマークの医療制度についての物語を参照）。

医療4・0

医療システムの組織機構の転換も、ほかの分野で描いたのとほぼ同様の1・0から4・0への旅をたどる。次のような段階を踏む旅だ。

1・0――インプットと権威中心の施設医療
2・0――アウトプット中心の管理医療
3・0――患者中心の統合的医療
4・0――市民中心のホリスティックな統合的医療

次にこの枠組みに照らして、医療システムの変革に手掛かりを与えてくれる二つの例を挙げてみよう。

▼ナミビア

ナミビアの医療システムについての我々の仕事は、シナゴス・インスティテュート、マッキンゼー・アンド・カンパニー、プレゼンシング・インスティテュートの提携事業として始まった。初期段階の二〇一〇年の秋、オットーはナミビアの内閣と三日間のワークショップを行った。初日に首相が、彼らが直面している核心的な問題について、彼の視点からこう説明した。「私たちの政治のプロセスをコミュニティの真のニーズにもう一度結びつける必要があります。今、私たちの政治のプロセスは、村の本当のニーズからほとんど切り離されています[7]」

大臣の一人がこう付け加えた。「私たちの状況はこうです。計画立案のための決められた手順はたくさんあるのです。二〇三〇年に向けてのビジョン。五カ年計画。戦略計画。年間予算案。こういう計画すべてを立案するのには大変な時間がかかります。問題は、計画同士の話し合いがなく、どれも現実に起きていることとつながっていないということです」。部屋にいた政府のリーダー全員が、これが彼らの取り組んでいる最大の問題であることに同意した。一方には政府の定型的な作業とサービスが、もう一方には村のコミュニティの現実的なニーズがあり、両者が断ち切られているという状況だ。

彼らが説明した二つ目の断絶はピラミッドの頂点に関するものだった。「最上層の官僚とまともに話をすることができないのです」と、ある大臣が言った。「我々と真剣に向き合ってくれないのです。彼らは、自分たちは専門的な資格で役職についたけれども、我々大臣は政治任用されただけだと思っているんです。政治的なコネがあるから役職についただけであって、我々に能力があるからだとは思っていません」。部屋にいたほかの大臣たちも頷いた。

また別の大臣が三番目の断絶を説明した。あらゆるところで政府機関の業務を分断している縦割りの問題だ。「縦割りの問題の出発点はここ、私たちの間にあります」と彼女は言い、同僚たちの顔を覗き込んだ。「だって、お互いに率直に話をしないでしょう。私たちから始まって、同じ行動が省庁全体で再現されているのです」。縦割りの問題が省の中だけでなく省と省の間のコミュニケーションも妨げている。

保健社会サービス省と共に仕事をしてみて、これらの断絶が確かにあることがわかった。我々はまず共同で状況を評価することに取りかかり、問題点を特定した。弱いリーダーシップ、縦割りの業務プロセス、機能不全の構造、戦略的計画の欠如、適切なデータ収集の欠如、明確な目標の欠如だ。それに、同省は国連のミレニアム開発目標（ＭＤＧｓ）を達成できそうにないことも明らかになった。

三年間の共同作業の後、うまく対処できた問題もあるが、今後さらに取り組まなければならない問題も多い。しかしこのプロセスを通して、非常に重要な何かが変わった。ナミビアのリーダーたちは、自分たちが問題を永続化する一因を作っていたことを理解するようになり、今では革新的な解決法の創出に率先して責任感を持って取り組んでいる。

システムを１・０から変えていく彼らの旅から我々が得た教訓をいくつか挙げよう。

共に始動する。第一段階で、ナミビア保健省の主要なプレーヤーの間に共通の理解と共有される意図が確立された。外国のパートナーは、イノベーションとリーダーシップのセクター横断的なプラットフォームを築きたいと思っていた。しかし省のリーダーたちは、公務員にチームとして働いてもらうことの方に関心があった。そこで我々（外国人とナミビア人混成のファシリテーション・チーム）は当初の計画を捨てて、現場のパートナーたちは何が必要だと言っているかに注意を向けることから始めることにした。我々は、ほかの人を変えるには、まず自分が変わる柔軟性を持つ必要があることに気づいた。

共に感じ取る。深く感じ取る旅が成功すれば、時代遅れの人工的な境界線が破られる。ナミビアでは、患者や看護師、遠隔地のコミュニティの目を通してシステムを見ることに、保健省のリーダーたちの視線を向けさせなければならなかった。このような感じ取る旅は、五~七人の小グループで（全員が一台の車かバンに乗れるように）、数日かけて行う。

共に触発し合う。どのような転換の旅でも、最も重要な変化は心の変化だ。変わるためには深い内省や瞑想の実践法や、それを支えるワークショップやコーチング、ピア・コーチングなどのインフラが必要だ。こうした活動は、より深い目的とのつながりを取り戻し、チームスピリットを養い、優先付けをし、個人が責任を果たすことを促すことによって、個人のニーズだけでなくチームのニーズや組織の文化にも働きかける。

共に創造する。深い文化的な変化と組織のイノベーションを起こすためには、行動によって学ぶ必要がある。ナミビアの医療プロジェクトでは、プロトタイピングの段階で、州の出産ユニット（RDU）が発案された。看護師、医師、州のディレクターなどのリーダーで構成する少人数のセクター横断的なグループが、行動から学ぶために毎週ミーティングを行う。目標は妊産婦の健康の向上だ。毎回の議論は、一週間のデータと出来事の見直しから始まる。これらのミーティングを行うことによって、さまざまな地位の専門家たちが、支援的で中立的な雰囲気の中で意思を通じ合わせ、互いに質問をし、意見を交換することができる。私（オットー）が出席したあるRDUのチームのミーティングでは、看護師たちが心配している状況について話し合われていた。議論の途中で、若い女性の准看護師がその場で最も地位が高いリーダー（州全体のディレクター）の方を向いた。彼はそれまで話し合いに加わっていなかった。彼女はこう言った。「あなたのご様子からすると、ここで言われていることに同意なさらないようですね」。次はディレクターが自分の状況理解を説明する番だった。准看護師がグループで最上位の人を議論の場に引き出すのを見て、私は何かがうまく機能していることがわかった。彼らは建設的なコミュニケーションと学びの文化を確立させたのだ。

現在（二〇一三年）、RDUのチーム・プロセスはナミビアの全一三州に導入されつつある。この事業には国際的なパートナーは関与しておらず、ナミビア人が自分たちの事業として実施している。RDUのプロセスによって、州のリーダーは、結果の改善に対して説明責任を果たすことに力を注ぐよう促される。次にチームは政策の実施を進め、サービス提供を調整し、目標達成に向けた進行を管理し、問題を解決して医療介入の有効性を確立することになる。何がこれらのグループの有効性を高めるかを発見することは、行動することによって学ぶ継続的なプロセスである。

共に進化する。「私は、以前は、首都ウィントフックの事務次官が医療についての最終責任を持つべきだと考えていました。でも今は、**私**がこの州の事務次官であり、責任を持たなければならないと理解しています」。こう言うのは、ハルダプ州の医療ディレクター、ベアタ・カティヴェナだ。彼女は、リーダーシップ開発フォーラム（LDF）で定期的に集まる二五人の現在と未来のリーダーの一人だ。副事務次官のノーベルト・フォースター博士は、ほほ笑みを浮かべてチームの成長を語った。「省の機能は硬直していて、縦割り行政で、国レベルと一三の州は断絶していました。私たちが実施したプロセスでは、ワークショップや合宿で壁を壊すことに力を注ぎました。人が交流しはじめました。みなで行ったセンスメーキングやビジョニングを通して、私たちは以前にはなかった団結力のあるチームになりました。このプロセスが終わるころには、組織文化が縦割りからチーム型に大きく変化していることでしょう」

概観すれば、ナミビアのプロセスは、システムが1・0（各部分が縦割りの枠にとらわれている）から2・0（患者の期待に応える）へ、そして3・0（RDUでの縦割りの枠を超えた横断的な協働）へと移行するのを促した。

コミュニティ全体、すべての市民の健康の源を強化するという目標が主導する4・0のシステムに移行するのは、まだ今後の仕事である。そこで登場するのが、デンマークだ。

▼デンマークの地域医療の変革

二〇一〇年秋、デンマークの大規模な大学病院のリーダーのチームが、リーダーシップのワークショップを行うためにボストンに来た。デンマーク人の同僚、カレン・インガスリウの助けを借りて、一行はボストンに到着する前に利害関係者へのインタビューを行っていた。利害関係者へのインタビューによって、意思決定者はその利害関係者の目を通して自分の役割を見ることができるようになる。リーダーたちがインタビューから得た主な洞察の一つは、病院のリーダーとしての彼らの役割は自分の病院に限定されるものではなく、地域全体の健康の質に結びついているということだった。

翌年、グループはデンマーク中部のすべての小規模病院の経営陣も含めたリーダーシップ・チーム全体が参加する追加のワークショップを開くことを提案した。それは、私（オットー）にエゴ-システム意識からエコ-システム意識への急速な移行を間近で見る機会を与えてくれた興味深いプロセスだった。

リーダーたちの将来が大きな危機にさらされていた。病院は予算不足と利害関係者からの高まる業績への圧力のさなかで、床面積を縮小するために、あちこちで合併されたり閉鎖されたりしていた。グループのリーダー、オーレ・トムスンはこう言っている。「問題はシステムにもっとお金を注ぎ込むことができないということです。私たちの課題は、少ない資源でいかに質を高めるかということなのです」(8)。

誰もが自分の組織を代表して、今の地位と職能と資金源を死守するために闘わなければならないという重圧を感じていた。競争と生き残りの遺伝子が過活動状態になっている環境で、信頼を醸成するにはどうすればいいのだろう。

我々は感じ取ることから始めた。グループは数週間にわたって利害関係者インタビューと感じ取るための旅を行った。ワークショップは、ワールドカフェ形式での会話、モデリング、利害関係者マッピングなどの感じ取る活動から得た洞察を統合することから始めた。その後で、ソーシャル・プレゼンシング・シアターを使って、彼らが見た現システムと出現したがっている未来を演じてもらった。ソーシャル・プレゼンシング・シアターは、プレゼンシング・インスティテュートのアラワナ・ハヤシが主導して開発した手法で、マインドフルネス、劇、ダンス、対話、社会科学、コンステレーション・ワークの要素を融合したものだ。

彼らが今の現実――これを「彫刻1」と呼ぶ――をマッピングすると、各病院の経営陣が頂点で支配する、きわめて組織中心的な配置が現れた。次に、出現したがっていると彼らが感じるシステムの未来を表現する「彫刻2」を描くように指示すると、彼らは患者とケア提供者の関係を医療システムの中心に移動させた。面白いことに、彫刻2にはお互いにつながっている二つの領域が示されていた。一つ目の領域は医療に関するもので、**患者**を中心に置いていた。隣り合う二つ目の領域は、健康の源に関するもので、**市民**（患者ではない）を中心に置き、家族や市民組織、コミュニティとの関係が周りを取り囲んでいた。

彫刻1が彫刻2へと姿を変えるにつれ、各病院の経営陣は自分たちの役割が変化するのを見た。彫刻1では、病院のマネジャーは部門の長と看護師や医師の間にいて、医療機関と市民(患者ではない)の直接的なつながりを阻んでいた。彫刻2では、病院経営陣の一部がその場を離れて市民やコミュニティ、市民社会とつながろうとする一方で、反対方向に移動し、医療機関と患者や市民との新しい関係を作るためのホールドされた空間を共に作ろうとする人たちもいた。

表9の用語で言えば、彫刻1は多くの病院や団体が互いに競争し合っているために患者の経験が細切れにされる管理医療(医療2・0)と見ることができる。彫刻2は医療3・0(さまざまな医療機関が統合され、患者は境界のない最適な旅を経験する)の要素と、医療4・0(市民の空間と市民の旅に手をのばし、医療エコ・システム全体のためのホールドされた空間を作ろうとする)の要素を合わせ持つ。

これは演習として始まったのだが、我々が最も感銘を受けたのは、これらの医療従事者たちがアイデアのいくつかを実行したことだ。彼らはリーダーたちにこう言った。「あなたがたのリーダーシップには感謝しますが、ただ解決策を押し付けるのではなく、重要な問題については私たちに質問していただければ、私たちの専門知識をもっと良く活用できると思います。そうすれば、私たちは共に解決策を創造できるでしょう」。その提案を聞いたオーレ・トムスンは、何回かの通常のミーティングをケース・クリニックの形式で行うことによって、地域のリーダーチームの機能の仕方を変えようと思った。(9)

ワークショップが終わったときには、五つの取り組みのプロトタイプができていた。それからわずか二カ月で、目覚ましい成果があがった。その一つとして、活動と生産性の目標に基づく財務モデル(「処置を多く行うほどお金が入る」)を、市民と患者の健康を第一とするモデルに替える最初のステップが踏み出された。このためにはマインドセットをエゴ‐システム意識（「我々が多くを得られるほど良い」）からエコ‐システム意識（「患者と市民にとって良いほど、我々すべてにとって良い」）に移行する必要があった。

同じグループが二カ月後にこのようなプロトタイプを発表するのを見たとき、私（オットー）は、なぜデンマーク人やフィンランド人やスウェーデン人が前にも述べたように政府の効率性や公共サービスの面で上位にランクされるのか以前より少しよく理解できた。彼らのリーダーシップの文化に理由がある。彼らはお互いに異議を唱えることを恐れない。異議を受けたときはお互いの言い分に耳を傾ける。リーダーたちは部下や対立する利害関係者の言うこともよく聞き、役に立つ意見は高く評価しようとする。しばらくの間、自我を抑え、地域全体の最高の利益になるかもしれないことについてよく聞き、考えようとする。簡単なことではないし、努力が必要だ。だが、不可能ではない。私はそれが目の前で起きるのを見た。おそらくこのことが北欧から今日の世界への最も重要なメッセージだろう。可能なのだ。やるしかない！

教育4・0

医療システムの変革が患者と医療機関の関係を医師中心（1・0）から共創的（4・0）に変えることを軸にしているのと同じように、教育システムでも学習者と教育者の関係を軸にした変容プロセスが進行している（表9を参照）。

したがって、教育システムの組織機構の変容は次のような段階をたどる。

1・0――インプットと権威中心、教師主導

2・0――アウトプット中心、テスト主導
3・0――生徒中心、学び主導
4・0――起業家精神中心、共創的、プレゼンシング主導

▼ウィーン――教育制度をつくりなおす

私（オットー）がオーストリア教育文化相、クラウディア・シュミートと、その省内チームと初めて会ったのは、半日のワークショップの間だった。みなで長い長方形のテーブルを囲んでいた。彼女と若い活発な補佐官がテーブルの上座に座って、私と向き合っていた。テーブルの長い方の片側には、すべての部局の長がずらりと並んでいた。キャリアのほとんどを省内で過ごしてきた人たちだ。反対側には、ドイツとオーストリアで学校改革に取り組んでいる人たちが座っていた。学校改革者と部局長が向き合っているのを見て、私は二一世紀が一九世紀と対峙し、大臣とそのチームが間にいるように感じた。大臣は活力とインスピレーションにあふれていた。就任する前はビジネスと組織変革の世界に身を置いていた人で、典型的な政党政治家ではない。私は、彼女の前向きな活力がどうか失われないようにと心の中で願った。

その一年後。もう一度ウィーンを訪れた。今度は、教育システムの改革者が参加する全国的なネットワークの会議のためだった。前の会合ではわずか一〇人だった草の根の改革者が、今回は二五〇人になっていた。教育省からの出席者は前より少なかったが、埋もれてしまうほどではなかった。教育システム全体がそこに参加しているようにも見えた。我々は参加者全員に教育システムの三つの側面について熟考してほしいと言った。三つの側面とは、学習者と教師の変化する関係、学習する組織としての学校、全国的なシステム全体だ。

わずか一、二時間のうちに、地域の改革者たちは見解をまとめた。システムが必要とする変革の八〇～九〇パーセントについて全員が同意しているが、それらの変革は国政レベルでの議論にはまったく反映されていないというものだ。学校レベルでの教育改革者と国政は完全に断絶していたのである。

また一年後。今度は別の二五〇人の変革者たちがオーストリアのアルプバッハに集まった。シュミート大臣が到着する前に、最初のセッションを開き、参加者に終わりつつある世界をどこで見たか、生まれたがっている世界をどこで経験したかと尋ねた。彼らはこう答えた。終焉を迎えつつあるのは「知識を伝達する、単独のプレーヤーとして行動する教師……」、生まれようとしているのは「コーチとして、チームプレーヤーとして行動する教師……」

「死につつあるのは、テクニックとレシピ中心の教育学です。生まれようとしているのは、生徒の中の最高の可能性を感じ取り、現実にする教育学です」

別の人が付け加えた。「手放す必要があるのは、学校を教科と時間割で考えること」。また別の人が言った。「規制とコントロールの文化です。育てなければならないのは、親と教師と生徒の平等な立場からの協働の形です」

三つ目の意見は評価に関するものだった。「今のシステムにも良いところはたくさんありますが、評価基準と結果の偏重が新しいものを殺しています。古い評価基準で新しいものを判断しているのです」

四つ目の意見はシステム全体についてだった。「私たちは学校をあちこち修理しつづけています。こちらで窓を入れ替えたり、あちらでドアを取り替えたり……でも、本当に必要なのは、**家全体の新しい土台**です」

これらのコメントを聞いたとき、私は大臣の努力は無駄ではなかったと思った。大臣はすべてのプレーヤーをお互いにつなげることに成功していた。実際の結果と成果はまさに驚きだった。保守的な既成勢力と教員組合の抵抗に屈することなく、大臣とそのチームは、まず「新しい中学校」の概念のプロトタイプを作り、その後、規模を拡大した。オーストリアの教育システムを二一世紀にふさわしいものにするために彼女が使ったいくつかの重要なイニシアティブの一つだ。彼女はまた、システム全体にわたって個人的、集合的なリーダーシップ能力を築くことにも力を注いだ。

国中を回って話を聞くクラウディア・シュミートは、新しいタイプの政治リーダーだ。偏らずプロフェッショナルで自省的、発想力に優れ、大胆で遊び心がある。そんな姿勢で強大な力を持つ自国の既得権者に立ち向かっている。我々の旅の深い意図とつながれば、与えることができる影響の大きさに限界はないことを、身をもって示しているようだ。

シュミート大臣は、自ら主導し、立ち会ってきたシステム改革の旅を振り返って、次のように述べている。

オーストリアの学校システムには、中央集権的な規制や管理など、システム1・0の要素がまだたくさん残っています。問題を解決するのは当局の仕事と思われています。また、人口構成の変化（生徒数の減少）と親の選択によって学校間に競争が生まれたところでは、システム2・0の要素が増えてきています。オーストリアの教育システムでは、システム3・0の要素が非常によく発達しました。たとえば、国のあらゆる重要な教育問題に対して教員組合が政治的な力を持っています。

しかし、私たちはシステム4・0の質とメンタルモデルを実現することを目標にするべきです。成功すれば、すべての学校関係者が成功する学校を築き上げることに力を注ぐようになるでしょう。教師は自分たちを、「ズビン・メータ」のような存在、生徒の中にある最高の創造性を引き出す編曲家であり指揮者であると見るようになるでしょう。生徒は、システムを共に作り上げることを経験するでしょう。システム4・0の基礎は、共通の意志です。それは関係性の側面を舞台の中心に据えることを意味します。これがいちばん重要なことです。未来の私たちの学校が個人と社会の幸福に貢献するためにどういう役割を果たすことができるか、なのです。[10]

今出現しつつある4・0の世界にふさわしい教育システムに改革するには、試験の得点を向上させたり新しい教科をカリキュラムに加えたりするだけでは不十分だ。クラウディア・シュミートが言うように、教育システムという家全体の土台そのものを刷新させるという共通の意志が必要だ。すべての真の教育の真髄は、変容する力であり、我々の深い創造力を引き出し、「変容のリテラシー」のための資源を提供することであると理解する必要がある。[11]

どこに行っても、人は自分たちの教育システムは危機に瀕していると考えている。あるシステムでは成績に危機感を抱き、生徒の標準テストの成績を上げたいと思っている（教育2・0）。プロセスに危機を感じて、学習をもっと生徒中心のものにし、教師をコーチに仕立てようとするシステムもある（教育3・0）。少数ではあるが、生徒に人間として最高の未来の可能性に到達し、彼らの中の創造性と起業家精神の最高の源にアクセスするチャンスを与えたいと望むシステムもある。そういうシステムは、人間の根底からの変容が危機に瀕していると見ている（教育4・0）。

それは、今日、これまでにないほど容易に行うことができ、切実に求められている変革の旅路である。ニーチェは『ツァラトゥストラはこう言った』で、魂《スピリット》の三つの変容について語った簡素で美しい数節でその旅の真髄をとらえている。

君たちに、魂《スピリット》の三つの変容の話をしよう。魂《スピリット》はいかにしてラクダになり、ラクダはライオンになり、ライオンはついには子どもになったか。（中略）

困難なことは何だろうか。重荷を担おうとする魂《スピリット》は尋ね、ラクダのように跪《ひざまず》く。たくさんの荷物を積んでもらいたいかのように。おお、英雄たちよ。重荷を担おうとする魂《スピリット》は問う。私が自ら背負い、私の強さを喜ぶことができる最も困難なことは何だろうか。（中略）

重荷を担おうとする魂《スピリット》は、これらすべての困難を引き受ける。荷を背負い、砂漠へと急ぐラクダのように、魂《スピリット》は彼の砂漠に急ぐ。

だが最も寂寞《じゃくまく》とした砂漠で、第二の変容が起きる。ここで魂《スピリット》はライオンとなり、自らの自由を勝ち取り、彼の砂漠の主人《マスター》になろうとする。ここで彼は自分の最後の主人を探す。最後の主人と最後の神と戦うことを求める。最後の勝利を得るために、彼は巨大な竜と戦うことを望む。

魂《スピリット》がもう主とも神とも呼ばない巨大な竜とは何者なのか。「おまえはこうしろ」が巨大な竜の名である。しかしライオンの魂《スピリット》は言う、「私はこうしたい」と。「おまえはこうしろ」が行く手に横たわる。身をうろこで覆われた生き物は、黄金のように光を放つ。そのうろこの一枚一枚に金色の「おまえはこうしろ」が輝いている。

兄弟たちよ、なぜ魂《スピリット》はライオンになる必要があるのだ。諦めと恐れを知り、重荷を担う動物でいるだけでは十分ではないのか。

新しい価値を作ること——それは、ライオンにもできない。だが、自らの自由を勝ち取り、義務にさえ聖なる「ノー」を言うためには、兄弟たちよ、ライオンが必要なのだ。(中略)

だが兄弟たちよ、ライオンにもできないことで、子どもにはできることは何だろう。獲物を襲うライオンがそれでもなお子どもにならなければならないのはなぜか。子どもは無垢であり忘却である。新しい始まり、戯れ、自らの力で回る車輪、最初の動き、神聖なる「YES」である。創造の戯れのためには……聖なる「YES」が必要なのだ[12]。

今日の教育システムの危機は、生徒を背中に荷を負ったラクダのようにしか扱っていないことだ。欠けているのは、学びの環境を共に創造するために必要な人間の旅への深い理解である。学びの環境があってこそ、学ぶ者は荷物を背負わされたラクダとしての行動の段階を「実践の自由」へと移行させることができる。それは、「おまえはこうしろ」から「私はこうしたい」へ、そしてライオンの状態(「〜からの自由」)から子どもの状態、すなわち我々が最も深いレベルの創造性を開花させるのを可能にする神聖な「YES」(「〜への自由」)への移行である。

こう言う人もいるだろう。「なるほど。でも、この4・0というもの、人間の精神の変容などというものは、一握りのエリート向けの話だろう。万人向けではない」

我々の経験や考えでは、そうではない。自らの成長の旅——ハーバード大学のロバート・キーガンが言うところの「進化する自己[13]」——を振り返るために静寂の時間を持つことを勧めると、そういう探求が今ではほとんどの人々に広く受け入れられていることがわかる。特に、若いリーダーたちが、意識と深い知の深層を探ることに対して非常にオープンで、関心を持っていることには驚かされる。世代や文化もさまざまに異なる農民や教師、医療従事者、コミュニティ、企業、政府に、これらの概念や手法、ツールを紹介してきたが、ほとんどの人はこういう方法についての知識が事前になくても、抵抗感を示されることはめったにない。

以上のことから何が言えるだろう。我々は、真の限界は自分たちの「外」の世界にあるのではなく、我々の頭の中の、何が可能かについての思い込みの中にある、ということだと考える。クラウディア・シュミートが言う、教育システムの基盤全体の再生への共通の意志は、これまでにないほど身近で可能なものになっている。

表10は、教育と医療のシステム変革の類似点を表している。どちらのシステムも、権威中心とインプット主導（1・0）からテスト中心のアウトプット主導（2・0）、そして生徒中心の学び主導（3・0）から、起業的、共創的、プレゼンシング主導（4・0）への道をたどっている。この旅を通して、システムの中心軸である学生／患者／市民と、教師／医師／看護師の間の軸が、教師／医師主導（1・0）から取引（2・0）、対話（3・0）、そして共創（4・0）へ

表10　教育システムと医療システムの変革の類似点

段階	医療	学校	関係	学習者／患者	教師／医師
1.0 伝統的意識： 階層制	権威と インプット中心： 組織機構主導	権威と インプット中心： 教師主導	医師／ 教師中心	受け手	権威
2.0 エゴ - システム 意識： 市場と競争	結果中心： 管理医療主導	結果中心： テスト主導	取引的	顧客	専門家
3.0 利害関係者意識： ネットワークと交渉	患者中心： ニーズ主導 病因論	学生中心： 学習主導	対話的	クライアント	コーチ
4.0 エコ - システム 意識： 意識に基づく 集合的行動（ABC）	市民中心： 幸福主導 健康生成論	起業中心： 共感知、 プレゼンシング、 共創造主導	共創的	共創造者	助産師

と移行した。ニーチェが人間の精神の三つの変容を描いた言葉では、荷を背負ったラクダ（「おまえはこうしろ」）から最初の二つの関係性、ライオンを3・0（「私はこうしたい」）、そして子ども、または自分で回る車輪を4・0（聖なる「YES」）と見ることができる。

▼北京——中国政府内の学習するコミュニティを導く

これは救いがたいほど理想主義的に聞こえるかもしれないし、中にはあきれて目を丸くする人もいるだろう。しかし我々は、本書で報告している出現しつつあるいくつかの4・0の例は、世界中で起きはじめているはるかに大きな移行のほんの一部だと確信している。それは、要するに、リーダーや変革者の意識の移行である。

オーストリアのクラウディア・シュミート大臣が主導した教育システムの変革の旅、デンマークとナミビアの地域医療システムの変革、インドネシア、ボジョヌゴロ県の腐敗体質と行政サービスの変革、そしてブラジル連邦政府の準政府機関、国家遺産局の変革は、どれも、想像もできなかったことが大きな規模で起きた物語だ。オットーとピーター・センゲが二〇一二年にともに仕事を始めた中国の政府高官のグループについて考えてみよう。

彼らと仕事をして感銘を受けたのは、六カ月のUプロセスの旅に参加した彼らが見せた誠実さだ。中国でのワークショップに始まり、MITでの続きのワークショップとアメリカ東海岸と西海岸での学びの旅に二週間を費やし、そして最後は中国に戻り一週間のリトリートのワークショップを行った。プロセスの後半では、小さなチームに分かれ、五つの取り組みにおけるプロトタイプを共創造した。ソーシャル・プレゼンシング・シアターの手法を使って初めて取り組みのプロトタイプを検証したとき、彼らはシステムにおける政府の役割を変えたり、進化させたりする必要があることに気づいた。政府の古い役割は、中央から市民のニーズを満たす解決策を提供することだった。リーダーたちはプロトタイピングの作業を通して政府の新しい役割について多くを学んだ。その第一歩は、深い傾聴の空間を持つことだ。そこでは市民やそのほかの関係するすべての利害関係者の懸念に耳を傾ける。この共創的な空間で、利害関係者たちは自分たちのニーズを最もよく満たす解決法を共に生成することができる。

中国の高官が成果と学びの経験を語るのを聞いて、誰もが感銘を受けた。しかし、特に感動的だったのは、六カ月の旅の最後に、各自が自分の考えや内省したこと、持ち帰りたい成果を共有した三時間のサークルだった（その六カ月の間、全員が通常の日々の仕事も継続していた）。ピーターが記録していた最後のサークルでの発言をいくつか挙げよう。

「自分の内側で気づいた変化は、以前より落ち着いたことです。微細ですが、とても深い変化です」

「私は本当に手放すことができるでしょうか」

「私は開いているでしょうか」「私の心は開かれているでしょうか」

「私を動かしているのは、このグループです」「ここにいるみんなが私の先生です」

「私にとって感動的なのは、自分たちの中にある真正さです。〔この旅の〕収穫は真のコミュニティです」

「内なる自己が変化しているのが感じられます。本当に感じるのです……内なる自己から考え、感じるのです」

「私にとって最も重要な教訓は、聴くことです」

「ここで学べば学ぶほど、自分たちに問いかけることが増えます」

「目に見えることだけを学ぶのではありません。自分自身の状態を変えることを学ぶのです」

「地球市民として、〔私たちは、問題の大きさに〕無力感を持つことがあります。しかし、世界とつながっていれば、私たちには力があると感じられます」

「ここでの経験は私の国に長く影響しつづけると思います」

「〔私たちの仕事に〕現れる問題は、より深く考えるチャンスです」


これらの内省的な洞察にふれて我々とピーターは、中国のパートナーと共に、こういう類いの作業を中国で有機的に発展させ、現地化し、規模を拡大する方法を探ることにした。グローバル企業は例外かもしれないが、すべての人のためになる持続可能な経済の開発に中国政府以上に意味のあるポジティブな影響を与えることができる組織機構はないだろう。

企業4・0

多くの人が地球上で最も強大な力を持つ組織機構は企業であると考えているが、状況と意識において出現している移行は、企業の変容と革命にどういう意味を持つだろうか。適応力と現実との関連性を失ったために姿を消した企業は多い。同じ道をたどる危険がある企業はさらに多い。では、考えられる4・0企業とはどういうものだろうか。

ビジネスにおける4・0への旅の簡易版を、実際の企業の例を挙げて説明しよう。この旅は一般的に、次の段階を追って進む。

1・0――オーナー主導、中央集権的な支配
2・0――株主主導、分権化、事業部化
3・0――利害関係者主導、ネットワーク化、マトリックス化
4・0――意図主導の共創的エコ‐システム

▼BALLE――ホワイトドッグ・カフェから国民的な運動を作り出す

二万二〇〇〇の会員を擁するビジネス・アライアンス・フォー・ローカル・リビング・エコノミーズ（BALLE）は、北米で最も急成長している社会的・環境的責任を追求する企業のネットワークである。(14)

BALLEの起源をたどると、フィラデルフィアのホワイトドッグ・カフェへ、そしてその創業オーナーで、自伝『おはよう、ビューティフル・ビジネス』★1の著者、ジュディ・ウィックスに行きつく。(15)ウィックスは二五年にわたって、地元農民との直接提携や持続可能な地元調達などの画期的なビジネス手法を次々に開発してきた。ホワイトドッグ・カフェはスタッフ全員に生活賃金★2を払い、顧客をカフェに食材を供給している農場への学習の旅に連れていき、レストランからの廃棄物の行きつく先やフィラデルフィア市の水道の水源や、自分たちが使っている電力が作られる発電所などを訪ねるエコツアーを企画している。ホワイトドッグ・カフェはペンシルベニア州で最初の、すべての電力を再生可能エネルギーで賄う企業になった。(16)

これらの手法を取り入れつつ、ホワイトドッグ・カフェは順調に業績を伸ばした。しかしウィックスは、その成功で満足することなく、少し違うことをすることにした。コミュニティと環境の福利を本当に大切に思うなら、彼女のやり方を**競争相手**が学べるようにビジネス手法を共有する必要

★1 Judy Wicks, *Good Morning, Beautiful Business: The Unexpected Journey of an Activist Entrepreneur and Local-Economy Pioneer* (White River Junction, VT: Chelsea Green, 2013)
★2 基本的なニーズを満たすのに必要な時間給

があると考えるようになったのだ。ウィックスは、ビジネス3・0の社会的に責任ある行動をするだけではもう十分でないことに気づいたときのことをこう語っている。「自分たちだけで持続可能なビジネスなどというものはあり得ないと気づいたのは、人生を変えるような瞬間でした。私の会社のやり方がどんなに良くても、私がどんなに堆肥を作ったり、リサイクルしたり、農民から食材を買ったり、〔再生可能〕エネルギーを使ったりしても、それはバケツの中の一滴にすぎないことに気づいたのです。そういう価値に基づいた全体的なシステムを築くためには、自分の会社の外に出て、ほかの人、特に競争相手との協働に取り組まなければならなかったのです[17]」

この4・0環境に移行するために、ウィックスはレストランの収益の一部を使って、ホワイトドッグ・カフェ財団を創設した。まず、彼女のレストランに有機飼料で育てた豚を毎週二頭納入している農夫に、ほかのレストランにも納入するには何が必要かと尋ねた。農夫が冷蔵トラックが必要だと答えると、すべての競争相手に同じ品質の豚肉を供給するために必要なトラックの購入資金として三万USドル（彼女のレストランの収益から）を融資した[18]。財団の最初のプロジェクトは「フェアフード」（www.fairfoodphilly.org）で、当初の目的は、ホワイトドッグの競争相手であるフィラデルフィアの地元レストランのシェフやオーナーに無料のコンサルティングを提供して、人間的な方法で飼育された豚肉やそのほかの農産物を地元の家族経営の農場から仕入れる方法と、それがなぜ重要なのかを教えることだった[19]。

また、ウィックスはホワイトドッグのビジネス手法を広めるために、二〇〇一年にフィラデルフィア広域圏持続可能なビジネス・ネットワーク（SBN）を財団の下で立ち上げ、同じ年にほかのパートナーと共にビジネス・アライアンス・フォー・リビング・ローカル・エコノミーズ（BA

LLE）を創設して、地元立脚ビジネスのネットワーク作りに乗り出した。これらの手法を使って、大企業によるチェーンストアの経済に対抗する実行可能な代替案を作ることを目指したのだ。

BALLEの運動は、地元の企業が競争ではなく協力を拡大することによって成功できることを示している。自分たちの経営や手法、事業のニーズについての機密情報を共有し、同じ分野の他者を助ける意欲のある先駆者や起業家は、より大きなエコ‐システムの福利を向上させると同時に、自分の事業の福利も増進している。

ナトゥーラ――ビジネスの領域を変える

ナトゥーラは、ブラジルに本拠を置く数十億ドル規模のスキンケア・化粧品会社である。ブラジルをはじめとするラテンアメリカでの持続可能な開発の革新をリードしてきた。ナトゥーラはブラジルの森林から原料を調達するとき、採取が環境的・社会的に持続可能な方法で行われ、地元の文化的な伝統を破壊しないようにしている。また、利益の一部を、ナトゥーラのバリューチェーンの起源あるいは源泉で働くアマゾンのコミュニティの持続可能性と文化的なレジリエンスに再投資する利益分配の仕組みも作った。エコ‐システム内のコミュニティに利益を分配するナトゥーラのこの仕組みは、コミュニティ内に作られた自治的なコミュニティ財団によって運営されている。ナトゥーラはパートナーも含めたエコ‐システム全体の教育と能力開発にも投資し、パートナーにナトゥーラ以外の会社との提携も奨励し、コミュニティがナトゥーラだけに経済的に依存するのを防いでいる。[20]

一九七〇年代から八〇年代にかけて、ナトゥーラは直接販売モデルを開発し、コミュニティの人々のエンパワメントを進めた。今では、一五〇万人の現地の起業家と美容コンサルタントが、自分のコミュニティでナトゥーラの商品を販売している。

ＢＡＬＬＥの運動がホワイトドッグ・カフェの調理場での会話から生まれたように、ナトゥーラの起源は何年も前の小さな生成的空間で交わされた生き生きした会話にさかのぼる。一九六九年、当時二六歳のルイス・シアブラはサンパウロの自分のスタジオの前に立ち、通りを行きかう女性に白バラを配っていた。そしてバラを手にした女性を通りからスタジオに招き入れ、おしゃべりをしながら彼がプロトタイプを作ったばかりの新しいスキンケア用品や化粧品について無料で相談に応じた。「私はお客様との関係と美に恋をしてしまいました」とルイスは振り返る。

それ以来ずっと恋をしたままだ。私（オットー）は二〇一一年一一月にサンパウロで初めてルイスに会った。ルイスは六〇代後半だが、今でも若々しく陽気なエネルギーを全身から発散させている。ジーンズ姿で、くつろいだ様子のルイスは、ナトゥーラの二人の共同創業者と共有するオフィスビルで、ナトゥーラが生まれたいきさつを語った。

「一二歳のころ、姉がスキンケア用品を使うのをよく見ていました。心の中で**いつかああいう製品を作るんだ**と強く思っていました」。そして一四年後、彼は白バラを配り、女性をインスピレーションに満ちた関係の空間に招き入れ、彼女たちを経験したことのないような自分の体とのつながり、自分の美とのつながり、お互いとのつながり、そして自己とのつながりで魅了していた。

ルイスは説明する。「白バラは私たちが提供したいもののシンボルです。あなたが与えることができるのは何でしょう。私たちが与えることができるのは何でしょう。蝶に変身するさなぎのように、私たちがこの世にもたらす贈り物も、変身し、変化します」。「自分の美への道、蝶になるための道」を見つけるには、**愛情深いまなざし**が必要だと言う。ルイスによれば、その愛情深いまなざしがナトゥーラの真髄だ。「プレゼンスと美で満たされる会話と関係性なのです」

ルイスの話を聞いているとき、私は美と真実に同等の価値を置く世界観の存在を感じた。これには強く心を打たれた。私がニーチェを好きなのもそういうところだ。今日、ほとんどの人は真実の最大の要素は美であることを理解していない。数学の真髄は美であり、科学の真髄は美であることが見えていない。その真髄を見つけるには、数学と科学をその源までたどらなければならない。ルイスはそういう男だ。彼はまっすぐ源まで行った。一二歳のときに、心を開いたつながりから、姉に耳を傾けはじめた。

だが、ルイスはこの深いレベルの意識と傾聴をどう使って、一五〇万人の販売員を擁する四五億USドル規模の会社を築き上げ、毎日一億人以上の消費者の生活に影響を及ぼすようになったのだろう。ルイスは、人を管理することに力を注ぐだけでなく、思考と心を開いて「自分と向き合う」ことによってだという。つまり、観察の視線を曲げて自分に向けるということだ。ルイスは、今日の多くの組織の問題は、恐れであり、「恐れに対する唯一の解毒剤は愛だ」という。他人を評価・判断するとき、我々は冷たい雰囲気を作り出し、恐れが入り込む空隙を開く。その恐れの雰囲気を変えるには、「私たちのプレゼンスの源、私たちの開かれた心とつながる」必要がある。

ルイスの話を聞くのは楽しい経験だ。彼がその瞬間を楽しんでいるのが明らかだからだ。彼が今でも世界に魅了されていることが見ていてよくわかる。今でも関係性と美に恋をしている。男性が（男性に限らず誰でもそうだが）、開かれた心のプレゼンスをこれほど強烈に体現していることは稀だ。

彼はどうやってここまで来たのだろうか。どういうプロセスを通ってこの状態に達したのだろうか。

「私はとても内気なんです」とルイスは答える。本当に？「でも私は世界に魅了されています」。

それはよくわかる。でもどうやってそういう境地になったのだろう。

「私も頭の中に雑音がありすぎました。だから自分の中に静寂を見出すことがとても重要だったのです」。ルイスは一六歳のときに哲学書の一節を読んでいて、思考と心の変化を経験したときに初めてその静寂を発見した。その一節ではプロティノスが「一なるものは全体の中に、全体は一なるものの中に存在する」と言っていた。そのときルイスは、プロティノスの言う深いレベルの現実には、深いレベルの思考が必要だということに気がついた。それは、心の知性が動力となる思考である。こうひらめいた瞬間、彼にまったく新しい世界が開けた。それは、彼が「自分の中に静寂を見出す」ことができた、知的であると同時にスピリチュアルな体験でもあった。その場所につながることは、「自分の中に新しい生命を見つけたようなもの、新しい誕生のようなもの」だった。

それ以来、彼はその静かな場所にある本質とのつながりから行動するよう努めてきた。数字や市場シェアなどで管理するような通常のマネジメントツールの多くは、雑音を恒久化するだけだ。「そういう従来のマネジメント手段を使っていると、私たちの知性が損なわれます」。いい指摘だ。これを書きとめながらそう思った。つまり、通常のビジネススクールに行くと頭が悪くなるわけだ。ならばお金を払って行くところではない。

「私たちの静寂に耳を傾けるときです。静寂を共有するのです。ある種のマッサージのようなものが必要です」。そして、この内なる静寂を育むためには、「あふれ返る陳腐さを除去するフィルターが必要です」。そうすれば「恐れを愛に変える」ことが可能になる。

その朝ルイスと会った後、私は彼のビジネスパートナーでナトゥーラのもう一人の共同創業者であるギリェルメ・レアウと会った。ギリェルメは一九七九年に自分の会社をナトゥーラに合併させた後、ナトゥーラをブラジル最大の直接販売化粧品会社に育てた。私が最も強い印象を受けたのは、この二人のお互いに対する振る舞い方だった。大成功を収め莫大な富を手に入れた人は独善的な傾向があるものだが、この二人の男性の間には、繊細で敬意と思いやりと感謝に満ちた関係性があるように見えた。言葉ではとうてい本質を表現することはできないが、あえて一つだけ言葉を選ぶとすれば、**無私**だろう。彼らはお互いの違いを心から楽しみ、支え合っているように見えた。

会社は大成功したものの、今日では新しい機会と課題に直面している。どの会社もそうだが、ナトゥーラもビジネスと社会の難問に直面している。そのうえ、創業者たちが日常のリーダーシップにおいて積極的な役割を担うことが少なくなってきている。したがって、現在の課題の一つは、この新しい状況でいかにしてナトゥーラの本質を維持するかだ。もう一つの課題は、ウェブ2・0のビジネスモデルの時代に、直接販売戦略を刷新することだ。どうすればナトゥーラは、供給業者と消費者を含めたエコ - システム全体が最高の未来の可能性を共に感じ取り、共に創造できるようなプラットフォームになることができるだろうか。

「ナトゥーラは集合的な現象です」と言うのは、持続可能性・組織開発担当上級副社長のマルセロ・カルドーゾだ。「今、私たちは新しい進化のサイクルの入り口に立っています」。ナトゥーラとビジネス・コミュニティ全体が直面している新しい進化のサイクルは、出現しつつある4・0の共創的なエコ - システム経済に関するものだ。エコ - システムに基づく未来の会社の核心は、もはや特定の製品を提供することではない。「パートナー、生産者、ユーザー、オーナー、株主、コミュニティなどの間の多くのつながりと関係」が織りなすネットワークが中心になる。「私たちが実現しようとしている大胆なビジョンは、パートナーや顧客との大切な関係性を会社の核心に置いていきます」

マルセロは、4・0の組織化の方法を特徴づける三つの重要な原則を挙げる。一つ目は、支配ではなく魅力で影響を与える必要性。二つ目は、不確実性を許容すること。三つ目は、2・0のシステムからボーナスを排除することについてだ。「シリコン・バレーでは、個人の目標に連動するボーナスを採用しているところはない、ということがわかりました。将来は、個人目標とボーナスのシステムをやめて、会社の物語を表現する全社的な五つの目標に置き換えるつもりです。将来、報酬はもっと固定的で変動が少ないものになるでしょう」

ナトゥーラが報酬制度をこのように変えるのには、科学的な根拠がある。人によって報酬を変えるのは、ほとんど創造性を必要としないきわめて単純で機械的な定型作業の場合を除いて、効果よりむしろ害の方が大きいということが多くの研究で示されているのだ。[21] 要するにマルセロは、ナトゥーラが行おうとしている転換を、外側を内に、内側を外にするという見方でとらえている。外側を内に、というのは、関係を育むことを未来の会社の中心的な部分にすることを意味する。内側を外に、というのはコントロールを手放すこと、個人別のターゲットとボーナスを手放すこと、そして多くの場合エコ・システムのパートナーと共に動機付けや方向設定、イノベーションの、より内在的で共創的なメカニズムを考え出すことを意味する。それは簡単なプロセスではないし、マルセロは真っ先に、自分自身とナトゥーラがその旅を始めたばかりであることを指摘するだろう。

▼**フード・ラボ——食糧の領域を移行させる**

BALLEとナトゥーラは、使命主導の要素を持つ、4・0の方向に進んでいる企業の好例だ。だが、もっと伝統的な会社ではどうなのだろう。そういう会社が4・0に移行するには何が必要なのだろう。

サステナブル・フード・ラボはこの分野での先駆的な解決法を開発している。フード・ラボはさまざまな領域のリーダーが集まり、食糧と農業の差し迫った重大な問題に取り組む場である。

二〇〇二年の夏、グローバル・リーダーシップに関するある会議において、ハル・ハミルトン、ドン・セビル、アダム・カヘン、ピーター・センゲが朝食の席で話し合った。彼らはまず、農業の持続可能性に関して二分されている議論にU理論を適用することが役に立つ可能性を探った。その後この会話は拡大して、ユニリーバやケロッグ財団のリーダーも参加するようになった。彼らは持続可能な農業プロジェクトに対して自分たちが行っている投資について説明し、主流に影響を及ぼしたいという希望を表明した。しかし、ケロッグ財団もユニリーバも単独でそれを成し遂げる力はないと感じているということだった。

その後の一年半、ハルとアダムは同僚と共にアメリカ、ヨーロッパ、ブラジルのシステムのリーダー数十人にインタビューを行い、一人ひとりにフード・ラボへの参加を呼びかけた。多くのインタビューやミーティングで得られたアドバイスや経験を取り入れ、主流の食糧システムをもっと持続可能なものにすることを目的としてフード・ラボが発足した。

ラボには、この明確な目標を持つ六〇以上の企業、政府、農場グループ、NGOのリーダーが結集する。ラボの事業の核心にあるのは持続可能な食糧システムだが、持続可能が意味するところについては参加団体、企業、組織によって大きく視点が異なることはみな認識している。ラボのチームの課題の一つは、これらの異なる視点や優先順位を触媒として使って、学びの共有とシステムでの重要なイノベーションを促すことである。(22)

現在はフード・ラボの共同理事長を務めるハルに、組織の協働と、4・0へのイノベーションを支援するインフラを再創造することから何を学んだかと尋ねた。

私たちが学んだのは、食糧供給者のエコ‐システム全体を持続可能な方向へ動かすには、リーダーシップを支援する新しい種類の構造が必要だということです。特定される三つのリーダーシップまたは学習のためのインフラが有効だということがわかりました。一つ目は、私たちがラーニングジャーニーと呼んでいるものです。さまざまな利害関係者のグループを興味深い場所や彼らのシステムの端に連れていって、一日か二日、深く没入する経験をしてもらうのです。これはいつも大成功で、生まれ変わるような、ときには人生観さえ変わるような変容の経験になります。

二つ目としては、プロトタイピングのプロジェクトにメンバーを参加させるときは、彼らが所属する組織の戦略的アジェンダに強い関連があるイノベーションのテーマについての、具体的なプロトタイプのプロジェクトであることがきわめて重要だということがわかりました。単に個人的に興味があるプロジェクトで、組織に関係がない場合、これらのイニシアティブは持続できないし、規模も拡大できません。

最後は、こういうことすべてに深い個人的な次元あるいは人間的な次元が働いているということです。何と名前をつければいいのかよくわかりません。でも、これは、私たちが組織の境界を超える人間関係の深いネットワークを作り出したことと関係があるのです。この新しい人間関係のネットワークは、単にいい気分になるとか、元気になるとかということではないのです。その真髄は、自分自身の旅、コミュニティの旅、地球の旅とふつうとは異なる関係を持つことなのです。つまりこのネットワークは、自分の本質とつながり直すのを可能にする場なのです。

ハルが説明したこれらの三つの学びの経験に加えて、彼が触れなかった四つ目の経験がある。そういう事業の中核グループに、4・0のマインドセットを持った適任者を入れる、ということだ。そういう人たちはあらゆる行動からその取り組みの本質を体現する人でなければならない。この本で紹介してきた変革者はみなそうだ。ジョン、スヨト、アレクサンドラ、クラウディア、ジュディ、ミシェル、ルイス、ギリェルメ、マルセロ、ハル……。

まとめ

表11は企業の進化が、経済の発達と、その土台にある論理の進化の段階に組み込まれている様子を表している。1・0企業の目的は、バリューチェーン全体を支配することだ。その論理は範囲の経済性を軸に展開し、垂直統合に焦点が当てられる（たとえば、古いIBM）。2・0企業の目的は利益だ。論理は規模の経済性を軸に展開し、水平統合に焦点が当てられる（たとえば、インテルやマイクロソフト）。3・0企業の目的はエコ - システムの支配だ。論理はネットワーク経済性を中心に展開する。その例は、アップルやフェイスブック、グーグルだ。

4・0企業の目的はエコ - システムの管理に責任（スチュワードシップ）を持つことだ。その論理はプレゼンシング、つまり、出現しつつある未来を感じ取り、実現することの経済性を中心に展開する。この範疇の例として現れてきたのが、BALLE、ナトゥーラ、中国の電子商取引の巨人アリババなどだ。3・0と4・0の企業の違いは、意図だ。3・0企業は自分たちのエコ - システムを支配しようとするが、4・0企業はすべての人の福利と共有された所有権に仕えようとする。3・0と4・0の企業は、二つの大きな特徴を持つ新しいタイプのハイブリッド企業だ。企業として機能すると同時に、社会的使命からインスピレーションと活力を得ている（4・0企業では使命がより強く体現される）。これはビジネスの世界の取るに足らない特徴ではない。次のような先見の明のある創業者たちを思い出してほしい。アップルのスティーブ・ジョブズ、アイリーン・フィッシャー・インクのアイリーン、ナトゥーラのルイス、ギリェルメ、マルセロ、BALLEのジュディとミシェル、それにサステナブル・フード・ラボのハル。これらの冒険的な事業は、成功する企業を経営することの意味として「新しく現れてきた本質」の例である。この出現しつつあるビジネスのパラダイムでは、成功は利益だけでなく、大きなエコ - システムに対してどういう意味を持つか、生態系・社会・精神の分断を埋めることにどのような現実的な貢献をしているか、という尺度でも測られる。興味深いことに、これらの複合型の社会的使命主導の企業には、革新的なNGOに似てくるものが多い。

NGO4・0

ベルリンの壁の崩壊と冷戦の終焉とともに新しい時代への移行が始まり、新しいスーパーパワーが登場した。グローバルな市民社会だ。

ビジネスの目的	企業の例	利害関係者の関係
全バリューチェーンを支配	古いIBM	コントロール
利益と株主価値	インテル、マイクロソフト	取引
エコ - システムの支配	アップル、フェイスブック、グーグル	共感的だが支配的：所有権の共有はない
エコ - システム・スチュワードシップ：自己、他者、自然、全体との共創的関係	出現しつつある例：ナチュラ、BALLE、アリババ	生成的：最高の未来の可能性を共感知、プレゼンシング、共創造する

一九八〇年代末以来、すべての大陸で何百万ものNGOやCSO（市民社会組織）が出現した。ポール・ホーケンによれば、これは史上最大のムーブメントである。[23] グローバルな舞台に最も新しく登場したのが、NGOや市民社会セクターだ。第二次世界大戦後に国際連合が創設され、政府がグローバル化した。急速に進むこのグローバル化にともなって、企業も次から次へとグローバル化した。特に一九八九年以後の動きが著しい。市民社会は次のような新しい種類の組織機構とその発展の旅路を通して、自己を表現してきた。

1.0　NGO――負担を軽減する活動家、寄付者に依存
2.0　NGO――政策提唱者、寄付者に依存
3.0　NGO――複数の利害関係者または社会的使命を持つ事業、部分的に自己資金
4.0　NGO――エコ - システム革新事業、部分的または全面的に自己資金

▼**WWF**

世界自然保護基金（WWF）は、環境保護を目的とする国際NGOである。[24] 五〇〇〇万人以上の支持者を擁し、世界中の

表11　経済的論理と企業の発達

経済発達の段階	調整メカニズム（権力）	中核部門	支配的な経済論理
1.0　中央集権的国家経済	階層制、規制、支配（ムチ）	第1セクター：公共	範囲の経済：垂直統合
2.0　自由市場経済	市場と競争（アメ）	第2セクター：民	規模の経済：水平統合
3.0　社会市場経済	ネットワークと交渉（規範）	第3セクター：社会	ネットワーク（と範囲）の経済：循環的統合
共創的エコ - システム経済	ABC：意識に基づく集合的行動（出現しつつある全体のプレゼンシング）	第4セクター：セクター横断的協働	プレゼンシングの経済：らせん状統合

一〇〇以上の国で活動している世界最大の独立系環境保護組織である。環境破壊を阻止し、自然を回復させることを使命としている。

私(オットー)が初めてWWFのアメリカ本部を訪ねたとき、最高執行責任者のマーシャ・マーシュは、組織の仕事の進化を次のように説明した。

最初、私たちは**環境**を保護することしか眼中にありませんでした。でも、そのためには地域に住んでいる**コミュニティ**を巻き込む必要があることに気づきました。彼らなくして環境を守ることはできません。そして、それでも十分でないことに気づいたのです。私たちの住む環境や共有資源を破壊している本当の力は、地域のコミュニティとはあまり関係がなく、**グローバル市場**と大いに関係があることに気がつきました。だから、環境を保護するためには、地域のコミュニティだけでなくグローバル市場とも協働しなければなりません。つまり、グローバル企業と、企業の調達行動をより持続可能な方向へ転換させるのに貢献する意識の高い消費者グループの両方と協力しなければならないと気づいたのです。

マーシュが説明した三段階は、WWFが1・0(環境保護だけ)から2・0(コミュニティを巻き込む)へ、そして3・0(市場を巻き込む)へ進化してきた跡をたどっている。課題の面を見れば、今の仕事の周縁部に近づくほど、「問題は複雑で、システム全体の多数の利害関係者がかかわってくるため、個別の組織機構はもちろん、どんなセクターも単独では変化を起こすことはできません」とマーシュは言う。「だから、実現するためには多数の利害関係者を巻き込んだ取り組みが必要なのです」

新しいタイプの多様な利害関係者を巻き込んだ事業の一例が、コーラル・トライアングル・イニシアティブ（CTI）だ。東南アジアのコーラル・トライアングルは、世界の海洋環境の中でも比類のない生物学的重要性と美しさを誇っている。そして、その海域に位置するインドネシア、フィリピン、マレーシア、パプアニューギニア、ソロモン諸島、東ティモールに住む六カ国、一億二五〇〇万人にとっての経済価値を考えれば、さらに重要性は高まる。二〇〇九年五月、この六カ国のリーダーが一〇年間のコーラル・トライアングル・イニシアティブ地域行動計画に合意した。海洋保護に関してこれまでに策定された中で最も総合的で詳細な、期限を定めた計画である。

それ以来、この取り組みには何億ドルもの寄付が寄せられている。だが、この取り組みも大きな影響力を持つほかの取り組みと同じで、始まりは小さかった。発端は、行き詰まりへの高まる苛立ちを新しい未来を創造する力強い意図に変える、インスピレーションに満ちた一連の会話だった。

このケースでは、最初の会話のいくつかに火をつけたのは、マーシャ・マーシュたちがプレゼンシング・インスティテュートとMITで我々と共に創造したELIASの取り組みだった。WWFでCTIプログラムディレクターを務めるケイト・ニューマンは言う。

ELIASのプログラムは、システムを移行させるのにお互いを必要とするすべての主要なプレーヤーを一堂に集めて、それを実現できるような方法論とツールを提供するという壮大なアイデアを持っていました。コーラル・トライアングルの地域に見られるような問題への取り組み方について、私たちの考え方がその影響を受けたのは、そのころでした。今でも覚えていますが、ある夜何人かの利害関係者と長時間議論した後で、ブレークスルーが起きました。私たちは突然気づいたのです。一度に一つの地域ずつ取り組むのでは、これらの問題にうまく対処することは決してできない、と。でも、隣り合うこれらの地域を合わせて一つの壮大なエコ地域にすればどうでしょう。あまり認識されていませんでしたが、地球上有数の高い海洋生物多様性を持つ地域になるのです。そしてコーラル・トライアングルの各国政府の限られた資源を統合することができれば、ほかの主要なプレーヤーもおそらく引き込むことができるでしょう。大規模な真の変化を起こすことに参加すれば、突然、きわめて現実的な利益を持つことになるのですから。これらのプレーヤーすべてを結びつけて、彼らがシステムを良い方向へ転換できるようなプラットフォームを作るのです。

二〇〇七年、WWFはネイチャー・コンサーバンシーとコンサベーション・インターナショナルと提携した。三者は一体となって、コーラル・トライアングルの自然保護の取り組みを拡大し、CTI合意を実行するために何億ドルもの寄付金を投入した。コーラル・トライアングルは、学術的に知られているサンゴの種の七五パーセントが生息する、地球上でアマゾン川流域に次いで二番目に生物多様性が高い地域である。イニシアティブの一〇年間の目標を計画通りに実行するには多くの問題があるが、共有資源の保護と意図的な育成のためのより良い組織化の方法を模索しているほかの多くのイニシアティブにとって、CTIは大きな刺激を与えてくれる模範的な存在でありつづけている。

4・0の組織化とは、特殊利益団体中心の組織化から共通の意図中心の組織化への移行を意味する。エコ - システム経済は、最も希少で最も危機にさらされている共有資源を特定し、保護し、育むことから始まる。企業とNGOの関係を対立と取引から共創造に移行させることは、経済を活気ある4・0の機能システムに移行させる最大の成功要因である。

銀行4・0——好ましい変化を起こす手段としての銀行

借り手と貸し手の仲介者である銀行は経済において特異な位置を占めており、そのために社会においても特異な位置を占めている。あらゆる起業的なアイデアは金銭的な資本を必要とする。企業にはパートナーとしての銀行が必要であり、市民は金融サービスを利用する。銀行はきわめて特殊な商品を扱う。それはお金だ。お金はほとんどの経済取引で使うことができる法的な概念である。有効期限が切れることはめったになく、容易に譲渡でき、誰もが欲しがる。りんごやアップルのコンピュータのような実体経済の商品を使うのは特定の顧客であり、一定の期間しか使えない。しかしお金は経済のあらゆる参加者によって使われ、ほとんどどこでも、いつでも使うことができる。また価値が低下することもない（インフレ率が利率を上回る場合を除く）。その結果、銀行と金融セクターは実体経済のそのほかの参加者すべてに対して競争優位を持つ。[25] 今日まで金融部門の社会における役割がどう進化してきたかを端的に表すと次のようになる。

1・0——伝統的な金融
2・0——カジノ金融
3・0——社会的に責任のある金融
4・0——変革を促すエコ - システム金融

歴史を振り返ると、金融危機が起きるたびに、銀行の権力とリスクについて国民的な論争が湧き起こり、金融部門の規制が強化されてきた。だが、危機とその影響が忘れられると、金融部門の規制は再び緩和されることが多い。進化の観点からは、金融部門の規制に関する論争は金融2・0から3・0への移行を反映している。

だがこの論争に欠けているのは、銀行の真の可能性についての議論だ。銀行が変革の力を持った、意図主導の金融機関に変わり、社会4・0への進化を促す存在になる可能性である。銀行の1・0から3・0への進化に並行して、あまり目立たないものではあるが、イノベーションのプロセスも起きていた。一部のコミュニティや利益団体、宗教組織、意識の高い市民は、自分たちの目的や意図、ビジョンを実現するには、自分たちのニーズに応えてくれる銀行へのアクセスが必要だということに気づいたのだ。

この数十年の間に、新しいタイプの金融機関が少しずつ現れてきている。収益性と社会的使命を組み合わせた金融機関、今でいうトリプルボトムライン（財務、社会、環境上の業績を成功の尺度とする）に従って行動する金融機関だ。成功した銀行もあれば、失敗した銀行もある。大銀行もトリプルボトムラインの概念を掲げたが、表向きだけで、主要な事業ではワンボトムライン、つまり収益性だけに注目する経営を続行していたところが多い。

しかし、特定のエコ‐システムでのイノベーションに注目することを通して、大きな変革を起こす媒体になるという考え方に基づいてイノベーションを始めようとする銀行がいくつか出てきた。結局、どのイノベーションや取り組みに出資するかを決めるのは銀行なのだ。いくつかの銀行は、利益を得られる可能性だけで決めてよいのか、それとも社会や環境にとって良いことも考慮すべきかを自問しはじめた。

どんな銀行にとっても、三〇〇人の社会起業家や環境起業家に一〇〇万USドルずつ融資するより、既存の多国籍企業一社に三億USドルを融資する方がはるかに効率が良い。だが、今日の差し迫った課題に取り組むために本当に必要なのが、少額融資だとしたらどうだろう。

環境起業家に三〇〇件の融資をすることは、銀行の収益性への関心だけでなく、**社会的なニーズに対する意識**に基づいた意識的な決定を行うことを意味する。そのような決定は、もちろん銀行の内部にも影響を及ぼす。三億USドルの通常の融資を一件行うには担当者一人で処理できるかもしれないが、総額は同じでも環境起業家三〇〇人に一〇〇万ドルずつ融資するとなると、融資業務**だけでなく再生可能エネルギーや社会的起業についても**理解している融資担当者のチームが必要になる。

すでにそういうことを行っている金融機関はある。信用組合、融資サークル、コミュニティ銀行、非営利金融組織、クラウドファンディング・プラットフォーム、協働組合銀行などだ。二〇〇九年に社会や環境への責任を重視する銀行一〇行が、オランダのトリオドス銀行に集まり、「十分なサービスを受けていない人やコミュニティ、環境に持続可能な開発をもたらすために金融を使う」ことを使命とする独立の銀行ネットワーク、グローバル・アライアンス・フォー・バンキング・オン・バリューズを創設した。[26] 二〇一二年現在、ネットワークの参加メンバーは二〇行、資産は四〇〇億USドルを超え、世界のすべての地域で活動している。

これらの銀行の事業例をいくつか挙げてみよう。

▼変革を促すエコ - システム金融

前の章で紹介したBRAC銀行は、バングラデシュにある。ダッカの旧市街を担当するBRACの融資担当者は、顧客一人ひとりを訪ねて歩き、融資申請者の店を訪れ、その隣人と話をし、申請者とそのコミュニティを知ろうと努める。ＢＲＡＣはこの方法で、信用履歴はおろか、銀行口座さえ持たない起業家に融資をするかどうかを判断している。なぜそんな面倒なことをするのか。ＢＲＡＣは、こういう小規模な事業が雇用を生み出し、人々を貧困から抜け出させる手段を作ると信じているからだ。

ヨーロッパのトリオドス銀行とＧＬＳ銀行は、一般の銀行が風力発電所など検討もしようとしなかった数十年前に、風力エネルギーのための出資オプションを考案した。融資担当者は、再生可能エネルギーのプロジェクトに精通している。さらにどちらの銀行も、再生可能エネルギー関係だけでなく、地域生活プロジェクトや、オルタナティブ・スクール、有機農業、文化的な取り組みなどの、通常の銀行はパートナーになってくれそうにないが、社会に独自の貢献をするプロジェクトにも出資している。そういう銀行の顧客は、すべての出資事業が環境保護と社会的なイノベーションの高い水準を達成することを期待しているので、銀行はすべての融資先をウェブサイトで公開している。

グローバル・アライアンス・フォー・バンキング・オン・バリューズはネットワークとして、社会的責任融資を超えて、変革の手段としての金融に向かっている。そのメッセージは明白だ。今日の切迫した問題に取り組むには、こうした新しいタイプの企業やＮＧＯ、革新者のコミュニティを支援する金融機関が不可欠だということだ。

▼経済の場の重心を移動させる

経済における金融と資本の動きは、市場での交換を生み出すだけではない。図15は、金融経済と実体経済の関連と、両者が体現する異なる形の社会経済関係が、先に述べた会話と意識の覚醒のさまざまなレベルと非常に似ている様子を表現している。
お金は使い方の土台にある意図によって、四種類に区別することができる。

1　カジノのお金――投機目的で使われる
2　購入するためのお金――モノやサービスを買うために使われる
3　融資するためのお金――起業家に融資をするために使われる
4　贈与するためのお金――コモンズを育んだり、社会的起業家を支援したりするために使われる

四種類のお金（図15、左上）は、お金がほかの人の手に渡る際の**意図**が異なる。[27] 図15の右上には、お金を使うさまざまな選択肢が示されている。

1　デリバティブや実体経済の資産への投機的投資
2　ものやサービスを買う
3　起業向けに融資をする
4　クリエイティブ・コモンズを育むために贈与する

図15　経済活動と会話的活動の重心の移行

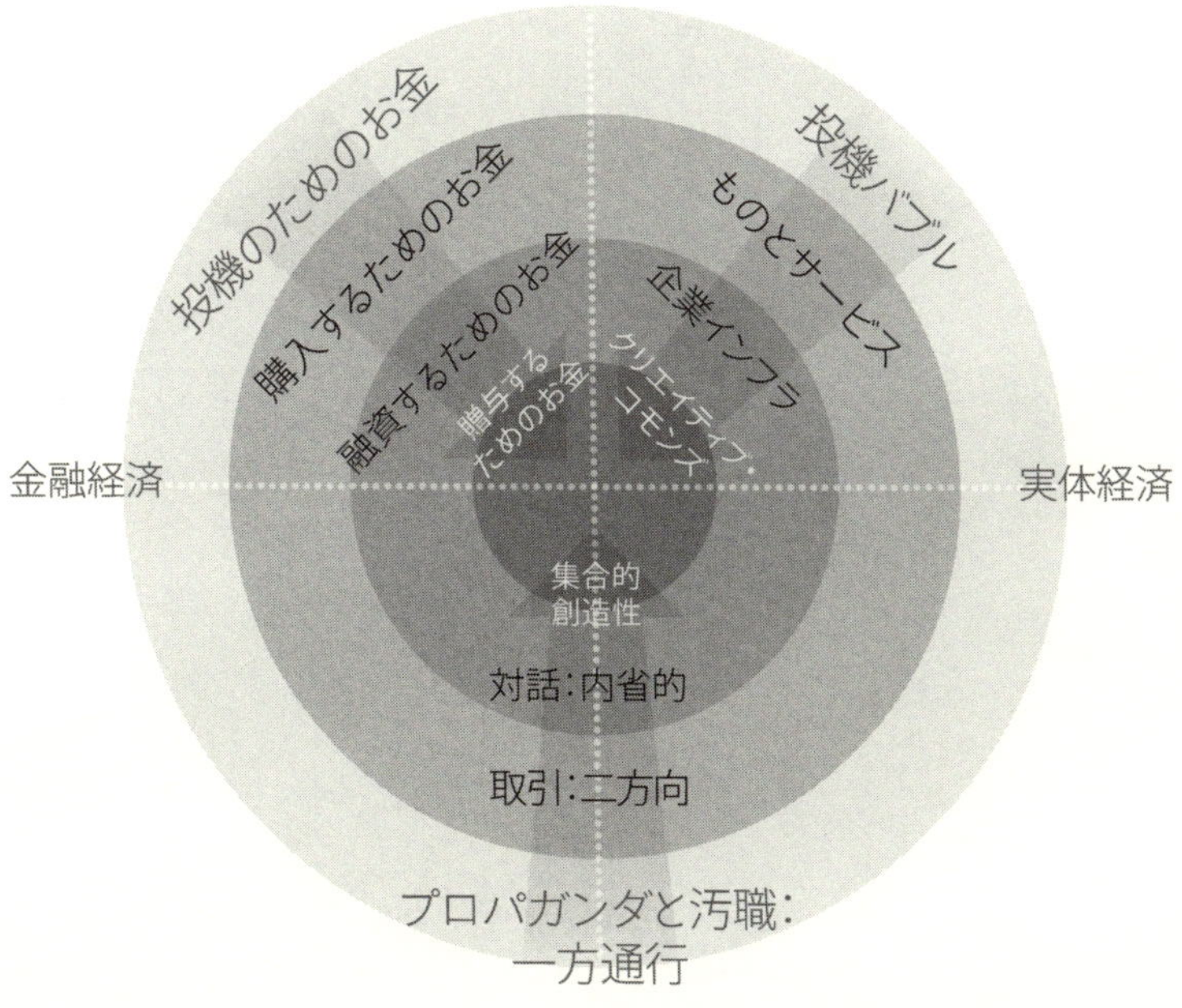

お金が一つの手から他の手へと渡るとき、それは経済行為であると同時に、社会的現実を作り出すコミュニケーション行為でもある。たとえば、私があなたから何かをお金で買うとすれば、私たちの関係は私が店を出た瞬間に終わる。だが、私が起業家にお金を貸すとすれば、融資期間が終わるまで続く関係が確立される。お金は力を与える。お金は経済システム内の行為者間の意思伝達手段である。図の四つの輪または領域は、これらのコミュニケーション的な関係性の質について、その関係がどれくらいの力を与え、どう違うかを示している。図15の下半分に記されているように、これらの関係は、いちばん外側のプロパガンダや汚職のような一方通行のダウンローディングから、いちばん内側の共創的な関係までの幅がある。

今日の経済の問題は、投機バブルを加速する投機的な利益抽出や、汚職、プロパガンダなどの有害な外側の領域に流れ込むお金が多すぎることだ。加えて、あらゆる社会的、経済的、文化的生活の革新であり源であるいちばん内側の領域に流れ込むお金が少なすぎる。あらゆる経済価値と創造性の源、あらゆる人間の創造性の源である教育、コミュニティ、エコ-システム・コモンズ（共有資源）の育成はいちばん内側の中心に位置している。そして、贈与金やシードマネーが最も必要なのはここだ。

外側の領域にはお金が多すぎて、内側の領域にはお金が少なすぎることはわかった。だが、それは本当のところ、どの程度大きな問題なのだろう。間違いなく問題は大きい。一兆五〇〇〇億USドルの外国取引のうち、実体経済に関係があるのはその五パーセントにも満たないということを覚えているだろうか。問題はこれほど大きい。重大な問題だ。そして、巨額の資金が、外側の領域の膨張した利益抽出的バブルを糧とする、数は非常に少ないが強大な特殊利益団体のために、危機にさらされている。支払うべき税金を逃れる（多くの場合、違法だが、合法的な場合もある）ために海外の租税回避地に流れる私有財産は、推定二〇兆USドルにものぼる！[28]このお金の流れの方向を、グローバルコモンズに貢献するように変えることができれば、即座に驚異的な影響を世界に及ぼすことができるだろう。それは可能だ。だが、共通の意志が必要だ。

未来への道、経済4・0への道は、経済の重心を、主として1・0と2・0のコミュニケーション（外側の二つの領域）から、3・0と4・0の会話と関係性（内側の二つの領域）へと移動させることを求めている。投機に向かうお金（外側の領域）の流れが自然に方向を変え、中心にある創造的なコモンズを育てるのに役立つ贈与のためのお金（内側の領域）に変わるように、設計し直さなければならないということだ。この項で紹介している変革を促すエコ‐システム金融は、この課題への一つの答えだ。

もう一つの答えは、「経年劣化するお金」という概念だ。この概念に従えば、お金も実体経済の商品と同じように、時間の経過と共に価値を失うべきだということになる。お金にもヨーグルトのように一定の使用期限を設けるのだ。中世のヨーロッパにはそういう仕組みがあった。その結果、お金は投機的なバブルに投資されるのではなく、文化部門などに流入した。何世紀も経た今でもヨーロッパの都市の顔を形成している壮麗な教会がその証拠だ。[29]

二一世紀の解決策がどのようなものになるかはまだはっきりしないが、課題はこれまでにないほど明らかだ。実体経済と金融経済の間の競争の場のバランスを取りなおし、金融が実体経済に貢献するようにしなければならない。逆ではだめなのだ。

出現する第四のセクター――エコ‐システム経済のためのセクター横断的プラットフォーム

出現しつつある4・0の意図を持ったエコ‐システム経済の実例は、それぞれ独自の状況から、独自のひらめきに満ちた鼓動を打って活動している。これが見られるのが、ナミビアの医療エコ‐システム、インドネシアの4‐D政府、デンマークの医療エコ‐システム、オーストリアの教育改革、ブラジルのナトゥーラ、中国のアリババ、サステナブル・フード・ラボ、BALLE、ELIAS、WWFのコーラル・トライアングル・イニシアティブ、それに変革を促すエコ‐システム金融の最初の小さな例だ。これらの物語に共通するのは何だろう。

どの取り組みも、過去とは異なる未来を創造するという深い共通の意図を持った少数の核となるグループによって始められた。調理場のテーブルであろうと、窓のない地下室であろうと、彼らはインスピレーションにあふれた、それでいてとことん率直な会話が持てるホールドされた空間を共有している。最高の志と日常の実践が出会い、結びつき、お互いを確認し、進化するるつぼである。また、使っている方法やツールも似ている。大規模で複雑なグループやシステムが、組織的な摩擦を、共有する意識と協働的なイノベーションに転化するのを可能にする方法を使っている。

この章で紹介した物語では、出現しつつあるエコ‐システム経済のいくつかの原則を説明した。我々は将来これらをより意図的にシステム全体で制度化するべきだと考えている。これらの出現しつつある主要な原則を、次にまとめてみよう。

1 **開かれていること**――リーダーシップは組織内部から周囲の領域に移行する。

2 **透明性**――情報は秘密ではなく、透明でなければならない。

3　**共有**――モノの所有権はアクセス可能で、賢く共有されなければならない。
4　**意図**――組織化は構造ではなく、共通の意図から起こる。
5　**ホールドされた空間**――共創的なコミュニティには、質の高い核となるグループとホールドされた空間が必要である。
6　**会話**――レベル1と2（有害、取引的）からレベル3と4（対話、共創）へ移行する。
7　**意識**――主な行動の様式をエゴ・システムの意識からエコ・システムの意識へ移行する。
8　**コモンズ**――エコ・システム全体の基盤として、コモンズを特定し、保護し、育てる。
9　**遊び心**――遊び心や起業家精神、共創造に価値を置く文化を創造する。
10　**多様性と共生**――これらはエコ・システムの繁栄を可能にする双子の原則である。

今日我々が目にしているのは、これらの原則を体現し、医療（ナミビア）、教育（オーストリア）、持続可能な食糧（フード・ラボ）、特定の業種（ナトゥーラ）、小規模起業家（アリババ）、政府（中国）、ローカルな地域密着型経済（BALLE）などの特定のエコ・システムに適用することによって人々をつなげるセクター横断的なプラットフォームを創造する第四のセクターの登場である。

結論と実践

この章では、組織機構の転換のプロセスについて説明した。社会の主要なシステムやセクターの例を用いて、さまざまな状況でのリーダーシップの課題と変革の旅は本質的に同じであることを示した。それは、1.0から4.0への、社会的な場を転換させて新しいものに命を吹き込む新しい質の共創的関係を育む旅路である。

ジャーナリングのための問い

1　あなたの会話をレベル1と2の関係からレベル3と4の関係に、つまりダウンローディングと討論から対話と集合的創造性に移行させるにはどうすればいいでしょうか。具体的に述べてください。一つか二つの例を挙げてください。

2　図15をよく見てください。あなたとあなたが所属する組織は、経済的な関係と金融面での関係を、外側の領域の投機と消費から内側の領域の起業的取り組みと創造的な共有資源の育成に移行させるにはどうすればいいでしょうか。例を一つか二つ挙げてください。あなたはコモンズのどのようなところに貢献していますか。あなたが起業のイニシアティブを取ったり、支援したりするのはどの部分ですか。

3　先の二つの質問は、お互いにどう関連していますか。具体的に述べてください。あなたの例の状況で考えてください。

4　あなたがあなた自身の資本の源、つまり自分自身の創造性の源を育みつづけるにはどうすればよいでしょうか。

5　表11をよく見てください。あなたの会社または組織が4・0の共創的エコ‐システム企業として活動することを選ぶとすれば、どのようなものになるでしょうか。前述の一〇の主要な原則のリストを具体的なイメージとアイデアを描くためのインプットとして使ってください。

6　実現可能な4・0事業のためのアイデアで、あなたが最も興味深いと感じるものを探求できる小さなプロトタイプとして、どんなものを作ることができるでしょうか。

サークルでの会話

プレゼンシング・インスティテュートのウェブサイトへ行き、ツールのセクション www.presencing.com/tools/ を選び、ケース・クリニック・ツールをダウンロードする。これは、少人数のグループを七〇分できわめて共創的な七段階のUプロセスに導く、非常に有益なプロセスだ。各セッションでは、一人のケース提供者に焦点を合わせる。一回目は一セッション、一人のケース提供者だけにして、グループが次に集まるときに追加のセッションを行うとよいだろう。プロセスを楽しみ、プレゼンシング・インスティテュートのウェブサイトで経験を共有していただきたい。ウェブサイトにはそのためのソーシャル・ネットワーキングのスペースを設ける予定だ。

第8章 出現する未来から導く――今こそ

我々は破壊的混乱の時代に入った。ここまで、我々が知る世界で最も興味深いいくつかのプロジェクトをめぐる旅に案内してきた。本書を締めくくるにあたって、4・0の原則をまずは自分の人生に、ひいては地球に生きるすべての人が参加する旅とムーブメントに応用するにはどうすればいいかを探ってみよう。

本書の冒頭で、次の三つの問いを掲げた。

1　破壊に直面する今、**出現する未来**から導くにはどうすればよいのか。
2　前進するための旅を導いてくれるのは、どのような**進化的な経済の枠組み**か。
3　我々が全体を移行させる媒体として機能するのを助けてくれる**戦略**は何か。

これらの三つの問いへの答えを探っていく中で、三つの大きなアイデアを提示した。一つ目は、学び方には根本的に異なる二つのモードがあるということだ。過去から学ぶ方法と、**出現しつつある**

未来から学ぶ方法である。出現しつつある未来から学ぶためには、思考を開く（認知の境界を超える）ことだけではなく、心を開く（関係の境界を超える）ことと、意志を開く（自分の小さな意志の境界を開く）ことを含めた深い学びのサイクルを始動させなければならない。出現しつつある未来から学ぶUプロセスは、三つの動きをたどる。「ひたすら観察する」「一歩下がって内省する――内なる知を出現させる」「即興的に行動する」である。

二つ目の大きなアイデアは経済進化のマトリックス（表3）に関するものだ。マトリックスは、**経済構造の進化は人間の意識の進化に従う**こと、より正確には、両者は相互に大きく依存していることを示している。マトリックスは経済思考の四つの文法またはパラダイムを提供する。マトリックスの進化は、数百年にわたって、さまざまな文明ごとに独自の形をとる旅として具現化されてきた。結論として言えるのは、今日の経済構造を変容させるには、人間の意識をエゴ‐システム意識からエコ‐システム意識に移行させる必要があるということだ。

三つ目の大きなアイデアは、次の革命では、ムンドまたはシステムの視点から、経済進化のマトリックスで示された八つの鍼のツボすべてに焦点を合わせるマルチポイントの戦略が必要になるということだ。同時に、行為者の観点からは、そのような戦略は、組織機構やプレーヤーが1・0から4・0に進化するときに通らなければならない**転換の旅**（***Umstülpung***）に集中しなければならない。この転換の旅は、すべてのレベルのアクターに意識の視線を曲げ、自分自身と自己（Self）の源に向けるよう求める。それは、思考と心と意志を開き（ミクロ）、会話をダウンローディングから生成的な対話へと移行させ（メソ）、階層制（ヒエラルキー）の縦割り構造を、生きている全体としてエコ‐システムを結びつけるエコ‐クリエイティブな場に変える（マクロ）ことを意味する。

物質と精神のフィードバック・ループを閉じる――経済4・0

我々全員がかかわるこの素晴らしい進化の旅の本質は何だろう。この問いは、精神と物質の統合を語っていた上海でのナン師の言葉に我々を立ち返らせる（第4章）。また、科学、社会科学、哲学における精神と物質の分断の超越を目指す、欧米ではあまり知られていない科学の一派も思い出させる。ヴァレラ、フッサール、シュタイナー、ゲーテなどの名前につながるこの一派は、**科学的な観察**の視線を曲げて、観察をしている自己、つまり源に向かわせることを特徴としている。

源とは、システムの見地からは、精神と物質の間のフィードバック・ループが「今という時の中」において個人的にも集合的にも閉じるところである。我々はこれを「クロージング・イン」ポイントまたは鍼のツボと呼んでいる。八つのツボでクロージング・インがそれぞれどのように起こるかを次に示そう。

1　**自然**――生産、消費、再利用、リサイクルのフィードバック・ループを閉じる（「地球から地球へ」または閉じたループ・デザインによって）。

2　**労働**――小さなsの自己（self）と大きなSの自己（Self）のつながりに火をつける新しい起業インフラを構築することによって、小さなwの仕事（work＝生計のための仕事）から大きなWの仕事（Work＝情熱）へのフィードバック・ループを閉じる。

3　**資本**――投機的な投資を、環境、社会、文化的創造性の再生に向かわせる（贈与と意図を持った資本を通じて）ことによって、資本の流れのフィードバック・ループを閉じる。

4　**技術**――技術の創造から社会のニーズへのフィードバック・ループを閉じる。特に、十分なサービスを受けていない市場で（ニーズ評価や参加型のプラニングによって）。

5　**リーダーシップ**――リーダーシップから全体の出現しつつある未来へのフィードバック・ループを閉じる（共感知、共触発、共創造の実践を通して）。

6　**消費**――経済的なアウトプットからすべての人の幸福へのフィードバック・ループを閉じる（意識的、協働的な消費と、後述する国民総幸福（GNH）などの新しい指標を通じて）。

7　**調整**――経済における部分から全体へのフィードバック・ループを閉じる（ABC＝意識に基づく集合的行動を通して）。

8　**所有**――所有権から資産の最善の社会的用途へのフィードバック・ループを閉じる（未来の世代の利益を守るコモンズの考えに基づく所有権によって）。

以上からわかるように、本書を通して探ってきた1・0から4・0への旅は、マトリックスの八つの鍼のツボすべてにおいて、個人としても集合としても精神と物質の再統合を目指す旅である。

我々の夢

第5章で一二番目の原則として、「決して諦めない」という忍耐の原則を挙げた。ボストン周辺に移り住んで以来一八年、著者らはずっと同じ意図や夢を追い求めてきた。そのことについて多くを語ってきたわけではない。あまりにも遠い、今の状態からあまりにもかけ離れている、と感じることが多かった。だが、ときには、実現は可能だ、すぐにでも手が届くとさえ感じるときもあった。

そしてもう諦めようかと思っていたころ、何かが起きていたことに気づいた。未来の種があちこちでアスファルトの層を破って芽を出していたのだ。

我々がずっと抱いていた単純な夢は、科学（三人称の視点）と、社会の変革（二人称の視点）と自己の進化（一人称の視点）を統合して、意識に基づくアクション・リサーチの一貫性のある枠組みを提供するグローバルな実践的リーダーシップの学校を作ることだった。[1]

言い換えれば、（1）最新の科学的方法を（2）4・0への社会の変革に適用するとともに、（3）個人としても集合としても、エゴ‐システム意識からエコ‐システム意識へと移行するためのホールドされた空間を築きたいのだ。

伝統的な高等教育機関は、衰退するアメリカの自動車産業が二〇〇八年（とその後）に直面したのと同じ問題を突き付けられている。つまり、商品の価格が高すぎる。個人と組織機構の真のニーズからかけ離れている。潜在的なユーザー基盤全体にサービスを提供することができない。そして、今日の主要なグローバルな課題に取り組む姿勢をますます失っている。

オンライン学習のプラットフォームに巨大な革命が起きつつある今、古いモデルの高等教育はおそらく退場せざるを得ないだろう。一例を挙げれば、ＭＩＴとハーバード大学はｅｄＸというオンライン学習プラットフォームを創設した。すべてのコースを無償またはわずかな費用で、オンラインで提供する。[2] しかし、まだ誰にもわからないのは、新しい高等教育のモデルがどのようなものになるかだ。

Uスクール——抜本的な社会的イノベーションの運転席に学生をおく

本書の締めくくりとして、我々が多くの同僚や友人たちと何年もの間、共に開発し、保持してきた未来の姿をいくつか紹介したい。我々が提案するのは、あらゆる部門や文化の変革者が4・0への新しい道を拓くのを手助けできるような新しい学習とイノベーションのエコロジーの構成要素ともいうべき七つの中核的な要素を統合することだ。大学4・0と呼べるものに融合しつつある七つの要素を次に示す。

1 **グローバル教室**。ライブ配信される教室でのセッションとミニ講義に、高度に双方向の小グループでの実践セッションを組み合わせることによって、世界各地の学習者のコミュニティと世界レベルの教授陣の間に密度の高い直接的な学びの関係を作り出す技術融合的なアプローチ。ソーシャルメディアに支えられた会話の空間によって、セッション以外の時間でも教室での対話が続く。

2 **ローカル、地域、グローバルのイノベーションのホットスポットに深く潜る《ディープダイブ》**。ディープダイブは、完全に没入する旅だ（仮想ではなく現実の）。この旅を通して、学習者は多くの新しい視点（たとえば隅に追いやられたコミュニティの）を感じ、共感し、それにつながることができ、また、重大な課題に対して有望な新しい方法で取り組んでいる刺激的な生きた事例の世界的なネットワークにもつながれる。

3 **意識に基づくリーダーシップの技術**。抜本的な社会的イノベーションのプロセスを促す能力の基盤は、思慮に満ちたリーダーシップと、頭と心と手の知性を結びつける、意識に基づくリーダーシップである。これらの方法論は、先進的な組織学習のツールに参加型のイノベーションの手法を組み合わせ、それらを意識に基づくリーダーシップの実践と融合させたものである。プレゼンシングのような、こういう新しいリーダーシップの技術をマスターして、出現する未来の可能性を感じ取り、実現することは、この学校の方法論的支柱である。

4

プレゼンシング・コーチングのサークル。深い学びのための空間をホールドする仕組みの中で最も重要なものの一つは、ピア・サークルで深い傾聴に基づくコーチングの実践法を用いることだ。コーチングのサークルは一般的には五〜七人のメンバーで作り、第7章の最後で説明したケース・クリニックのプロセスの一バージョンを用いる。ピア・グループのサークルには、驚くほどの力があることがわかった。サークルが個人と全体の刷新のためのホールドされた空間になるのだ。オットーのピア・グループのあるメンバーが、最近の同僚との電話によるコーチングでこう言った。「あなたたち〔サークル全体〕は私の再生のゆりかごです」。非現実的だとか、感傷的と思う人もいるだろうが、これは我々と、サークルのメンバーの多くが得た繊細な体験を正確に描写している言葉なのだ。

5

アクション・ラーニング。生徒は社会的なイノベーションのエコロジーにアクセスでき、特定のコミュニティや利害関係者グループにとって実際に役に立つ解決法のプロトタイプを共に創造するという課題を与えられることによって、抜本的な社会革新の最前線に参画する。現実世界で試されるこれらのプロトタイプは、組織機構の刷新の生きた例を体現したり、協働しているメンターや変革者のグローバルなネットワークに組み込まれ、導かれる。

6

イノベーション・ハブ。革新はあちこちで起きる。イノベーション・ハブは、世界中に分散した未来のキャンパスのプロトタイプだ。従来のキャンパスは社会の課題や問題に別個に取り組む学問領域別の学部によって構成されているが、イノベーション・ハブはその原則を逆転させる。出現しつつある未来の機会を中心に置き、それを柱に学科とツールを編成する。イノベーション・ハブは実践的な革新の場を作り出す。つまり実践中心のアクション・ラーニングのプロジェクトと思考中心のグローバル教室のセッションを介してつながる生成的な会話の場となるのだ。イノベーション・ハブが重視するのは、個人だけでなく、革新者のコミュニティの頭と心と手の知性を統合することである。イノベーション・ハブは、場所によって異なる形をとるだろう。しかし、次のような共通の特徴を持つことになる。（a）仏教寺院のマインドフルな簡素さを思い起こさせる空間、（b）活気のある芸術的なコミュニティの創造的な雰囲気、（c）これらの場所すべてを機能的でグローバルな共感知の実践のネットワークに相互接続するハイテク装置、（d）よく組織されたシンクタンクの明晰さ、（e）わずかの時間でソーシャル・プレゼンシング・シアターの舞台になることができる前衛劇場の機能性。要するに、イノベーション・ハブは今日のキャンパスとは似ても似つかないものであり、原則として、世界中の街、エコ - システム、都市や農村のコミュニティで再現することができる。

7

個別化された生涯続く学びの旅。グローバルな教室。出現する未来を感じ取り、実現するカリキュラム。潜在的なユーザー基盤は一〇人や一〇〇人、一〇〇〇人ではなく、一〇〇万人、一億人、あるいは一〇億人――基本的には、この深い場から起業家になる能力を目覚めさせ、活性化させ、強化することに関心があるすべての人。これらを前提とすれば、問題は、このように分散したエコ - システムの驚くべき複雑さを乗り切るナビゲーションを誰がするのか、誰がカリキュラムをデザインするのかだ。答えは、「あなた」である。

今日の教育システムでは、人生やキャリアの早い時期にあらゆる訓練を施す。だがそういう時期は、経験基盤が小さく、訓練の必要はほとんど、あるいはまったくない。ところが、学ぶ意欲や経験基盤がはるかに大きくなったころには、ほとんど訓練の機会は提供されていない。未来の高等教育は、今の古い標準的なカリキュラムを、変革者や学習者のコミュニティに参加する個人の進化するニーズや意欲にかなった、より個人的、個別的な、生涯にわたる旅に変えるように変容しなければならない。

振り返れば、我々は過去一八年の旅で、プレゼンシング・インスティテュートとMITの同僚とともに、多くのシステムやセクター、文化で、前述の七つの要素すべてのプロトタイプを作ってきたことに気づく。これらの取り組みの多くは、前にも述べたように、小規模だ。今後の課題は、これら七つの要素を、より意図的に、より完全に統合して、次世代の変革者たちが、今まさに社会4・0への道を切り拓こうとしている個人や組織、取り組みにおけるエコ - システムとつながれるような組織横断的なプラットフォームを生み出すことだ。

我々は、これらの要素をより完全に統合するときが来たと信じている。なぜなら、そうしなければ、また同じことの繰り返しになるからだ。学生を応用プロジェクトに送り込んだり、オンライン授業を受けさせたりするだけでは、実質的に新しいものは何一つ生まれない。それこそ、これまでやっていることをより一層やることで課題に応えようとする古い方程式だが、ほとんどの企業や組織はこれをやっている。課題に対して十年一日のごとく、コストを削減し、ひたすらスリムに、無情になるばかりで、自分たちが生まれ変わろうとはしない。

エコ - システムを4・0に移行させるような大きな変革を導くには、学ぶ人にもリーダーにも**練習場**が必要だ。境界を越えて協働し、新しい行動やマインドセット、文化をプロトタイプすることができる新しい安全な場だ。今日の社会に欠けているのは、深化した協働による再生のための新しい場を提供するインフラである。伝統的な高等教育機関は、多くが意義を見失う瀬戸際にあるが、4・0の世界で自らを再生させる場に入ることによって、社会的な意義を回復することができるだろう。この新しい世界でのユーザー基盤は、二〇億人にも達する可能性がある。歴史上初めて、大学が真の意味でグローバルに機能することができるようになるのだ。だが、社会的意義を持つには、真にローカルである必要もある。

想像してほしい。このローカルとグローバルの生きたつながりを創造的な方法で感じ、経験することができる場の活発なネットワークを作ることができれば、世界はどのようなものになるか。そこでは共感知によって、自分たちのプロジェクトがすでに一端を担っているより大きな出現しつつあるムーブメントを意識し、その進化からインスピレーションを受けることができるようになるとしたら。想像してほしい。それぞれの場を前述の七つの要素を独自の方法で大規模に統合して、ローカルかつグローバルな実践と学びと知識創造のコミュニティを支援する場にできたら。その結果、我々が学んでいることを形にしてさらに広めることができるオンラインの協働的な実践例が生まれるとしたら……。

ゆっくりと姿を現しつつあるネットワーク上のこのプラットフォームを、我々はUスクール（U.school）と呼んでいる。二一世紀のリーダーシップの中核的な能力として、U字型のプロセスを通して自分自身を自覚する力を重要視していることと、関係性の転換をホールドする空間がピラミッドを逆転させたU字型をしていることが、こう呼ぶ理由だ。図16はUスクールの中核的な活動がどのように構成され得るかを示している。

社会のあらゆるセクターからのパートナー組織によって構成されるイノベーション・ハブが、次の三つの中核的な活動をホールドし、統合する空間となる。(1)各種の実践的なイノベーション・ラボの開発、(2)このような先進的な試みからの知識創造、(3)新しい知識を織り込んだ集合的イノベーション能力構築。Uスクールのイニシアティブ、ラボ、プログラムは一歩を踏み出したばかりだ。我々は、ブータン、中国、インドネシア、フィリピン、インド、南アフリカ、エジプト、ブラジル、ヨーロッパ、北アメリカで、Uスクールの「種を蒔いている」。

社会の最も緊急度の高い課題の解決策を創出するというMITの伝統を礎に、PI内外の意識に基づくアクション・リサーチのコミュニティは幅広い社会的イノベーションのプラットフォームとしてのUスクールのさまざまな要素を開発・実験している。最初の成果をいくつか紹介しよう。

意識に基づくアクション・リサーチ

『出現する未来』と『U理論』では、根底から

図16　Uスクール：三種類の中核的活動

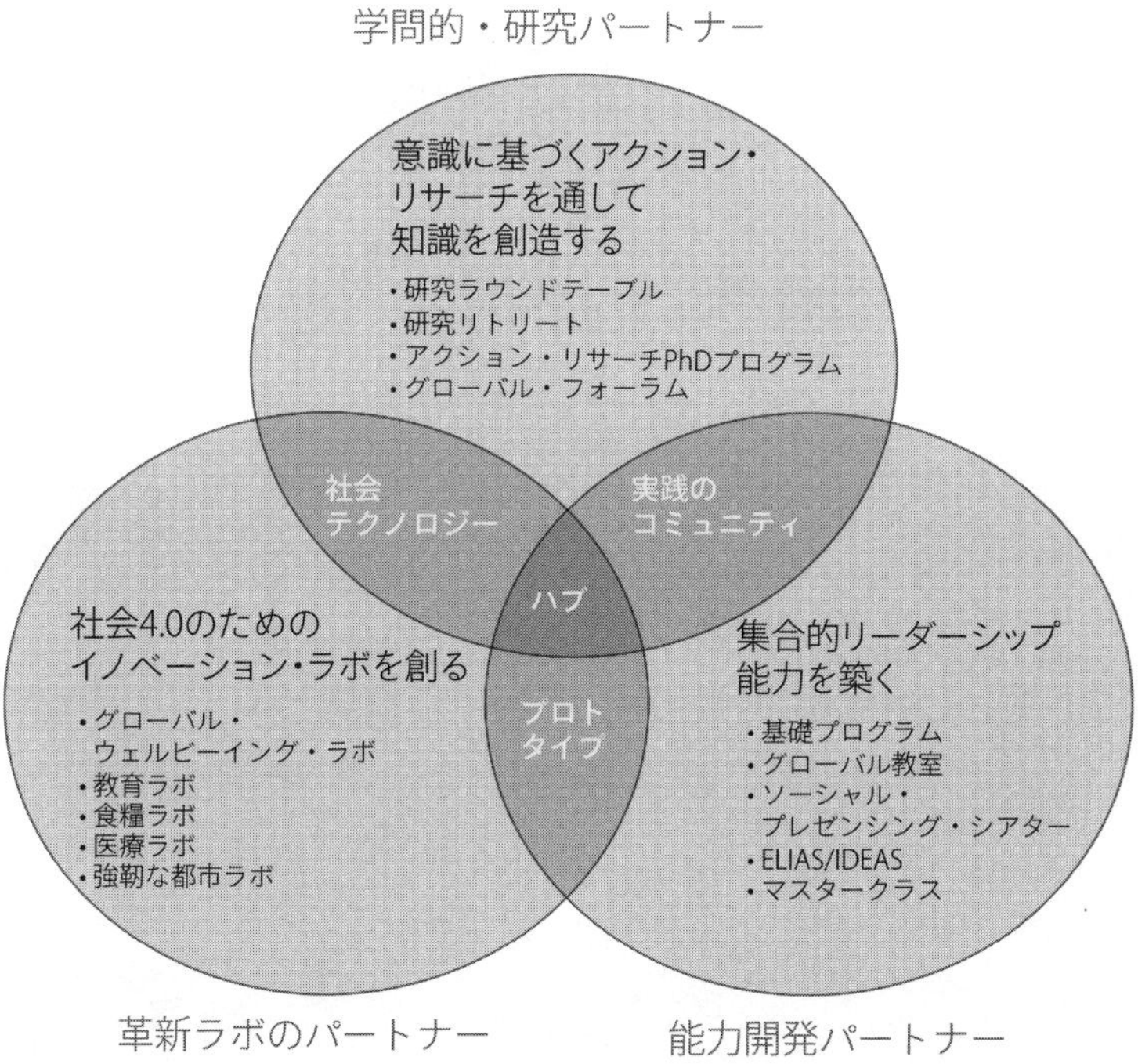

の革新とシステム転換の言語と変革の文法としてのUを紹介した。[3] 本書で紹介した経済進化のマトリックスは、意識に基づくアクション・リサーチの進化する枠組みのもう一つの基盤である。プレゼンシング・インスティテュートは、この枠組みのさらなる進化とその実践方法とツールを共有するクリエイティブ・コモンズ（創造的な共有資源）をベースとするウェブサイトも運営している。[4]

集合的リーダーシップ能力の開発

プレゼンシング・インスティテュートとＭＩＴでは、前述の原則の多くを体現し、融合した、きわめて効果的な能力開発環境をいくつか創造し、プロトタイプを作った。たとえば、ＩＤＥＡＳ中国、ＩＤＥＡＳインドネシア、Ｕラボ（以上、ＭＩＴスローン経営大学院）、メル・キング・コミュニティ・フェローズ（ＭＩＴ　ＣｏＬａｂ）、グローバル教室、プレゼンシング基礎プログラム、ＰＩマスタークラスだ。二〇〇〇年代初頭から、世界中で数千人の参加者がこれらのプログラムを修了している。

グローバル・フォーラム

グローバル・プレゼンシング・フォーラムは、セクター、システム、世代、文化を超えてイノベーターや変革者が年に一度集う場だ。二〇一一年にボストンで始まり、二〇一二年にはベルリンで開催されたこの定期的な集まりは、世界中の複数の会場でも同時開催され、ライブ配信された。プログラムは、エゴ‐システム意識からエコ‐システム意識に基づく行動への転換を加速し、規模を拡大させることを目標に設計されている。

生きた例——出現したがっていることを感じ取る

我々のアクション・リサーチ・プロジェクトの実践結果には、多くの生きた事例があり、その多くを本書を通して簡単に紹介してきた。ここで、まだ初期段階にあるもう二つの例を紹介したい。これらがUスクールのインフラによって支援されたら、その影響はグローバルなシステム全体に波及し、4・0への世界的な動きを加速することができるだろう。読者自身のローカルな状況のどのプロジェクトが、Uスクールのインフラの支援によって世界規模の大きな変革を加速することに貢献できるかを考えながら読んでほしい。

ブロンクスの協同開発イニシアティブ

PIの長年のパートナーであるMITのCoLabのディレクター、デイナ・カニンガムは次のように語っている。「ブロンクスでは、非常に困難な状況下で、組織やコミュニティを通して深いレベルの人間性を現場で発揮しつづけている人々の数が閾値に達する兆しが見えてきました[5]」

デイナが話しているのは、失敗が続いた開発の取り組みに、長い間不満を感じていた地元の活動家たちが始めたブロンクス協同開発イニシアティブ（BCDI）のことだ。BCDIはこの二年間、幅広い利害関係者を巻き込んだプロセスを構築してきた。コミュニティに基盤を置く組織や企業、起業家、労働組合、ブロンクスの中心的な機関が包括的なコミュニティ計画と開発の取り組みに参加してきた。目標は共有する富の創造、地域の民主主義の強化、都市の持続可能性である。

デイナはこれらの試みを、狭い自己利益を超えてコミュニティ全体の利益に目を向ける可能性に心を開き、受け入れようとする新世代の若い人々を通して芽生えてきている新しい何かの種ととらえている。病院や大学、文化的組織などの大規模な組織機構でさえ、地元のコミュニティから孤立しているより協働した方がよいかもしれないと理解しはじめている。これを書いている時点で、一三の中核的な機関がこの取り組みを支援し、今後、ＢＣＤＩのための購買分析と戦略的計画の策定に参加することを表明している。

「社会的な場全体で、深いレベルの人間性を活性化させる必要があります」とデイナは言う。

だから今、Ｕスクールのようなものが必要なのです。私たちは危機に瀕しています。今いちばん必要なのは、私たちを破綻の崖っぷちから引き戻し、違う道へ向かわせるのに役立つスキルと心と知恵を持った十分な数の人です。社会的、人種的正義の分野で働いてきた私は、社会システムに深いレベルの人間性を反映させようとするあらゆる試みがことごとく失敗するのを見てきました。それはホールドする空間がないからなのです。

ブロンクスには、組織化とリーダーシップ開発の長い豊かな歴史があります。若い世代の中には、ＰＩが提供しているような力強く心を開いたリーダーシップのアプローチを受け入れる下地がある人が大勢います。学んだり教えたり、ほかの人とシェアしたりできる一連のスキルがあることがわかっています。それを実践し、磨き上げ、自らがこの変革の媒体となることができるのです。それが最も効果的で期待が持てることです。Ｕスクールには、これらの能力の教え方と学び方を、私たちが直面している危機に見合った規模で利用できるように組織化する潜在能力があります。危機に見合った規模というのは、たとえばブロンクスで私たちが接している社会運動の形勢を変化させようとする人々の数が、実際に変化を起こすのに十分な数にまで増えている、そういう規模です。

グローバルな福利と国民総幸福ラボ――GDPを超えた革新

私たちが見たいのは、まさに変革と呼べるものです。真正な人間である卒業生、ほかの種も含めた他者への思いやりが豊かで、生態系についてリテラシーがあり、世界を理解する上で分析的であると同時に思索的であり、我欲から解放されていて過剰な欲求を持たず、自分たちが自然界と他者から切り離された存在ではないことを知っていて、理解し、感謝している――一言で言えば、人間性を十全に表現する、そんな卒業生です。結局、GNHの教育を受けた卒業生は、自分たちの幸福は他者の幸福に貢献することからしか感じられないことに疑いを持たないのです。(6)

ブータン首相、ジグメ・Y・ティンレー

ブータンの首都ティンプーにある国民総幸福（GNH）センターのプログラム・コーディネーター、ハ・ヴィン・トーの仕事は、この未来への意図を実現することだ。「この言葉は、GNHセンターの使命そのものです」とトーは言う。プレゼンシング・グローバル・マスタークラスの卒業生であるトーは、このUスクール型のイニシアティブの例を、同じような志のイニシアティブの世界的なエコ‐システムに直接結びつけることを意図して開発している。この意図を支えるために、トーはグローバル・ウェルビーイング・アンド・GNH・ラボというもう一つのイニシアティブにも参加している。

プレゼンシング・インスティテュートは、GIZグローバル・リーダーシップ・アカデミー、ドイツ経済協力開発省、ブータンのGNHセンターと提携して、世界中の社会の福祉と進歩を実践・測定する新しい方法を探るための生きた実験室を始動させた。究極の目的は、多層的なUの旅で集合として、個人として存在し、学んだ経験から生まれるGNHセンターのようなローカルなプロトタイプを、さまざまな状況や国で開発し実施することだ。

何年も前から専門家は、経済進歩を測るGDP以外の指標を開発する必要性を認識していた。さまざまな国やコミュニティ、世界的なシンクタンクが、各自の状況に適したGDPに代わる指標を開発している。GNHはブータンで開発されたその一例である。

ティンレー首相は彼らの言う「幸福」の意味を次のように定義している。

「幸福」というと、束の間の楽しい「いい気分」を思い浮かべがちですが、私たちはGNHでの「幸福」をそういうものとはっきり区別しています。真の揺るぎない幸福は、ほかの人が苦しんでいる限り、存在し得ません。他者に奉仕し、自然と調和して生き、自分たちの生まれ持った知恵と自分たちの精神の本当の輝かしい本質に気づくことからしか生じません。(7)

二〇一三年一月のグローバル・ウェルビーイング・アンド・GNH・ラボの設立には、「GDP」を超える世界に我々を後押ししてくれる世界的な革新者が何人も集まった。ブータン、ドイツ、インド、アメリカ、スリランカ、中国、ブラジル、スコットランドという多彩な国の政府、市民社会、企業部門の人たちだ。たとえば、ブータンのGNHセンターのコアチーム、アメリカのある州の社会とエコ・システムの福祉の向上を目指している州知事夫妻、ナトゥーラ（ブラジル）、アイリーン・フィッシャー（アメリカ）、BALLE（北米）、OECD（パリ）、オックスファムＵＫ、ＳＥＷＡ（Self Employed Women's Association）の主要な変革者たちだ。インドのＳＥＷＡは、一七〇万人の会員を擁し、ガンディー主義の原則に基づいた起業と地域経済振興のための能力開発を推進している組織である。

ラボ設立の第一歩は、ブラジルへの一週間の完全没入の旅だった。二〇一三年一月にリオデジャネイロのファベーラ（スラム地区）とアマゾンの熱帯雨林のコミュニティを訪ねた。参加者はピア・コーチングの小グループ単位で行動し、二〇一三年四月に再びブータンへの一週間の没入の旅を実施した。チームは現在、各自が属する組織機構の状況でのマルチローカルな取り組みのプロトタイプを共に創造している。第一期の締めくくりとして、ベルリン、ボストン、アジアで開く地域フォーラムで、プロトタイプ作りの成果を発表する予定だ。

「プロセス自体に、生命と勢いがあるように感じます」と言うのは、ＰＩケープタウンのエグゼクティブ・ディレクター、マリアン・グッドマンだ。「世界中から関心と好奇心が寄せられ、熱心な参加が見られます。これは、一歩ごとに共時性と気楽さが同時に花開いていくような未来の最先端に私たちが立っていることが認められたということです」

生まれようとしているムーブメント

ブロンクス協同開発イニシアティブはローカルだが、ＧＮＨラボはグローバルだ。だが、どちらも今我々の周りで開きつつある機会のより大きな全体像の一部だ。あなたは自分の状況に何を見るだろうか。過去とは違う未来を作るために人々が境界を超えて手を伸ばしはじめているブロンクスで見られるような深い構造的発展の争点が、あなたにも見えるだろうか。幸福を作り出し、測定する新しい方法を探っているグローバル・ウェルビーイング・アンド・ＧＮＨラボのように、プレーヤーたちが集まって新しい寄り合いが作られているのがあなたにも見えるだろうか。あなた自身の環境のどこで、こういう例が見られるだろうか。あるいは、こういう例をどこに作ることができるだろうか。

我々が本書でさまざまなプロジェクトやイニシアティブを紹介してきたのは、それらが、今世界で起こりつつある、はるかに大きな開口部の一部だと信じるからだ。ますます多くの人々に本当に重要なことは何かを気づかせている、今まさに開きつつあるひび割れの一部である。変革者たちのムーブメントが、社会的な場をエゴからエコへ、私から私たちへと移行させはじめている。しかしこの運動には、その潜在的な力と影響力を確立させるのに必要な支援インフラがない。Uスクールが貢献できるのは、まさにそこなのだ。

結論と実践

本書を通して、物語や例を使って、我々が一つの文明の死と、もう一つの文明の誕生に立ち会っていることを説明してきた。我々は組織機構、経済、ネットワーク、コミュニティ、個人の状況で、その両方を身をもって経験している。毎日のように、特に集合のレベルで、何らかの種類の死と再生を生き、経験している。

そこで、第三の問いが再浮上する。出現したがっている未来の媒体として我々が機能するのを助けてくれるのは、どういう戦略だろうか。それには、次のことが必要であることがわかっている。

1　生成的関係を育み、個人、グループ、組織として、組織を転換させるムーブメントを推進するために、**注意を向ける視線を曲げ、その源に向ける。**

2　経済的・社会的行動の論理を4・0に更新するために、**八つのツボすべてに力を注ぐ。**

3　今日の課題に応えられる規模で意図的なエコ‐システム経済を築こうとする次世代の起業家たちの能力を支援する「ハブ」の多地域ネットワークを構築することによって、**起業家精神のグローバルな場を移行させる**（Uスクール）。

レバレッジポイントに焦点を合わせることにより、我々はさまざまな歴史の流れが集まって大河となる新しい場に足を踏み入れることになるだろう。今、一つに集束しようとする三つの流れまたはムーブメントがある。

◆ガンディーやマーティン・ルーサー・キングの流れを汲む**グローバルな市民社会**

◆クルト・レヴィン、エドガー・シャインに代表される**行動科学**

◆ナン老師やフランシスコ・ヴァレラとの会話で示されたように、あらゆる伝統的な知恵の真髄に内在する**マインドフルネスと意識**（第4章）

では、我々はどうすればこの機会をうまくつかむことができるのか。どうすれば、求められているレベルで、今日の課題に応えることができるのか。答えは、この三つの流れを結集させることによって、である。そしてその流れを、ビジネス、政府、教育のあらゆる主要な組織機構の変容と転換に活かすことによって、である。それが今、始まろうとしている。

ピーター・センゲがベルリンでの二〇一二年のフォーラムの最後にこう言っている。「もちろん、多くの人がこれらの素晴らしい成果を現実のものにすることにかかわっていますが、〔このコミュニティの〕ビジョンとコミットメントがなければ、これらの多くの流れが合流して、今私たちが目にしているような川になることはなかったでしょう」

我々は長い道のりを経て、ようやく可能性が感じられる今の地点にたどり着いたようだ。扉は大きく開いている。あとは我々次第だ。毎日、あらゆる瞬間に、より明確な意図を持って、より集合的に、そしてより意識的に、小さな自己から大きな自己へ、エゴからエコへの敷居を越え、小さな流れを合流させ大河にするのは、私たち——**私**と**あなた**にかかっている。

ジャーナリングのための問い

見まわしてみよう。**あなた**には何が見えるだろうか。あなたの場《フィールド》には、どんな未来の種や芽生えが見えるだろうか。次に挙げる一二の問いを、一人ひとり、内省のときに考えてもらいたい。静寂の時間を取り、一つの問いに一分程度を使って答えを日誌に書き込もう。

1　あなたの中で変容したがっているのは何だと感じますか。
2　あなたが命を与えたいと思うものは何ですか。
3　あなたが手放す必要があるのは何ですか。
4　本書を読んでいて、あなたが得た最も重要な洞察は何でしたか。
5　本書を読んでいて、自分自身についての最も重要な洞察は何でしたか。
6　本書を読んでいて、あなたは何に感動しましたか。それはなぜですか。
7　本書を読んでいて、あなたはどんな未来の貴重な種（意図）に気づきましたか。

8　さまざまなシステムから人を集めて、心を揺さぶる、有意義で楽しい何か――あなたのバージョンのGNHまたは社会4・0ラボ――を行うには、どうすればいいでしょうか。
9　あなたのコーチング・サークル――五人から七人のサークル――はどういう人たちですか。
10　源につながるために、あなたはどんな実践法（静寂の瞬間）を活用していますか。
11　あなたは自分の人生と仕事の中で、どのように美と真実のバランスを取っていますか。
12　あなたの最も重要な次のステップは何ですか。明日からの三日間にどんな行動を起こしますか。

サークルでの会話

サークルの人たちと次の点について深く考え、各自の見解を全員で共有する。

1　未来のフィールドに開きかけているひび割れをどこに感じますか。
2　この数週間の間に、自分の中で何が、どのように開かれたと感じましたか（開かれた思考、心、意志）。
3　グループの会話に何か変化が起きたことに気づきましたか。
4　以上のような変化は、あなたの周囲の組織の転換にどのように関係しているでしょうか。
5　共同で取り組めば、あなたのシステムを4・0に移行させるのに役立つのは、どのような取り組みでしょうか。
6　それを成功させるには誰を巻き込む必要があるでしょうか。
7　あなたが取る次のステップについて対話をし、決定しましょう。
8　ツールを手に入れ、物語を共有し、「大河を作ろうとしている」ほかのサークルの世界規模のコミュニティとつながるための資源として www.presencing.com のウェブサイトを使いましょう。今後も、オンラインでつながったり直接つながったりできるフォーラムを予定しています。そのどれかで会いましょう。

謝辞

本書は、コミュニティや非政府組織、企業、各国政府のパートナーとの協働関係とイニシアティブの大きなネットワークから生まれた。これらの取り組みにかかわったすべての人に感謝したい。また、何度も刺激的な議論を交わしてくれたプレゼンシング・インスティテュート（ＰＩ）とマサチューセッツ工科大学（ＭＩＴ）の同僚と学生にも感謝したい。

ベレット・コーラー社のスティーブ・ピアサンティには、我々を支え、意欲をかき立てていただき、大いに助けられた。鋭い見識に感謝する。

「リーダーシップについての対話」プロジェクトでインタビューに応じてくれたすべての方や同僚にも感謝したい。特に、ブライアン・アーサー、エレノア・ロッシュ、故ナン・ファイジン師と故フランシスコ・ヴァレラ。「リーダーシップについての対話」プロジェクトを共に創造してくれ、出現する未来を感じ取ることと実現することを深く理解させてくれたジョセフ・ジャウォースキーにも感謝する。

良き友、グレガー・バーナムに感謝する。あまりにも早くこの世を去ったが、特に本書に結実した旅に非常に大きな貢献をしてくれた。

親しい友人で同僚のデイナ・カニンガム。あなたにはずいぶん触発され、勇気づけられた。公正で強靭な社会を作るためのあなたのたゆみない努力は、みなの模範だ。

フィル・トンプソンにも感謝する。ＭＩＴ都市研究計画学部で二〇一二年に我々と共に始動させ、共に教えた資本主義の転換についての博士課程セミナーとあなたの業績は、絶えることのないインスピレーションの源だ。

次に挙げるMITスローン経営大学院の同僚にもお礼を申し上げる。デボラ・アンコーナ、リック・ロック、サイモン・ジョンソン、ワンダ・オーリコウスキー、トム・マローン、ジョン・スターマン、ジョン・ファン・マーネン、エド・シャイン。MITメディア・ラボのサンディ・ペントランド、親しい同僚であるハーバード大学ビジネススクールのレベッカ・ヘンダーソン、ケネディ・スクールのマーシャル・ガンツ、ハーバード教育大学院のロバート・キーガン、MITリーダーシップ・センターのコレット・ブードロー。

プレゼンシング・イン・アクションのマスタークラスの参加者すべてに感謝する。彼ら自身の物語や学びのプロセス、初めのころのアイデアへのフィードバックを通して本書に貢献してくれた。特に、イシャイ・ユヴァル、ゲイル・ジェイコブズ、アントワネット・クラッキーに感謝する。

プレゼンシング・インスティテュートの中核となっているグループに感謝する。次に挙げる人たちは、あらゆる人がエコ‐システム意識から行動できるような深化した関係性の世界を作り出すために努力している変革者である。マリアン・グッドマン、アラワナ・ハヤシ、ベス・ジャンダノア、デイナ・カニンガム、ベン・チャン、フランス・アデ・ヌグラハ、スギアルタ、イルマ・ポーズ、ジム・マースデン、ジュリア・キム、ケルヴィー・バード、マーティン・カルング＝バンダ、レオラ・フェルプス、トー・ハ・ヴィン、ウルズラ・フェアシュテーゲン。

特別に感謝したいのは、マリアン・グッドマンとベス・ジャンダノアだ。二人は快活な精神と変化のプロセスを促す熟練した技量で、プレゼンシングに基づく社会テクノロジーの使い方を身につけ、磨こうとする多くの人にインスピレーションを与え、啓発している。PIでソーシャル・プレゼンシング・シアターの創設を主導したアラワナ・ハヤシにも特別の感謝を伝えたい。世界中に分散したPIのコミュニティを育てることに心からのリーダーシップを発揮してくれたケルヴィー・

バードにも大いに感謝する。

良き友人であるピーター・センゲ、アーサー・ザイエンス、ジョン・カバット＝ジンに感謝する。彼らは、メンターとして、同僚として、科学と意識の転換と社会の変化を結びつける我々の旅を何サイクルも共にしてくれた。

この数年間、プレゼンシング・インスティテュートを財政的に支援してくれたネイサン・カミングズ財団、１４４０財団、カリオペ財団に感謝する。

本書の執筆初期に調査で貢献してくれたエリカ・ダーワンとエリザベス・ホフェッカー・モレノに感謝する。また、本書の最後の部分に手を貸してくれたカレン・スピアストラと、本書のための調査のヒントとなったラウンドテーブル対話を共に創造してくれたピーター・ティーグにもお礼を申し上げる。

ジャニス・スパダフォア、あなたがいなければ、この本で取り上げたプロジェクトはどれも始まらなかったし、この本も書かれることはなかった。心からの感謝を！

そして、ＰＩの最初のアクション・リサーチ博士課程の学生、アダム・ユケルソンに大きな感謝を捧げる。本書の最後の段階を共に創造するのはとても楽しかった。素晴らしいエネルギーと、集中力と思考に感謝する。

そして最後に、この本の初稿から最終稿まで、我々が期限に遅れても、締め切り間際に急に原稿を大量に渡しても、いつも辛抱強く一ページ残らず編集をしてくれたジャネット・マワリーに心から感謝を捧げる。


二〇一三年三月、マサチューセッツ州ケンブリッジにて

20. Robert G. Eccles et al., "Natura Cosmeticos, S.A.," Harvard Business School case no. 9-412-052 (Boston: Harvard Business School Publishing, 2011).
21. Pink, *Drive*.（『モチベーション 3.0』ピンク著）
22. Susan Sweitzer, "Sustainable Food Laboratory: Learning History," 著者提供の未刊行内部書類, 2004 年.
23. Hawken, *Blessed Unrest*.（『祝福を受けた不安』ポール・ホーケン著）
24. World Wildlife Fund remains WWF's official name in Canada, the United States, and the United Kingdom. カナダ，アメリカでは World Wildlife Fund が WWF の正式名称として残っている.
25. 銀行は預金として保有する以上の投資を行うことを可能にする準備銀行制度を通して，非銀行系金融会社に対しても競争優位を保っている.
26. www.gabv.org/ を参照.（2012 年 12 月 10 日接続）.
27. 購入，貸付，贈与のためのお金の区別については，Rudolf Steiner, Rethinking Economics: Lectures and Seminars on World Economics (Great Barrington, MA: SteinerBooks, 2013) を参照.
28. Matthew Valencia, "Storm Survivors," *Economist*, special report on offshore finance (February 16-22, 2013): 4.
29. Fritz Andres, "Alterndes Geld im Mittelalter," *Info* 3 (June 1994): 17.

第 8 章　出現する未来から導く――今こそ

1. Bill Torbert, "The Practice of Action Inquiry," in Peter Reason and Hilary Bradbury, eds., *Handbook of Action Research: Participative Inquiry and Practice* (Thousand Oaks, CA: Sage, 2001), 250.
2. edX の詳細な情報は，https://www.edx.org（2013 年 2 月 3 日接続）を参照.
3. Senge et al., *Presence*（『出現する未来』センゲ他著）; Scharmer, *Theory U*（『U 理論』シャーマー著）.
4. http://presencing.com/tools/u-browser を参照（2012 年 12 月 10 日接続）.
5. 著者との私的会話.
6. Lyonchen Jigme Y. Thinley, "Keynote Address," Karen Hayward and Ronald Colman, *Educating for Gross National Happiness Workshop*, December 7-12, 2009, prepared for the Ministry of Education, Royal Government of Bhutan, Thimphu, Bhutan, January 2010.
7. Lyonchen Jigme Y. Thinley, Thimphu, December 7, 2009.

US ドル（アマゾンでは 100 錠 1.49 US ドルで売られている）請求されたケースから，仕入れ価格「19,000 ドル程度」の医療装置に 49,237 US ドル請求されたケースまで，幅広い例が挙げられている．Steven Brill, "Bitter Pill: Why Medical Bills Are Killing Us," *Time*, "Health and Family," February 20, 2013, http://healthland.time.com/2013/02/20/bitter-pill-why-medical-bills-are-killing-us/?iid=sci-main-mostpop2（2013 年 3 月 3 日接続）.

2. Harry G. Summers, *On Strategy: A Critical Analysis of the Vietnam War* (Novato, CA: Presidio Press, 1982), 1.
3. たとえば http://inovacao.enap.gov.br/index.php?option=com_content&task=blogcategory&id=50&Itemid=53 を参照（2012 年 12 月 16 日接続）.
4. 著者との私的会話.
5. ブラジルでの著者との私的会話，および http://en.wikipedia.org/wiki/Participatory_budgeting（2013 年 3 月 3 日接続）.
6. "Northern Lights: Special Report: The Nordic Countries," *Economist*, February 2, 2013, 1-16.
7. 著者の私的メモ.
8. この引用と，この項のそのほかの引用は，著者のメモから.
9. ケース・クリニックのプロセスの詳細は，http://presencing.com/tools/u-browser を参照（2012 年 12 月 10 日接続）.
10. 著者との電子メール通信．2013 年 2 月.
11. Uwe Schneidewind, "Towards a Transformative Literacy," *Rural* 21, December 11, 2012, www.rural21.com/nc/english/news/detail/article/towards-a-transformative-literacy-0000559/（2013 年 3 月 3 日接続）.
12. Nietzsche, Thus Spake Zarathustra, 25-27.（『ツァラトゥストラはこう言った』ニーチェ著）
13. Robert Kegan, *The Evolving Self: Problem and Process in Human Development (Cambridge, MA, and London: Harvard University Press, 1982); Robert Kegan and Lisa Laskow Lahey, How the Way We Talk Can Change the Way We Work (San Francisco: Jossey-Bass, 2000)*（『あの人はなぜウンと言わないのか——自分を変える。組織を変える。』ロバート・キーガン，リサ・ラスコウ・レイヒー著，松井光代，岡本さだこ訳，朝日新聞社，*2002* 年）*; and Robert Kegan and Lisa Laskow Lahey, Immunity to Change: How to Overcome It and Unlock the Potential in Yourself and Your Organization* (Boston, MA: Harvard Business Press, 2009)（『なぜ人と組織は変われないのか——ハーバード流自己変革の理論と実践』ロバート・キーガン，リサ・ラスコウ・レイヒー著，池村千秋訳，英治出版，2013 年）
14. この部分について貴重な背景調査を行ってくれた MIT の学生，エリザベス・ホフェッカー・モレノに感謝する.
15. www.whitedog.com/ (accessed December 15, 2012); and Judy Wicks, *Good Morning, Beautiful Business: The Unexpected Journey of an Activist Entrepreneur and Local Economy Pioneer* (White River Junction, VT: Chelsea Green, 2013) を参照.
16. Judy Wicks, "Good Morning, Beautiful Business," lecture addressing the E.F. Schumacher Society, Stockbridge, Massachusetts, October, 2004; 2011 年 8 月 23 日，ジュディ・ウィックスへのインタビュー；および "About Judy," www.judywicks.com/about/（2012 年 12 月 14 日接続）.
17. エリザベス・ホフェッカー・モレノによるジュディ・ウィックスのインタビュー．2011 年 8 月 23 日.
18. 同上インタビュー.
19. Wicks, *Good Morning, Beautiful Business*, 24.

Random House, [1883] 1995), 126-27.（『ツァラトゥストラはこう言った』ニーチェ著，氷上英廣訳，岩波書店，1967 年ほか邦訳書多数）
3. Roberta Grossman et al., *Hannah Senesh: Her Life and Diary*(Woodstock, VT: Jewish Lights Publishing, 2004), 304 での引用．ヘブライ語からの英訳はイシャイ・ユヴァルによる．
4. イシャイ・ユヴァルから著者への 2012 年 11 月 13 日付電子メール．
5. アントワネット・クラツキーから著者への 2012 年 11 月 13 日付電子メール．
6. *Call Me by My True Names: The Collected Poems of Thick Nhat Hanh* (1999), Parallax Press, Berkeley, California, www.parallax.org より許可を得て転載．
7. デイナ・カニンガムから著者への 2012 年 11 月 8 日付電子メール．
8. ゲイル・ジェイコブズから著者への 2012 年 11 月 29 日付電子メール．
9. 同上電子メール．
10. Martin Buber, *I and Thou* (New York: First Scribner Classics Edition, 2000), 65.（『我と汝・対話』マルティン・ブーバー著，田口義弘訳，みすず書房，1978 年）
11. Jon Kabat-Zinn, foreword, Donald McCown et al., *Teaching Mindfulness: A Practical Guide for Clinicians and Educators* (New York: Springer, 2011), X.
12. 著者との個人的会話．
13. 同上．
14. Scharmer, *Theory U*, 416.（『U 理論』シャーマー著）での引用．原書 p.416.
15. Brian Arthur, interview, Palo Alto, California, April 16, 1999, www.presencing.com/presencing/dol/Arthur.shtml（2013 年 2 月 28 日接続）．
16. たとえば，www.presencing.com/presencing/dol/Co7.shtml を参照．

第 6 章　関係性の転換を導く――エゴからエコへ

1. http://climateinteractive.org/ を参照（2012 年 12 月 16 日接続）．
2. William Isaacs, *Dialogue and the Art of Thinking Together* (New York: Doubleday, 1999).
3. http://wwf.panda.org/what_we_do/footprint/water/dams_initiative/dams/wcd/ を参照（2012 年 12 月 19 日接続）．
4. 著者との私的会話．
5. 同上会話での引用．
6. http://just-energy.org/ を参照（2012 年 12 月 16 日接続）．
7. www.worldwildlife.org/what/wherewework/coraltriangle/ を参照（2012 年 12 月 16 日接続）．
8. たとえば最近では，ブラジル，ザンビア，フィリピンから，IDEAS/ELIAS モデルを使った国レベルの三部門が参加する革新とリーダーシップのプラットフォームの開発について三件の新しい問い合わせを受けた．
9. 集合的に感じ取るセッションのための方法とツールには，現場からの声，個人の物語のストーリーテリング，システム思考，シナリオ思考，モデリング，コンステレーション・ワーク，ワールドカフェ，ソーシャル・プレゼンシング・シアターなどがある．たとえば，www.theworldcafe.com/ や www.presencing.com/embodiment を参照（2012 年 12 月 17 日接続）．

第 7 章　組織の転換を導く――エコ - システム経済を目指して

1. たとえば，スティーブン・ブリルは『タイム』誌への特別寄稿で，医療業界の実情を暴きだす記事を書いた．「〔病院の患者が〕選択の余地なく入った市場で突き付けられるコストには……まったく合理性がない」ことを明らかにしている．解熱・鎮痛剤のタイレノール 1 錠に 1.50

71. Andrew Malone, "The GM Genocide," *Mail Online, News, November 2, 2008, www.dailymail.co.uk/news/article-1082559/The-GM-genocide-Thousands-Indian-farmers-committing-suicide-using-genetically-modified-crops.html; and Anthony Gucciardi, "Monsanto's GMO Seeds Contributing to Farmer's Suicide Every 30 Min," Natural Society*, April 4, 2012, http://naturalsociety.com/monsantos-gmo-seeds-farmer-suicides-every-30-minutes/（2012 年 12 月 9 日接続）.
72. Barnes, Capitalism 3.0.
73. Mark Levine, "Share My Ride," *New York Times Magazine*, March 5, 2009, www.nytimes.com/2009/03/08/magazine/08Zipcar-t.html?pagewanted=all&_r=0（2012 年 12 月 15 日接続）.
74. Rachel Botsman, presentation at TEDx Sydney, May 2010, www.ted.com/talks/rachel_botsman_the_case_for_collaborative_consumption.html（2012 年 12 月 15 日接続）.
75. Rachel Botsman and Roo Rogers, What's Mine Is Yours: The Rise of Collaborative Consumption (New York: HarperBusiness, 2010).（『シェア――＜共有＞からビジネスを生みだす新戦略』レイチェル・ボッツマン，ルー・ロジャース著，小林弘人監修，関美和訳，NHK 出版，2010 年）
76. Kerstin Bund, "Käufer werden Nutzer," interview with Robert Henrich, Die Zeit 51, December 15, 2011, www.zeit.de/2011/51/Car2go-Carsharing-Daimler（2013 年 2 月 26 日接続）
77. Vincent Graff, "Carrots in the Car Park. Radishes on the Round-about. The Deliciously Eccentric Story of the Town Growing *All Its Own Veg," Daily Mail*, December 10, 2011, www.dailymail.co.uk/femail/article-2072383/Eccentric-town-Todmorden-growing-ALL-veg.html#ixzzin6xuJwWzCitizens（2012 年 12 月 15 日接続）.
78. www.mondragon-corporation.com/ENG.aspx（2012 年 12 月 15 日接続）.
79. Raymond Saner et al., "Cooperatives—Conspicuously Absent in Trade & Development Discourse," CSEND Policy Brief no. 8, Geneva, November 2012, www.csend.org/site-1.5/images/files/20I21117_Cooperatives%20conspicoulsly%20absent.pdf（2012 年 12 月 9 日接続）.
80. http://en.wikipedia.org/wiki/Internet（2012 年 12 月 9 日接続）と www.ietf.org/（2012 年 12 月 9 日接続）を参照.

第 4 章　源――意図と意識につながる

1. Peter Senge, "Closing the Feedback Loop between Mind and Matter," privately recorded interview, March 15, 1996, www.presencing.com/presencing/dol/Senge.shtml（2012 年 12 月 14 日接続）.
2. Confucius, "The Great Learning," trans. Ken Pang, October 2006, based on James Legge's translation and inspired by Huai-Chin Nan's interpretation. Unpublished paper.（孔子「大学」，ジェームズ・レッグの英訳に基づき，ナン・ファイジンの解釈に触発されたケン・パングによる翻訳，2006 年 10 月，未刊行ペーパー）
3. Master Nan Huai-Chin, "Entering the Seven Meditative Spaces of Leadership," private interview, October 25, 1999, www.presencing.com/presencing/dol/Huai-Chin.shtml（2012 年 12 月 14 日接続）.
4. Francisco Varela, "The Three Gestures of Becoming Aware," private interview, January 12, 2000, www.presencing.com/presencing/dol/Varela.shtml（2012 年 12 月 14 日接続）.
5. 同上ウェブサイト.

第 5 章　個人の転換を導く――「私」から「我々」へ

1. ニーチェはこの自己を超人（Übermensch）と呼んだ.
2. Friedrich Nietzsche, *Thus Spake Zarathustra*, trans. with a preface by Walter Kaufmann (New York:

47. Bill Joy, "Why the Future Doesn't Need Us," *Wired* 8, no. 4 (April 2000), www.wired.com/wired/archive/8.04/joy.html（2012 年 12 月 9 日接続）.
48. Erik Rauch, "Productivity and the Workweek," http://groups.csail.mit.edu/mac/users/rauch/worktime（2012 年 12 月 9 日接続）; John de Graaf, "Affluenza Cure Calls for Political Action: Different Standards for Workweek an Opportunity," special to the *Denver Post*, October 29, 2001.
49. ロックバンド，フロボッツのビデオ「Handlebars」は同じ趣旨のことをもっと芸術的に表現している．www.youtube.com/watch?v=HLUXoy4EptA（2012 年 12 月 9 日接続）.
50. Naomi Klein, "Geoengineering: Testing the Waters," *New York Times*, Opinion, October 27, 2012, www.nytimes.com/2012/10/28/opinion/sunday/geoengineering-testing-the-waters.html?pagewanted=all&_r=1&（2012 年 12 月 9 日接続）.
51. Division for Science Policy and Sustainable Development at UNESCO, "UNESCO Science Report: The Current Status of Science around the World," Executive Summary (UNESCO Publishing, 2010), http://unesdoc.unesco.org/images/0018/001898/189883e.pdf（2012 年 12 月 9 日接続）.
52. Global Forum, "10/90 Gap," www.globalforumhealth.org/about/1090-gap/（2012 年 12 月 9 日接続）.
53. http://en.wikipedia.org/wiki/History_of_Wikipedia（2012 年 12 月 9 日接続）.
54. www.linuxfoundation.org/news-media/blogs/browse/2011/08/what-we-know-sure-linux's-20th-anniversary（2013 年 3 月 2 日接続）.
55. Julius Pokorny, *Indogermanisches etymologisches Wörterbuch* (Tübingen: Francke, 1994), 672.
56. "Und kennst du nicht dies stirb und werde, so bist du nur ein trüber Gast auf Erden."
57. Steve Jobs, "You've Got to Find What You Love," *Stanford News*, Commencement Address, June 12, 2005, http://news.stanford.edu/news/2005/june15/jobs-061505.html（2012 年 12 月 9 日接続）イタリックは著者による．
58. Senge et al., *Presence*, 158 での引用（『出現する未来』センゲ他著）
59. Jorge Majfud, "The Pandemic of Consumerism," *UN Chronicle 46*, nos. 3-4 (2009): Research Library Core, 87.
60. www.lohas.com を参照．（2012 年 12 月 9 日接続）.
61. Weltinnenpolitik という言葉はカール・フリードリヒ・フォン・ヴァイツゼッカーが作った．
62. Albert Hirschman, *Exit, Voice, and Loyalty* (Cambridge, MA: Harvard University Press, 1971).（『離脱・発言・忠誠——企業・組織・国家における衰退への反応』A・O・ハーシュマン著，矢野修一訳，ミネルヴァ書房，2005 年）
63. この情報を提供してくれた Columbus Medical Association とその提携組織の CEO, フィリップ・キャスに感謝する．
64. http://creativecommons.org/（2012 年 12 月 9 日接続）.
65. アルメンデは特に南ドイツ，スウェーデンのゴットランド地方，スイスに今も見られる．
66. Manfred Brocker, *Arbeit und Eigentum. Der Paradigmenwechsel in der neuzeitlichen Eigentumstheorie* (Darmstadt: Wissenschaftliche Buchgesellschaft, 1992), 33.
67. Hardin, "The Tragedy of the Commons."
68. Peter Barnes, *Capitalism 3.0: A Guide to Reclaiming the Commons* (San Francisco: Berrett-Koehler, 2006).
69. ドイツ連邦共和国基本法，第 14 条第 2 項．
70. http://data.worldbank.org/country/china（2012 年 12 月 9 日接続）.

27. Diana Farrell et al., "Mapping Global Capital Markets," Fourth Annual Report, McKinsey Global Institute, January 2008, 7.
28. Robert Kimmitt, "Public Footprints in Private Markets," *Foreign Affairs* 87, no. 1: 121.
29. Sally Kohn, "Profit on Wall Street, Recession on Main Street," *Guardian, Wednesday* 24, 2011, www.guardian.co.uk/commentisfree/cifamerica/2011/aug/24/profit-wall-street-recession（2012 年 12 月 9 日接続）.
30. Johnson and Kwak, *13 Bankers*, 13, 61.（『国家対巨大銀行』ジョンソン他著）
31. 同上原書，p.115.
32. Johnson, "The Quiet Coup."
33. Kimmitt, "Public Footprints in Private Markets."
34. Lau, "What the World Needs Is Financial Stability."
35. Bernard Lietaer, "Erhöhte Unfallgefahr," interview, *Brand Eins* magazine, January 2009, http://www.brandeins.de/uploads/tx_b4/154_b1_01_09-bernard_lietaer_interview.pdf（2013 年 2 月 27 日接続）.
36. 2009 年 3 月 13 日，ワシントン DC，ブルッキングズ研究所での元財務長官，ラリー・サマーズのスピーチによる．*Wall Street Journal*, http://blogs.wsj.com/washwire/2009/03/13/remarks-by-lawrence-summers-at-the-brookings-institution/（2012 年 12 月 9 日接続）.
37. "Global Job Losses Could Hit 51m," BBC News, January 26, 2009, http://news.bbc.co.uk/2/hi/7855661.stm（2012 年 12 月 9 日接続）.
38. Joseph A. Schumpeter, *Capitalism, Socialism and Democracy* (New York: HarperCollins, [1942], 1975).（『資本主義・社会主義・民主主義』J・A・シュムペーター著，中山伊知郎，東畑精一訳，東洋経済新報社，1995 年）
39. 同上原書，p.205.
40. Tobi Baxendale, "Public Attitudes to Banking," a student consultancy project by ESCP Europe for the Cobden Centre, June 2010, www.cobdencentre.org/?dl_id=67（2012 年 12 月 9 日接続）.
41. Rudolf Steiner, *Nationalökonomischer Kurs und Nationalökonomisches Seminar: Vierzehn Vorträge (Dornach: R. Steiner Verlag, 1904/05).*（*Nationalökonomischer Kurs* の訳書『シュタイナー経済学講座――国民経済から世界経済へ』ルドルフ・シュタイナー著, 西川隆範訳, 筑摩書房, 2010 年）
42. 2001 年に創設された BRAC 銀行は，7000 人近くの従業員を有し，2011 年には融資額 9 億 2600 万 US ドルに達している．融資の 51 パーセント以上は，中小規模である．
43. Margrit Kennedy et al., *Regionalwaehrungen (Munich: Riemann, 2004); Phillipp Jebens, Komplementaerwaerhungen/Regionalgeld: eine Antwort auf die Globalisierung* (Norderstedt: Grin, 2008).
44. Jürgen Habermas, *The Theory of Communicative Action, vol. 2: Life-world and System: A Critique of Functionalist Reason* (Boston: Beacon Press, 1987; Frankfurt: Suhrkamp Verlag, 1981).（『コミュニケイション的行為の理論（下）』ユルゲン・ハーバーマス著, 丸山高司他訳, 未来社, 1987 年）
45. Jürgen Habermas, *The Theory of Communicative Action, vol. 1: Reason and the Rationalization of Society* (Boston: Beacon Press, 1984; Frankfurt: Suhrkamp Verlag, 1981).（『コミュニケイション的行為の理論（上）』ユルゲン・ハーバーマス著，河上倫逸他訳，未来社，1985 年）
46. Jeremy Rifkin, *Third Industrial Revolution: How Lateral Power Is Transforming Energy, the Economy, and the World* (New York: Palgrave Macmillan, 2011).（『第三次産業革命――原発後の次代へ経済・政治・教育をどう変えていくか』ジェレミー・リフキン著，田沢恭子訳，インターシフト，2012 年）

9. UN News Center, "Restoring Damaged Eco-Systems Can Generate Wealth and Employment — UN Report," June 3, 2010, www.un.org/apps/news/story.asp?NewsID=34906（2012 年 12 月 9 日接続）.

10. 特記すべき例外は，重農主義経済学派である．しかしこの思想が始まったのは産業革命以前の時代である．

11. いくつかの優れた例外が，この原則を証明している．ポラニーの『大転換』を参照．

12. Janine Benyus, *Biomimicry: Innovation Inspired by Nature (New York: HarperCollins, 2009)*（『自然と生体に学ぶバイオミミクリー』ジャニン・ベニュス著，山本良一監訳，吉野美耶子訳，オーム社，*2006* 年）*; Fritjof Capra, Hidden Connections (New York: Anchor Books, 2002); and Karl-Henrik Robert, The Natural Step Story: Seeding a Quiet Revolution* (Gabriola Island, BC: New Society Publishers, 2008).（『ナチュラル・ステップ――スウェーデンにおける人と企業の環境教育』新装版，カール＝ヘンリク・ロベール著，市河俊男訳，新評論，2010 年）

13. Ernst Ulrich von Weiszäcker et al., *Factor Five: Transforming the Global Economy through 80 Percent Improvements in Resource Productivity* (London: Earthscan Publishing, 2009).

14. William McDonough and Michael Braungart, *Cradle to Cradle: Remaking the Way We Make Things* (New York: North Point Press, 2002).（『サステイナブルなものづくり――ゆりかごからゆりかごへ』ウィリアム・マクダナー，マイケル・ブラウンガート著，山本聡，山崎正人訳，岡山慶子，吉村英子監修，人間と歴史社，2009 年）

15. See Bill McKibben, *Deep Economy: The Wealth of Communities and the Durable Future* (New York: St. Martin's Griffin, 2008).（『ディープエコノミー――生命を育む経済へ』ビル・マッキベン著，大槻敦子訳，英治出版，2008 年）

16. www.dannwisch.de/ を参照．（2012 年 12 月 9 日接続）．

17. Polanyi, *The Great Transformation.*（『大転換』ポラニー著）

18. ILO, "*World of Work Report 2008* — Global Income Inequality Gap Is Vast and Growing." World Bank, "Jobs Are a Cornerstone of Development, Says World Development Report 2013," press release, October 1, 2012, www.worldbank.org/en/news/2012/10/01/jobs-cornerstone-development-says-world-development-report（2012 年 12 月 9 日接続）も参照．

19. Daniel H. Pink, *Drive: The Surprising Truth about What Motivates Us* (New York: Riverhead Books, 2009).（『モチベーション 3.0――持続する「やる気！《ドライブ！》」をいかに引き出すか』ダニエル・ピンク著，大前研一訳，講談社，2010 年）

20. アップル創業者，CEO，故スティーブ・ジョブズ．2005 年スタンフォード大学卒業式でのスピーチ．http://news.stanford.edu/news/2005/june15/jobs-061505.html（2012 年 12 月 9 日接続）．

21. バーモント州のコミュニティは，2011 年に嵐による洪水に襲われた後，そのような絆の下に行動している．Nina Keck, "Neighbors Help Each Other Deal with Vermont's Flood," NPR, September 14, 2011, www.npr.org/2011/09/14/140458332/neighbors-help-each-other-get-past-vermont-flood-waters（2012 年 12 月 9 日接続）を参照．

22. www.bignam.org/BIG_pilot.html（2011 年 12 月 9 日接続）を参照．

23. 同上ウェブサイト．

24. それ以前には群れの動物の頭の意味で使われていた．中世には capital という語が，ビジネスにおいて計算の合計額を意味する summa capitalis の形でビジネス用語として使われはじめた．

25. Larry Neal, *The Rise of Financial Capitalism: International Capital Markets in the Age of Reason: Studies in Monetary and Financial History* (Cambridge: Cambridge University Press, 1990).

26. Stiglitz, *The Price of Inequality*, 61.（『世界の 99％を貧困にする経済』スティグリッツ著）

ンソン，ケイト・ピケット著，酒井泰介訳，東洋経済新報社，2010年）

4. Joseph Stiglitz, *The Price of Inequality: How Today's Divided Society Endangers Our Future* (New York: W. W. Norton, 2012), 8.（『世界の99%を貧困にする経済』ジョセフ・E・スティグリッツ著，楡井浩一，峯村利哉訳，徳間書店，2012年）
5. 同上原書，p17.
6. Arnold J. Toynbee, *A Study of History*, abridgement of vols. I-VI by D.C. Somervell (Oxford: Oxford University Press, [1946] 1987).（『歴史の研究1　サマヴェル縮刷版』アーノルド・J・トインビー著，長谷川松治訳，社会思想社，1969年）
7. この考え方はヨハン・ガルトゥングから借用した.
8. Thomas L. Friedman, "The Virtual Middle Class Rises," *New York Times*, February 2, 2013, www.nytimes.com/2013/02/03/opinion/sunday/friedman-the-virtual-middle-class-rises.html?ref=thomaslfriedman（2013年3月3日接続）.
9. Karl Polanyi, *The Great Transformation: The Political and Economic Origins of Our Time* (Boston: Beacon Press, [1944] 2010).（『大転換』カール・ポラニー著，野口建彦，栖原学訳，東洋経済新報社，2009年）
10. Paul. J. Crutzen et al., "N2O Release from Agro-Biofuel Production Negates Global Warming Reduction by Replacing Fossil Fuels," *Atmospheric Chemistry and Physics*8 (2008): 389-95.
11. Adam Smith, *An Inquiry into the Nature and Causes of the Wealth of Nations* (Chicago: University of Chicago Press, [1904] 1976), 18.（『国富論――国の豊かさの本質と原因についての研究』アダム・スミス著，山岡洋一訳，日本経済新聞出版局，2007年など，訳書多数）

第3章　思考を転換する――経済進化のマトリックス

1. Ernst Haeckel, *Generelle Morphologie der Organismen. Allgemeine Grundzüge der organischen Formen-Wissenschaft, mechanisch begründet durch die von Charles Darwin reformirte Descendenz-Theorie*, Band 2 (Berlin: G. Reimer Publ., 1866), 286.
2. 1989年秋，ドイツのヴィッテン - ヘアデッケ大学におけるヨハン・ガルトゥングの講演．個人メモ.
3. Johnson, "The Quiet Coup."
4. Johnson and Kwak, *13 Bankers*, 10.（『国家対巨大銀行』ジョンソン他著）
5. Simon Johnson, "Tunnel Vision, or Worse, from Banking Regulators," *New York Times*, "Economix," January 20, 2011, http://economix.blogs.nytimes.com/2011/01/20/tunnel-vision-or-worse-from-banking-regulators/（2013年2月25日接続）.
6. 欧米は今でも土着の知恵の源を無視し，文化を軽視するという意識の暴力を加えつづけている．意識の暴力とは，個人の潜在力や未来の可能性を無視したり認識しなかったりすることを言う．この形の暴力は，身体的，構造的，文化的暴力よりも陰湿であることがある．Otto Scharmer, "Attentional Violence," blog entry, August 24, 2009, www.blog.ottoscharmer.com/?p=18（2012年12月9日接続）.
7. Max Weber, The Protestant Ethic and the Spirit of Capitalism (New York: Scribner, 1951), 181-82.（『プロテスタンティズムの倫理と資本主義の精神』改訳版，マックス・ヴェーバー著，大塚久雄訳，岩波書店，1989年など，多くの邦訳がある）
8. Juliet B. Schor, *Plenitude: The New Economics of True Wealth* (New York: Penguin, 2010), 43.（『プレニテュード――新しい<豊かさ>の経済学』ジュリエット・B・ショア著，森岡孝二監修・翻訳，岩波書店，2011年）

org/hunger/en/（2012 年 12 月 9 日接続）, 2.

25. World Bank, "World Bank Sees Progress against Extreme Poverty, but Flags Vulnerabilities," press release no. 2012/297/DEC, Washington, DC, February 29, 2012, http://web.worldbank.org/WBSITE/EXTERNAL/NEWS/0,,contentMDK:23130032~pagePK:64257043~piPK:437376~theSitePK:4607,00.html（2012 年 12 月 9 日接続）.
26. Navteij Dhillon and Tarik Yousef, eds., *Generation in Waiting: The Unfulfilled Promise of Young People in the Middle East* (Washington, DC: Brookings Institution, 2009); Michael Kumhof and Romain Rancière, "Inequality, Leverage and Crises," International Monetary Fund (IMF), working paper no. 10/268 (2010), www.imf.org/external/pubs/ft/wp/2010/wp10268.pdf（2013 年 2 月 27 日接続）; and Isabel Ortiz and Matthew Cummins, "Global Inequality: Beyond the Bottom Billion: A Rapid Review of Income Distribution in 141 Countries," UNICEF Social and Economic Policy, working paper (April 2011), www.networkideas.org/featart/apr2011/Ortiz_Cummins.pdf（2012 年 12 月 9 日接続）.
27. International Labour Organization (ILO), "*World of Work Report 2008*—Global Income Inequality Gap Is Vast and Growing," press release, October 16, 2008, www.ilo.org/global/about-the-ilo/newsroom/news/WCMS_099406/lang--en/index.htm（2012 年 12 月 9 日接続）.
28. 1990 年代以降，所得格差の広がりが特に大きかった国は，中国，インド，英語圏諸国（イギリス，オーストラリア，アメリカ，カナダはこれらの国ほど顕著ではなかった）. Anthony B. Atkinson et al., "Top Incomes in the Long Run of History," Journal of Economic Literature 49, no. 1 (2011): 3 を参照.
29. 国立精神衛生研究所による疫学的医療圏研究が「アメリカ合衆国とカナダの医療圏から抽出した多数の代表的サンプル」を対象として行われ，1910 年前後に生まれた人は 1960 年以降に生まれた人より，生涯で「大うつ病エピソード」を経験する可能性が大幅に小さいことがわかった．また，「各医療圏のどの年齢コホートも，前の年齢コホートよりうつ病の発生率が高いこともわかった．年齢コホートごとのうつ病発生率は大きく異なり，年齢コホートによるリスクの差はおよそ 10 倍にもなる」こともわかった．Ed Diener and Martin E. P. Seligman, "Beyond Money: Toward an Economy of Well-Being," Psychological Science in the Public Interest 5, no. 1 (2004): 16 を参照.
30. www.who.int/mental_health/prevention/suicide/suicideprevent/en/（2013 年 2 月 28 日接続）.
31. Barry Schwartz, *The Paradox of Choice* (New York: HarperCollins, 2004), 209.（『なぜ選ぶたびに後悔するのか――オプション過剰時代の賢い選択術』新装版，バリー・シュワルツ著，瑞穂のりこ訳，武田ランダムハウスジャパン，2012 年）
32. www.who.int/mental_health/prevention/suicide/suicideprevent/en/（2013 年 2 月 28 日接続）.
33. Vandana Shiva, Earth Democracy: Justice, Sustainability, and Peace (Cambridge, MA: South End Press, 2005).（『アース・デモクラシー――地球と生命の多様性に根差した民主主義』ヴァンダナ・シヴァ著，山本規雄訳，明石書店，2007 年）

第 2 章　構造――システムが生む断絶

1. Lau, "What the World Needs Is Financial Stability."
2. Senge et al., *Presence*（『出現する未来』センゲ他著）および *Senge, The Fifth Discipline*（『学習する組織』センゲ他著）の原型の説明を参照.
3. Richard Wilkinson and Kate Pickett, *The Spirit Level: Why Equality Is Better for Everyone* (New York: Penguin, 2009), 7.（『平等社会――経済成長に代わる、次の目標』リチャード・ウィルキ

11. Johnson, *The Battle of Chernobyl*, 1:26.

12. 1986年1月，ゴルバチョフはヨーロッパの中距離核兵器廃絶を提案し，2000年までにすべての核兵器を廃絶する戦略案を起草した．1月提案と呼ばれるものだ．1986年7月28日には，アフガニスタンとモンゴルからの撤兵も開始した．その年の10月11日，ゴルバチョフとレーガンはアイスランドのレイキャビクにあるホフディ・ハウスで会談し，ヨーロッパの中距離核兵器の削減について話し合った．双方の補佐官が大いに驚いたのだが，両首脳はヨーロッパからの中距離核戦力（INF）の撤退と，世界でのINFミサイル弾頭の保有を各自100基に制限することに原則として合意した．また，ゴルバチョフが当初提案していた2000年までのすべての核兵器廃絶については，原則として10年以内（1996年まで）とすることで合意した．これは1987年の「中距離核戦力全廃条約」の締結に結実することとなった．

13. www.abc.net.au/news/2011-08-25/three-planets-resources-population/2854812（2013年3月2日接続）.

14. United Nations Environment Programme (UNEP), "At a Glance: Millennium Issues," www.unep.org/ourplanet/imgversn/111/glance.html（2012年12月9日接続）.

15. L. R. Oldeman, "Impact of Soil Degradation: A Global Scenario," International Soil Reference and Information Centre, working paper no. 2000/01 (2000), 2, www.isric.org/isric/webdocs/docs/ISRIC_Report_2000_01.pdf（2013年2月27日接続）.

16. David Pimentel, "Soil Erosion: A Food and Environmental Threat," *Environment, Development, and Sustainability* 8, no. 1 (2006): 119-37.

17. UNEP, "At a Glance: Millennium Issues"; Food and Agriculture Organization of the United Nations (FAO), *Land Degradation Assessment*, www.fao.org/nr/land/degradation/en/（2012年12月9日接続）.

18. Intergovernmental Panel on Climate Change (IPCC), "Working Group I: The Physical Science Basis," *IPCC Fourth Assessment Report: Climate Change 2007*, www.ipcc.ch/publications_and_data/ar4/wg1/en/spmsspm-direct-observations.html（2012年12月9日接続）.

19. World Bank, "New Report Examines Risks of 4 Degree Hotter World by End of Century," November 18, 2012, www.worldbank.org/en/news/2012/11/18/new-report-examines-risks-of-degree-hotter-world-by-end-of-century（2012年12月9日接続）.

20. Millennium Eco-System Assessment, *Eco-Systems and Human Well-Being: Synthesis* (Washington, DC: Island Press, 2005),1. www.millenniumassessment.org/documents/document.356.aspx.pdf（2012年12月9日接続）.（『国連ミレニアム　エコシステム評価――生態系サービスと人類の将来』Millennium Ecosystem Assessment 編，横浜国立大学21世紀COE翻訳委員会責任訳，オーム社，2007年）

21. Achim Steiner, "Rehabilitating Nature-Based Assets Generates Jobs, Wealth and Restoration of Multi Trillion Dollar Services," press release, UNEP, June 3, 2010, www.unep.org/Documents.Multilingual/Default.asp?DocumentlD=628&ArticlelD=6596&l=en（2012年12月9日接続）.

21. 世界の成人人口の最も富裕な1％は50万USドル以上の資産がある．; Davies et al., "Estimating the Level and Distribution of Global Household Wealth."

23. Branko Milanovic, "Global Income Inequality: What It Is and Why It Matters," UN Department of Economic and Social Affairs, working paper no. 26 (2006), www.wds.worldbank.org/servlet/WDSContentServer/WDSP/IB/2006/03/02/000016406_20060302153355/Rendered/PDF/wps3865.pdf（2012年12月9日接続），9.

24. FAO, *The State of Food Insecurity in the World*, Executive Summary, Rome, Italy, 2012, www.fao.

14. Reuters, "Euro-Gipfel beschliesst Krisenhilfe für Banken," October 12, 2008, *Der Spiegel*, www.spiegel.de/wirtschaft/einigung-in-paris-euro-gipfel-beschliesst-krisenhilfe-fuer-banken-a-583684.html（2012 年 12 月 9 日接続）.
15. Eleanor Rosch, "Primary Knowing: When Perception Happens from the Whole Field," interview, October 15, 1999, Berkeley, California, www.presencing.com/presencing/dol/Rosch-1999.shtml#four（2013 年 2 月 26 日接続）.
16. Donella H. Meadows et al., *Limits to Growth* (White River Junction, VT: Chelsea Green Publishing, 1972).（『成長の限界――ローマ・クラブ「人類の危機」レポート』ドネラ・H・メドウズ他著，大来佐武郎監訳，ダイヤモンド社，1972 年）
17. 本文にも記したように，インタビューのほとんどはオットーが行った．同僚であるジョセフ・ジャウォースキーとともに行ったものも多い．www.presencing.com/presencing/dol（2012 年 12 月 9 日接続）も参照．
18. Peter Senge et al., *Presence: Human Purpose and the Field of the Future* (Cambridge, MA: Society for Organizational Learning, 2004)（『出現する未来』ピーター・センゲ，C. オットー・シャーマー，ジョセフ・ジャウォースキー，ベティー・スー・フラワーズ著，野中郁次郎監訳，高遠裕子訳，講談社，2006 年）; Scharmer, *Theory U*（『U 理論』シャーマー著）も参照．
19. Scharmer, *Theory U*（『U 理論』シャーマー著），27.
20. www.democracynow.org/2012/9/12/500_days_author_kurt_eichenwalds_new（2012 年 12 月 19 日接続）を参照．
21. Matthew 19:23-24, King James Version. 欽定訳聖書，マタイによる福音書 19 章 23 ～ 24 節，和訳は新共同訳．

第 1 章　表面――死と再生の諸症状

1. BBC News, "IMF in Global 'Meltdown' Warning," Business, October, 11 2008, http://news.bbc.co.uk/2/hi/7665515.stm（2012 年 12 月 8 日接続）.
2. ここで見ることができる．www.youtube.com/watch?v=SgjIgMdsEuk.
3. World News, December 6, 2012, http://news.linktv.org/videos/hero-of-egyptian-revolution-holds-teach-in-for-occupy-wall-street-protestors（2012 年 12 月 8 日接続）.
4. Democracy Now!, "Asmaa Mahfouz & the YouTube Video That Helped Spark the Egyptian Uprising," February 8, 2011, www.democracynow.org/2011/2/8/asmaa_mahfouz_the_youtube_video_that（2012 年 12 月 8 日接続）.
5. Paul O. Hawken, *Blessed Unrest: How the Largest Movement in the World Came into Being and Why No One Saw It Coming* (New York: Viking, 2007), 4.（『祝福を受けた不安――サステナビリティ革命の可能性』ポール・ホーケン著，阪本啓一訳，バジリコ株式会社，2009 年）
6. Simon Johnson, "The Quiet Coup," *Atlantic*, May 2009, www.theatlantic.com/doc/200905/imf-advice（2012 年 12 月 9 日接続）.
7. Johan Galtung, *Peace by Peaceful Means: Peace and Conflict, Development and Civilization* (Thousand Oaks, CA: Sage, 1996), 197.
8. Thomas Johnson, *The Battle of Chernobyl* (Brooklyn, NY: First Run/Icarus Films, 2006), DVD.
9. 同 DVD.
10. Chernobyl Forum 2003-2005, *Chernobyl's Legacy: Health, Environmental and Socio-Economic Impacts, and Recommendations to the Governments of Belarus, the Russian Federation and Ukraine*, 2nd rev. ed., www.iaea.org/Publications/Booklets/Chernobyl/chernobyl.pdf（2012 年 12 月 9 日接続）.

原注

はじめに――死に瀕したシステムに命を吹き込む

1. Nicholas D. Kristof, "Equality, a True Soul Food," Opinion, *New York Times,* January 1, 2011, www.nytimes.com/2011/01/02/opinion/02kristof.html?_r=0（2012 年 12 月 14 日接続）.
2. Etienne G. Krug et al., "World Report on Violence and Health" (Geneva: World Health Organization, 2002), 185.
3. Lawrence J. Lau, "What the World Needs Is Financial Stability," July 8, 2012, 未刊行論文．ラウは香港中文大学，ラルフ・アンド・クレア・ランダウ経済学講座教授，スタンフォード大学クォーティン・リ経済開発講座名誉教授，CIC International (Hong Kong) Co., Limited 会長.
4. James B. Davies et al., "Estimating the Level and Distribution of Global Household Wealth," United Nations University, World Institute for Development Economics Research, research paper no. 2007/77, 2007, www.wider.unu.edu/publications/working-papers/research-papers/2007/en_GB/rp2007-77（2013 年 2 月 28 日接続），26.
5. C. O. Scharmer, *Theory U: Leading from the Future as It Emerges* (San Francisco: Berrett-Koehler, 2009), 59.（『U 理論――過去や偏見にとらわれず、本当に必要な「変化」を生み出す技術』C・オットー・シャーマー著，中土井僚，由佐美加子訳，英治出版，2010 年）
6. これらは，バンク・オブ・アメリカ，シティグループ，ゴールドマン・サックス，JP モルガン・チェース，モルガン・スタンレー，ウェルズ・ファーゴである.
7. Simon Johnson, "The Financial Stability Oversight Council Defers to Big Banks," *Baseline Scenario*, January 20, 2011, http://baselinescenario.com/2001/ 01/20/the-financial-stability-oversight-council-defers-to-big-banks/（2012 年 12 月 8 日接続）.
8. Matt Taibbi, "Obama's Big Sellout," January 15, 2010, video, *Rolling Stone*, www.totalnoid.com/2009/12/14/rolling-stones-matt-taibbi-obamas-big-sellout/（2012 年 12 月 8 日接続）; and Simon Johnson and James Kwak, 13 Bankers: The Wall Street Take-Over and the Next Financial Melt-Down (New York: Pantheon Books, 2010), 95, 185.（『国家対巨大銀行――金融の肥大化による新たな危機』サイモン・ジョンソン，ジェームズ・クワック著，村井章子訳，ダイヤモンド社，2011 年）
9. Mancur Olson, *The Logic of Collective Action: Public Goods and the Theory of Groups*, rev. ed. (Cambridge, MA: Harvard University Press, 1971).（『集合行為論――公共財と集団理論』マンサー・オルソン著，依田博，森脇俊雅訳，ミネルヴァ書房，1983 年）
10. この言葉は通常，アインシュタインのものとされるが，具体的な起源を証明することはできなかった.
11. 思考（メンタル）モデルは，ピーター・センゲが *The Fifth Discipline: The Art and Practice of a Learning Organization* (New York: Doubleday, 1990)（『学習する組織――システム思考で未来を創造する』ピーター・M・センゲ著，枝廣淳子，小田理一郎，中小路佳代子訳，英治出版，2011 年）で導入した用語である.
12. Garrett Hardin, "The Tragedy of the Commons," *Science* 162, no. 3859 (1968): 1243-48.
13. Wolfgang Munchau, "Peer Steinbrück's grösste Fehleinschätzung," column, *Der Spiegel*, October 3, 2011, www.spiegel.de/wirtschaft/wolfgang-muenchau-peer-steinbrueck-und-seine-groesste-fehleinschaetzung-a-859295.html（2012 年 12 月 8 日接続）.

● 著者

C・オットー・シャーマー C. Otto Scharmer

マサチューセッツ工科大学（MIT）上級講師・IDEASプログラム座長、プレゼンシング・インスティテュート創設者・座長。精華大学客員教授。アフリカ、アジア、南北アメリカおよびヨーロッパで政府、国連機関、企業、NGOと協働してきたほか、アリババ、ダイムラー、アイリーン・フィッシャー、富士通、グーグル、ナトゥーラ、プライスウォーターハウスクーパースなどの顧客企業にリーダーシップとイノベーションに関するプログラムを提供してきた。2012年には政府、企業、教育、市民社会の抜本的な変革のプロトタイプを創造するため、ブータン、インド、中国、ブラジル、ヨーロッパ、アメリカの変革者を結びつけるグローバル・ウェルビーイング・アンド・グロス・ナショナル・ハピネス（GNH）を共同創設。世界経済フォーラム「新しいリーダーシップモデルに関するグローバル・アジェンダ・カウンシル」の副座長も務めている。ドイツのヴィッテン・ヘアデッケ大学で経済学と経営学の博士号を取得。ボストン圏に家族と在住。著書に『U理論』（英治出版）、ピーター・センゲらとの共著書に『出現する未来』（講談社）がある。www.presencing.com ｜ www.ottoscharmer.com

カトリン・カウファー Katrin Kaufer

プレゼンシング・インスティテュート共同創設者・研究ディレクター、MIT都市研究計画学部コミュニティ・イノベーターズ・ラボ（CoLab）研究フェロー。リーダーシップ、社会変革、社会的責任金融を研究テーマとする。中規模および世界規模の企業、非営利組織、世界銀行、国連開発計画にコンサルティングを提供してきた。現在は、金融を好ましい社会変革に結びつけることに力を注ぐ20の金融機関のネットワークであるグローバル・アライアンス・フォー・バンキング・オン・バリューズと協働。またオンライン学習プラットフォームである、プレゼンシング・インスティテュートのグローバル教室のコンセプトを共同開発した。ドイツのヴィッテン・ヘアデッケ大学でMBAと博士号を取得。ボストン圏に家族とともに在住。www.presencing.com

● **プレゼンシング・インスティテュート**

プレゼンシング・インスティテュート（PI）は、根底からの社会の再生を目指して、そのための社会テクノロジーを創造し、能力を開発し、ホールドする空間を提供している意識に基づくアクション・リサーチのコミュニティである。このコミュニティは、経済をエゴからエコへ移行させ、すべての人の福祉への奉仕に向かわせることに貢献しようとしている。1996年にオットーがMITで同僚のジョセフ・ジャウォースキー、ピーター・センゲと共に始めた10年に及ぶ研究プロジェクトは、リーダーシップと変革のための意識に基づく枠組みを生み出した。プレゼンシングまたはU理論と呼ばれるこの枠組みでは、あるシステムが生み出す結果の質は、そのシステムに属する人の行動を起こさせている意識の関数であるとされる。研究成果は『U理論』、『出現する未来』として出版された。第2段階として、数々の応用に力を注ぎ、企業や政府、市民社会のパートナーをつなぐラボ、プロジェクト、プログラム、イニシアティブなどが生まれた。これらのプロジェクトやプログラムは、PIから直接、またはMIT、シナゴス、サステイナブル・フード・ラボ、ユナイテッド・イン・ダイバーシティ（UID）、GIZグローバル・リーダーシップ・アカデミー、精華大学、FGVおよびFDC（ブラジル）、SoL（ソサエティ・フォー・オーガニゼイショナル・ラーニング）などのパートナー機関を通して提供されている。この時期に、PIのオンライン・コミュニティは1万人を超えるまでに成長した。第3段階は、4.0の枠組みと4.0エコ - システム起業家の新しい世代が、より創造的、意図的に行動し、つながりを深めるのを助ける世界規模のプラットフォームとしてのUスクールの概念を紹介する本書によって今、始まったところである。

詳しい情報は、www. presencing.com で得られる。

◎ 訳者

由佐美加子　Mikako Yusa

合同会社 CCC パートナー。米国大学卒業後、国際基督教大学修士課程を経て野村総合研究所入社。後にリクルートに転職、事業企画職を経て人事部に異動し、「学習する組織」の考え方に基づく人材・組織開発施策を導入。2005 年米国ケースウェスタンリザーブ大学経営大学院で組織開発修士号を取得。出産を経て、グローバル企業の人事部マネジャーとして人材・組織開発を担った後、2011 年に独立し、2014 年に合同会社 CCC を設立。競争と分断を越えた Co-creation（共創造）を個人の人生や企業組織、社会に創り出すプロセスを提供している。共訳書に C・オットー・シャーマー著『U 理論』、監訳書にアダム・カヘン著『未来を変えるためにほんとうに必要なこと』（ともに英治出版）。

中土井僚　Ryo Nakadoi

リーダーシップ・プロデューサー。オーセンティックワークス株式会社代表取締役。一般社団法人プレゼンシング・インスティチュート・コミュニティ・ジャパン理事。同志社大学法学部政治学科卒。アンダーセンコンサルティング（現アクセンチュア株式会社）等を経て 2005 年に独立。「自分らしさとリーダーシップの統合とコ・クリエイション」をテーマに U 理論をベースとしたリーダーシップ開発と組織開発に従事。過去に手掛けた変革プロジェクトは、業績低迷と風土悪化の悪循環に陥っていた化粧品メーカーの V 字回復や、製造と販売が対立していた衣類メーカーの納期短縮など 70 以上。著書に『U 理論入門』（PHP 研究所）、共訳書に C・オットー・シャーマー著『U 理論』（英治出版）。

● 英治出版からのお知らせ

本書に関するご意見・ご感想を E-mail（editor@eijipress.co.jp）で受け付けています。

また、英治出版ではメールマガジン、ブログ、ツイッターなどで新刊情報やイベント情報を配信しております。

ぜひ一度、アクセスしてみてください。

メールマガジン　：会員登録はホームページにて
ブログ　：www.eijipress.co.jp/blog/
ツイッター ID　：@eijipress
フェイスブック　：www.facebook.com/eijipress

出現する未来から導く

U 理論で自己と組織、社会のシステムを変革する

発行日　2015 年 7 月 25 日　第 1 版　第 1 刷

著者　C・オットー・シャーマー、カトリン・カウファー
訳者　由佐美加子（ゆさ・みかこ）、中土井僚（なかどい・りょう）
発行人　原田英治
発行　英治出版株式会社
〒 150-0022 東京都渋谷区恵比寿南 1-9-12 ピトレスクビル 4F
電話　03-5773-0193　FAX　03-5773-0194
http://www.eijipress.co.jp/
プロデューサー　高野達成
スタッフ　原田涼子　岩田大志　藤竹賢一郎　山下智也　鈴木美穂　下田理
田中三枝　山見玲加　安村侑希子　山本有子　茂木香琳　上村悠也
足立敬　秋山いつき　君島真由美
印刷・製本　大日本印刷株式会社
装丁　英治出版デザイン室
翻訳協力　清川幸美／株式会社トランネット　www.trannet.co.jp
校正　株式会社ヴェリタ

ISBN978-4-86276-178-1　C0034　Printed in Japan